飲茶
Yamucha

正義の教室

善く生きるための哲学入門

ダイヤモンド社

プロローグ

ある男の選択

行く手を阻む、赤黒い炎。

生き物のように揺らめくその炎は、燃料となる次の獲物を求めて細長い廊下の壁をゆっくりと這っていた。炎の足場となっている真っ白な壁には、たくさんの画用紙――幼児が描いたであろう、色とりどりの絵が等間隔に貼られており、炎はそれらをつまみ食いとばかりに次々と飲み込みながら、のろのろと、しかし着実に壁一面へと広がっていった――そんな景色の中、ひとつの選択を迫られている男がいた。

(右か……左か……、正しい道はどっちだ……)

それは、この火の中を強引にまっすぐ走り抜け、廊下の突き当たりまでたどり着いたあと、果たして「右」に曲がるべきか、それとも「左」に曲がるべきかという選択。ようは、T字型の曲がり角をどちらに曲がるかという選択だ。

男は迷っていた。

(どっちが正しい道なんだ……)

しかし、それは決してこの火災現場――火につつまれた廊下にいるという危機的状況から脱するためにはどちらへ逃げればよいかという選択ではなかった。むしろ逃げる選択をするならば、その方が簡単。火の手の少ない方向、すなわち、後ろを振り返って来た道をそのまま戻ればよかった。

だが、男の頭に逃げるという選択肢はなかった。そもそも男は、火のない安全な場所からやってきたのだ。周囲の制止を振り切り、自分の意志でわざわざこの火の中に飛び込んできたのである。

彼がここにやってきた理由、そのひとつは、彼が消防士であったということ。もっとも消防士とはいっても今日は非番、火災現場に居合わせたのはたまたまであった。それゆえ耐火服など、十分な装備はない。

しかし、だからといって消防士の責務から逃れられるわけではないと男は考えた。この火災現場において自分は一番のエキスパート。だから、消防士としてこの場で最善を尽くす義務がある、そう考えたのだ。

が、もちろんそれだけでは、まともな装備もなく火の中に飛び込むという無謀な決断まではしなかっただろう。

彼が火の中に飛び込んだもうひとつの理由――それはその火の中に自分の「娘」がいたということ。消防士でなくとも親であるならば、危険を冒して救助に向かうのにこれ以上の理由があるだろうか。

この日、男は日頃の備えとして、ポケットに大きめのビニール袋をひとつ入れていた。バサッと力強く広げ、外の空気を包み込む。そうして膨らませた透明なビニール袋。そこに頭を入れておくことで、火災現場でも煙を吸わず、しばらく行動ができるという寸法だ。

そんな最低限の装備で男が飛び込んだその場所は、都内の閑静な住宅街にある少し大きめの保育園。男にとっては5歳の娘を預かってもらっている、何度も送り迎えをした、馴染みのある建物であった。だから、彼は本来なら迷う必要はない。どこをどう歩けばよいか、中の間取りはすべて熟知しており、実際、T字型の曲がり角も「右」に曲がれば「保育室」にたどり着くこともわかっていた。

そこは、男がいつも迎えに行っている部屋。この保育園で一番大きな部屋で、30人ほどだろうか、大勢の子供たちが、普段、歌ったりダンスをしたりおもちゃで遊んだりしている場所である。

お迎えのとき、その部屋に顔を出して呼びかけると娘はいつも嬉しそうに飛びついてきて、そのあと「片づけるから待っててね！」と一旦部屋に戻り、遊んでいたおもちゃを箱に入れ、友達や先生にきちんとお別れの挨拶をしてからまた戻ってきた。家の中ではどうしようもなく甘えん坊のわがまま娘。それが、保育園ではしっかりしようとちょっと背伸びをしている。そんな姿がたまらなく愛おしく、それが見たくて妻に送り迎えをときどき代わってもらっていたぐらいであった。

その保育室にたどり着くには「右」に曲がればよい。だが、男は保育室に娘がいないことを知っていた。ここにくる少し前に電話があり、娘が急に熱を出したと聞いていたからだ。

この園では、子供が発熱すると、他の子に病気がうつらないよう救護室に移動させられる。そして、そのあと早急に引き取りにくるよう親に電話がくるのが常であり、今日はたまたま非番だった男が迎えにきたわけであるが、このことから「娘は保育室ではなく救護室にいる」ということがわかっていた。

その救護室は、保育室の反対側、つまりT字路を「左」に曲がったところにある。だから、娘を助けに行くならば「左」に曲がればよかった。

だが……と、男は考える。

保育室にはたくさんの子供たちがいる。その子たちを助けずに、娘ひとりを優先して助けることは正しいことなのだろうか？

『消防士は、身内を最後に助けるものだ』

それは消防士に明示されたルールであり基本原則……というわけではないが、それが理念として正しいことは男も十分承知していた。

たとえば震災などの大災害、そこで消防士や医師が、自分の家族が心配だからという理由で、職務を放棄して目の前で苦しむ大勢の人々の前からいなくなるのは、どう考えてもダメなことであろう。

だが、とはいえだ。今日は非番。職務としてここにいるわけではない。それにロクな装備もない状態で自分ひとりが保育室に行ったところで、どれほどのことができるだろう。いずれにせよ、数人しか助けられないのなら、この状況で娘を優先して助けないのは、親として人として間違っているのではないか……。

さまざまな理屈が男の脳内を駆け巡る。しかし、考えれば考えるほど何が正しいのかわからなくなっていく。

（右か……左か……、正しい道はどっちだ……）

こんなときに、いや、こんなときだからこそか……、走馬灯のように子供の頃の思い出が浮かぶ。

そう、自分は正義の味方になりたかった。

大勢の危機の前に颯爽《さっそう》と登場し、みんなの命を救うような正義のヒーローに。そうだ、自分はそういう存在に憧れて消防士になったのだった。

そんな消防士——正義のヒーローはこの状況においてどんな行動を選択するだろうか。それはおそらく、いや間違いなく……、私情を捨てて大勢の子供たちを救う、そうした行動の方を選ぶに決まっている！

男は「右」に曲がる決意を固めた。自分の感情にこだわるよりも、保育室に行って多くの子供たちの命を救う方が「絶対的に正しいこと」だと思えたからだ。

しかし、そのとき……、

「パパ……」

と、娘の声が小さく聞こえた。それはもしかしたら自分の脳が生み出した、都合のよい幻聴だったのかもしれない。

実際、その声は炎が吐き出す轟音《ごうおん》にすぐにかき消され、その後、二度と聞こえることはなかった。が、明らかに左側——救護室の方向から聞こえた……ように思えた。

男はとっさに駆け出し、火の廊下を走り抜け、突き当たりにたどり着く。そして、曲がり角を「左」へ、救護室の方へと曲がった。それはもちろん「娘を助ける」という行動を選択したことを意味する。

さっきまで心に蓋をしていた娘への想い。生まれてから今にいたるまで、どれだけの時間と愛情を注いで育ててきたことか。幻聴かもしれないその声は、たとえ微《かす》かでも、親としての本能を思い出させるのに十分すぎるものであった。

もう溢れ出した想いは止まらない。男は夢中で娘を求めて「左」の方へと駆け出す。このとき男にとって「親として自分の子供を守ること」は、「絶対的に正しいこと」であった。

だが、それなのに……、次に聞こえてきた声によって男は立ち止まることになる。

彼の背後……、すなわち、曲がり角の右側……、今度は幻聴かどうかを疑うまでもなくはっきりと──保育室から聞こえてきたのは見知らぬ子供の悲鳴。いや、悲鳴ではない。

絶叫。

それも聞いたことのない絶叫。

子持ちであり、子連れが集《つど》う場所によく出入りする男からすれば、子供の絶叫なんて聞き慣れていたつもりだった。

転んで膝をすりむいたときの子供の絶叫。おもちゃ売り場から無理やり手を引かれて連れ去られるときの子供の絶叫。

大人には出すことのできない、周囲の目をまったく気にしない、全力で泣き叫ぶ絶叫。

だが、今、男の耳に届いている声は、そんなものとは比べようもなかった。それは、一個の生命が死ぬほどの痛みに耐えきれず、のたうち回るときの声──まさしく、絶叫。服に火が燃え移り、想像し難いほどの痛みに襲われながら死んでいく子供たちの映像が、男の脳裏をよぎった。

男は立ち止まって振り返る。

この声に背を向けて娘を助けにいくことは果たして本当に正しいことなのだろうか。

右か……左か……、正しい道はどちらか……。

もはや迷っている時間はなかった。男は一方の道を選択した。

◆◆◆

数日後。平穏な日常の、気だるい昼間に映し出されるニュース番組は、先日の保育園火災の話題一色となっていた。話題の中心は、まだ幼い被害者のこと……、そして、火災現場で行われた「消防士の選択」の是非にあった。

その渦中の人物である消防士の男が、テレビの画面に映る。

もう何日も眠れていないのか、憔悴《しょうすい》しきった顔と濁った瞳。たくさんのマイクを槍のように突きつけられ、男は報道陣の前で思い出したくもない火災現場の状況を何度も繰り返し説明させられていた。力なくたどたどしくも淡々と答える男に、報道陣は苛立ちを募《つの》らせる。もちろん男の言葉に嘘はない。見たもの、感じたこと、すべてをありのままに語っており、どこにも矛盾はなかった。

が、それだけではダメ。それだけでは、ニュースで繰り返し報道できるようなセンセーショナルな商業的素材にはならない。

欲しいのは、ほんの十数秒でいい、この哀れな当事者の感情の高ぶり。号泣、嗚咽《おえつ》。

それが彼らの期待する映像であった。

しかし、だからといって無闇に男の感情を逆なでするわけにもいかなかった。なにせネットを含む多くの人々が注目する事件だ。たまたま火災現場に居合わせて火の中に飛び込んだ非番の消防士。そんな彼に、犠牲者が出たことの責を負わせるような追い詰め方をしようものなら、報道する側の倫理を問われ、致命的な炎上につながりかねない。

そこで彼らは論点を変えて、「はい」とも「いいえ」とも答えにくい質問をすることにした。

「あなたは自分がとった行動は、正しいことだったと思いますか?」

「…………」

男は初めて言葉をつまらせる。

男の変化を敏感に察知した報道陣は、相手の感情を揺さぶる良い質問だと思ったのか、同じような質問を矢継ぎ早に投げかけた。

「あなたが選択した行動は『正義』だったと思いますか?」

絶句して固まる男。

記者たちは前のめりになって、マイクをよりいっそう男へと近づけ、無言で次の言葉をじっと待った。

「いいえ……。正義では……ありません……」

男は、かろうじて消え入るような声でそう答えると、急にぶるぶると震えだし口元をおさえた。それを見た記者たちは、今だとばかりに大量のフラッシュを男の顔に浴びせかける。その次の瞬間——男は大きなうめき声とともに頰を膨らませ、胃の中にあるものすべてを報道陣へと浴びせかけた。

第1章

倫理的な彼女たち

『正義とは何か？』

まどろみの中で僕は問いかける。

『正義とはいったい何なのだろうか？』

この問いかけに意味はない。なぜなら、この問いは、はるか古代から人類が問いかけてきた歴史的難問であり、僕が考えたところで何の答えも出ないことはわかりきっているからだ。

もっともそうは言っても――僕は、子供の頃、この問いに答えることができていたんじゃないかと思う。いや、たぶんそれは僕だけじゃない。子供時代に限定するなら、誰もがこの究極の問いに自信を持って答えることができていたのではないだろうか。

だってそうだろう。

「平和を守るヒーロー」と「世界征服を企む闇の組織」。

「警察」と「泥棒」。

「いじめられっ子」と「いじめっ子」。

どちらが正義でどちらが悪なのか、考えるまでもなく一目瞭然。そう、子供時代において正義なんてものは「誰にとっても明らかで単純明快なもの」にすぎなかったのだ。

だから、子供の頃の僕は、自分の正義を信じてはっきりとこう主張することだってできた。

「やめろよ！　いじめは悪いことなんだぞ！」

でも……。年齢を重ねるにつれて、その正義は次第に通じなくなっていく。

「はぁ？　何言ってんの」

「おまえ、うざいわー」

いじめをやめさせること。困った人を助けること。掃除当番をきちんと守ること。そんなことは本来、誰にとっても「正しいこと」で、誰にとっても「当たり前の正義」であったはず。それなのにいつしかその「当たり前の正義」は、みんなにとって当たり前ではなくなり、逆に「正義」を主張する側の方が「空気を読まない、痛々しいやつ」として見られるようになっていった。

それはなぜなのか? 子供の頃は、みんな、あんなに正義のヒーローが大好きだったのに――テレビのヒーローが本当に存在すると信じていた時期だってあったはずなのに――なぜだんだんと正義を主張する者をうざがるようになっていったのか?

それはきっと、正義なんてただの「建前」にすぎない、とどこかで気づいたからではないだろうか。

その瞬間とは、「良い子にしないとサンタさんがプレゼントくれないよ」という話が親の都合で作り出された嘘だったと気づいたときかもしれない。いや……、もしくは、それこそ正義のヒーローがテレビの中の作り物だと気づいたときかもしれない。

いずれにせよ、幼い頃に「正しい」と信じていたものが、ある日、ただの作り話だったと知り、本当の現実は違うのだと知ったとき、僕たちはお伽話のような「正義」という幻想についても同時に信じられなくなったのではないだろうか。

それなのに、ある程度の年齢になっても「正義」を振りかざすやつがいたとしたら。

「悪いことはやっちゃいけないんだぞ！　先生に言いつけるからな！」

そいつは、まだサンタを信じているような幼稚なやつ。もしくは、周りが見えていない視野の狭いおかしなやつ。そんなやつは……嫌われて当然。

『正義とは何か？』

子供の頃にはあんなにもわかりきっていた「正義」。それが、今の僕にはもうなんだかよくわからない。

でも、僕はそのことに心底ホッとする。今になって思えば、僕は「正義なんか建前にすぎない」と気がつくのが、他の同級生よりちょっと遅かった人間だったのだと思う。

だが、僕は、やっとみんなと同じになれた。正義なんて信じない人間に……。いじめは悪いことですと公の場では言いつつ、陰では自分より立場の弱い友達がヘマをしたら、みんなで笑って平気で傷つける、普通の人間に、やっとなれたのだ。それを確認するため、僕は時折こうして問いかける。

『正義とはいったい何なのだろうか？』

うん、大丈夫、やはりわからない。僕には正義が何なのか、もはやまったくわからない。

「正義……」

結局、正義なんてものは、子供番組のヒーローと同じでただの作り話。最初からこの世のどこにも存在しないものだったのだ。

「正義く……？」

だから僕はもう正義なんて——

「正義《まさよし》くん⁉」

◆◆◆

「わぁっ！」

物思いにふけっていた僕は、突然、顔を近づけてきた女の子の呼びかけで我に返った。慌《あわ》てて自分が置かれている状況を思い出す。

ここは学校。今は放課後。そうだ、僕は生徒会室で定例会議の真っ最中だった。

「正義《まさよし》くん、聞いていたのですか？」

冷たい視線でにらんでくる目の前の女の子。彼女の名は、徳川倫理《とくがわりんり》。生徒会の副会長だ。一瞬、適当なことを言ってごまかそうかと思ったが、すぐに思い直し、正直に言うことにした。

「ごめん、もういっかい、いいかな」

「聞いていなかったのですね？」

「あ、うん、ごめん……」

「なぜですか？　生徒会長としての自覚がないからですか？」

「いや、そんなことはないけど……」

「では、なぜ会議に集中して人の話を聞くという当たり前のことができないのですか?」

「それは、まあ……」

「まあ、なんですか?」

……めっちゃうざい。やっぱりごまかせばよかった……。

副会長の倫理はいつもこうだ。生徒会長の僕が何か不手際をするたびにネチネチと追い詰めてくる。ていうか、今までの会話の中でも2回も「ごめん」って謝ってるじゃないか。だんだん腹が立ってきたぞ。

正直言って、僕は彼女が苦手である。

徳川倫理は、1年のときの同級生。当時は、僕が学級委員長で、彼女が副委員長であった。その後、2年になって別々のクラスになったのだが、今度は、僕が生徒会長で、彼女が副会長という形で再会。つまりは、腐れ縁という関係だ。一応、一緒にいる時間が長かったので、お互いを名前で呼び合えるぐらいには近しい関係にあるのだが、残念ながら信頼関係はない。

なぜかといえば、「やる気」の問題。

僕は、生徒会長なんてものをやってはいるが、決して「優等生」というわけではない。というか、学級委員長のときもそうだったが、はっきり言ってやりたくなんかなかった。でも、そのツインテール――僕が副会長にやり込められてるのを見て、ニヒヒと笑ってるアホの幼なじみ――に強引に「推薦」されて、ハメられてなっただけなのだ。

一方、倫理は、その名の通り、倫理的で模範的な、絵に描いたような優等生である。噂では

「学校の良心」という通り名まで持っているらしい。もちろん、彼女は自ら望んで今の立場になっている。

こうした経緯がある以上、やる気に温度差がでるのは当たり前。そして、当然、やる気のない僕は、やる気のある彼女に対して負い目や苦手意識を持つわけだし、彼女は彼女で僕に対して「なんでこんなやつが」と苦々しい思いを持つわけだ。

でも、まあ、とりあえず……、僕みたいな生徒会長でも滞りなく生徒会が運営できているのは、完全に彼女の有能さのおかげであることは間違いない。であるわけだから副会長さまのご機嫌を損ねるのは非常にマズく、ここは涙を飲んで心の中で振り上げた怒りの拳を納め、ごめんごめん、とその場しのぎの愛想笑いを——

「もういいです」

絶妙のタイミングで背を向ける倫理。うぐっ……、渾身の愛想笑い——それも情けない合掌ポーズつき——が思いっきり無視された形となり地味にダメージが入った。アホの幼なじみが笑いをこらえて震えている。くそ、調子に乗りやがって。あとで絶対シメる！　アホの方を。

■「焼きそばパンの転売」は正義に反するか？

背を向けた倫理は、そのまま黒板の前へと戻っていった。定例会議においては、そこが倫理の定位置である。もちろん本来は生徒会長である僕の定位置であるはずなのだが……、すみません、議長をやれる能力がなかったので解任されてしまいました。

「では、議題に戻ります。購買部に寄せられている苦情についてです」

よく通る透き通った声で、会議の再開を宣言する倫理。

そんな倫理を眺めながら、それにしてもと思う。腰まで伸ばしたつややかな後ろ髪に、眉のところで真っ直ぐ切り揃えられた前髪。そんな日本人形を思わせる純和風の髪型は、その端正な顔立ちと相まって、彼女を「清楚な大和撫子」という形容がぴったりな完璧な美少女に見せていた。

(これで性格が柔らかければ、もっとモテるだろうに)

そんな余計なお世話なことを考えながら彼女の整った顔立ちに見とれていると、ふいに倫理と視線が合った。ちょっとドキリとする。同時に、視界の隅にムッとした表情でにらんでくるアホの幼なじみの顔も映ったが、なんだかわからんので完全無視だ。

「会長は、焼きそばパンを知っていますか?」

「へ?」

予想もしない倫理の問いかけに、僕はつい間抜けな返答をした。

「えっと、焼きそばパンって、あの、焼きそばをはさんだパンのこと?」

「そうです。炭水化物に炭水化物をはさんだ、あのヘンテコな食べ物のことです」

と、ここで2人の会話に割り込んでくるものがいた。

「ちょっと!　焼きそばパンのどこがヘンテコなのよ!?」

さっきから視界の隅にチラチラ映っていたアホの幼なじみ、もとい、生徒会の会計、最上《もがみ》千幸《ちゆき》だ。

はっきり言ってコイツこそがすべての元凶。諸悪の根源だ。僕がこんなふうに望みもしない役職につかされて、望みもしない会議に参加させられているのも、すべてはコイツのせいである。なんの嫌がらせなのか、この千幸は、ことあるごとに僕を「学級委員長」や「生徒会長」などの重職に推薦。その上で僕を担ぎ上げるようクラスを煽動し、強制的に僕にそれらの役職を押しつけたのだ。きっと人の困った顔をみるのが趣味なのだろう。子供の頃はよく面倒を見てやったのに、なぜこんなやつになってしまったのか。

そんな千幸は、まとまりのないクセッ毛を強引に結い上げたツインテールをふるふると震わせながら、倫理にくってかかっていた。そもそもおまえ、そんなに焼きそばパンにこだわりないだろうが。なんでそんなに熱くなってんだ？

生徒会という堅苦しい場に気心の知れた幼なじみがいるというのは本来心強いことなのだが、実際のところ、千幸は困ったトラブルメーカー。副会長の倫理と壊滅的に仲が悪かった。何の対抗意識なのか、ほんの些細なことでも倫理につっかかっていく。

「焼きそばパンへの差別的発言は許せない、撤回しなさい」と息巻く千幸。それを冷めた目で黙って聞いている倫理。

にらみ合う2人の間の空気がゆがんでいるのが見える……。

「うんうん、美味しいよねー、焼きそばパン」

そんなピリついた空気をいっさい無視して、のんびりとした口調で焼きそばパンの感想を述べたのは庶務のミユウさん。生徒会唯一の3年生だ。

だらんとした服装で、だらんとした姿勢で座るミユウさんは、本名を「Liberty・自由《ミユウ》・Freedom」と言い、その名からわかるように、ハーフである。色素の薄いウェーブのかかった髪を肩まで伸ばした美人さんで、胸元を無防備に開けた風貌と相まって妙な色気を醸し出している。ある意味、倫理と対極にある人物と言えるが、一応年上ということもあり倫理もこの人にはあまりうるさい口をきかない。

であるのだから、本当なら年上であり上級生であるミユウさんが2人の間に入って無益な諍《いさか》いを収めてほしいところなのだが……、僕はもうそれを期待するのはやめている。

なぜって、この人は、千幸と倫理の諍いをむしろ楽しんでいるふしがあるからだ。実際の話、マイペースな口調で周到に火に油を注ぐところは見たことがあっても、水をかけたところは見たことがない。正直、生徒会における本当のラスボスはこの人なんじゃないかと思うほど、そのおっとりとした温和な笑顔に黒いものが見えるときがある。

ともかく、倫理、千幸、ミユウさん、そして僕を含めた4人が生徒会メンバーである。両手に花と言いたいところだが、はっきり言って気苦労が絶えない。はぁ……、さっさと終わらせて早く帰りたい。

「会議の場で食べ物の嗜好《しこう》について論じるのは時間の無駄ですので、ひとまず置いておきましょう。とにかく、その焼きそばパンを毎日買い占めてる人がいるのです」

うわっ。さんざん千幸に文句を言わせておいて、何のリアクションも返さず一方的に話題を打ち切った。「は？　会議中に何言ってるのあなたは？」ぐらいの倫理の冷たい対応に、千幸は口をパクパクさせながら唖然としている。これは間違いなく、あと数秒後に、

「食べ物の好き嫌いを先に言い出したのはアンタでしょーが！」

と言い出すことは目に見えていた。僕は、ミユウさんと違って彼女たちの修羅場を見て楽しむ趣味はない。こんな会議、さっと終わらせて早く優雅に放課後タイムを味わいたいのだ。

千幸が反応する前に割り込み、早口で話を先に進める。

「へえー！　そんなに焼きそばパンって大人気なんだ！　じゃあ、買い占めで他の人が買えないっていうのが苦情なのかな!?」

「いえ、苦情はそちらではなく、転売の方です」

「転売？」

倫理は、状況を説明するため黒板に向かって絵を描き始めた。話題が変わり、倫理が背を向けたことでタイミングを失った千幸は、「ふん」と不満げに鼻を鳴らしながらも黙って席についた。

しばらくして、「こんな感じです」と言いながらチョークの粉を払い、説明を再開する倫理。キャラに似合わず、なかなか可愛い絵だ。

「まず、購買部に一番近い教室の生徒が、その地理的優位性をいかして焼きそばパンをすべて購入します。そして、その後、購買部のすぐそばで、買い占めたパンに50円上乗せし他の生徒

キーンコーンカーンコーン
DASH!!!
購買部
売切れ
¥100
¥100
¥100
サンドウィッチ
カレーパン
焼きそばパン
限定10個
買いしめ
+50円で焼きそばパン売るよー!
焼きそばパン ¥150
売って!!
買う!
欲しい!!

に売っているのです」

「売れるんだ、それ」

「はい、毎日、完売のようです。私には理解できませんが」

余計なひと言をつけ加えながらも説明を終えた倫理は、みなの顔を見回したあと、バンッと両手を教卓に置き、自らの結論を述べた。

「この、『焼きそばパンの転売』という正義に反する行為、私は生徒会として断固取り締まることをここに提案します！」

議題ってそれか……。すっげえどうでもいい。それが僕の正直な感想だった。

「うーん、パンの転売ねー」

ホントどうでもいいが、一応、考えているフリくらいはしよう。まあ、「学生間での金銭のやり取りは風紀を乱す」とかなんとか、それっぽい感じのことを言って、転売してる人に注意をするぐらいの話かな。じゃあ、そんな感じでさっさと結論だして解散、解散！

「ちょっと！　転売のどこが正義に反する行為だっていうのよ!?」

一歩遅かった。僕が意見を言う前に、千幸に割り込まれてしまった。

千幸は続ける。

「そもそも正義っていうのは、全体の幸福度を増加させる行為のことでしょ。つまりは、みんなを幸せにする行為が正義だということ！　転売って、ようは本当に欲しい人にモノを供給するシステムのことじゃない！　そう考えれば――」

倫理を押しのけるように黒板に向かった千幸は、倫理が描いた「購買部のおばさん」「転売している人」「買っている人」の全員の顔をチョークで描き足して強引に笑顔にし、周囲に花丸を飛ばした。

「ほら！　購買部のおばさんは焼きそばパンが全部売れてハッピー！　転売する人はお金が儲かってハッピー！　たくさんお金を出してでも食べたい人は食べられてハッピー！　焼きそばパンは自分を真に求めてる人のもとに行けてハッピー！　どう考えても、全体の幸福度、すなわちハッピーポイントの合計値は向上していると言わざるを得ないわ！」

いや、最後のハッピーだけなんか違うと思うが。

「以上、焼きそばパンの転売が正義だということが、このように完璧に証明できるわけなのです！」

ふふんと千幸が得意げに小さな胸を張っていた。なぜか昔から千幸は、「ハッピーポイント」なる謎の指標値を使って全員の幸福度を計算し、その合計値が大きくなることが正義だと主張し続けているのだが……、いったい何の影響なんだろうか。

「ちなみに、あたしの試算によれば、この転売で２５０もハッピーポイントが上がるわよ」

千幸が突然くるっと僕の方に顔を向けて笑顔を見せた。

「へー、２５０も……」

どんな計算だよ、と突っ込みたいところだが、聞けば話が長くなることを察して穏便にオウム返しでスルーした。

「ハッピーなんとかの話はともかく、わたしも千幸ちゃんに賛成かなー」

だらんとした姿勢のまま手をあげて意見を言うミユウさん。根拠となるハッピーポイントの話があっさり流されて、千幸がギョッとした表情をみせたが、ミユウさんはいっさい意に介さず、いつものマイペースな口調で語り始めた。

「というか自分のお金で何をどれだけ買おうが、買ったモノをどうしようが、そんなのその人の自由なんじゃないかしら？　だいたい取り締まるって具体的にどうするの？　新しい校則でも作る？　たとえば『焼きそばパンを買い占めてはいけません』とか『焼きそばパンを転売してはいけません』とか？　そんな細かいルール、いちいち定めてたらキリがないわよね」

なるほど、たしかに。あ、でも、だったら……。

「じゃあ、『焼きそばパンはひとり1個まで』って貼り紙をしてもらうとかはどうですか？」

これは僕のちょっとした思いつき。校則はさすがに大げさだから、貼り紙1枚で簡単に解決できたりしないかなあ、と思って言ってみただけだったのだが……、この提案を聞いたミユウさんの顔色をみて、僕はすぐに後悔した。

「正義《まさよし》くん……、それ、一番浅はかな考えよ……」

しまった。ミユウさんの地雷を思いきり踏んでしまった。

「じゃあ、買い占めする人が友達をたくさん連れてきて1個ずつ買い占めたらどうするの？『友達同士が連続で買ったらいけません』みたいな新しい貼り紙でもする？　じゃあ、友達同士であることの定義は？　その証明方法は？」

ミユウさんのポリシーは「自由」。自由に生きること、それが人間に与えられたもっとも基本的な人権なのだそうだ。のんびりとした性格のミユウさんだが、唯一、自由が侵害される意見が出たときだけ異様につっかかってくる。

「いい？　正義《まさよし》くん！　対症療法的なルールの追加なんて結局イタチごっこ。改定改定で、どんどんルールが増えてくの！　生徒の自由を守るべき生徒会が、自由を制限するルールを増やしてどうするの！　ルールは必要最小限とし、生徒の自由を最大限保証する！　それが、わたしたち生徒会の使命であり正義なのよ！」

いつもおっとりとしてるだけに、こうなると怖い。

「と、とにかく、2人とも転売は容認するってことだよね」

「ちょっと待ってください！」

凛とした声が響いた。

「小さな町に病院がひとつだけありました」

それまで黙って聞いていた倫理が、突然、文脈無視の言葉を発した。きょとんとするみんなにかまわず倫理は話を進める。

「その病院は、手術が1日に3回しかできないような小さな病院ですが、その隣に住んでいる人が、毎朝、手術の予約を行い、その権利を100万円で売っていました。みなさん、この行為は正義でしょうか？」

「それはまあ、正義……じゃないよね」

「手術が不要な人が予約してるんだから、それはやっぱりイケナイことなんじゃないかしら?」

倫理の問いかけに、千幸とミユウさんはそれぞれの答えを述べた。

「そうです、正義ではありません! でも、これと焼きそばパンの話とどこが違いますか⁉ 高いお金を払ってでも手術を先に受けたいという人の幸福を生み出すから、この行為は正義ですか? 手術の予約もその権利を売ることも自由だから、好きにさせることが正義ですか? 違います! 他者の事情につけ込み、お金を得ること『だけ』を目的として経済活動を行う、これに私たちは不正な感覚を覚える。この気持ちこそが、私たちが自然に持っているモラルであり、道徳であり、正義なのではないでしょうか⁉」

そう言って両手で机を思いきりバンと叩く倫理。その鬼気迫る表情に、千幸もミユウさんもすっかり反論を忘れ、しばし呆然としていた。

「会長——正義《まさよし》くんはどう思いますか?」

「へ?」

そこに突然向けられた矛先。ついまた間抜けな声を出してしまった。

「購買部で手術の権利を転売する行為のこと、どう考えますか⁉」

「え? いや、えっと……」

それはなんか話がズレてる! 今までの議題と全然違うじゃないか。今、僕たちが議論すべきは焼きそばパンの——

「そうよ、正義《まさよし》はどう思うのよ⁉　手術の権利を転売したって、幸せになる人が増えるなら、それって正義だよね！」

「情弱《じょうじゃく》が食い物にされても、そんなの自己責任じゃない！　ねえ正義《まさよし》くん！」

やっと我に返った2人が堰《せき》を切ったように反論を述べ、あろうことか同意を求めてきた。

いやいやいや！　だから、そこ食いつくとこじゃないだろ！

しかし、僕の心の中のツッコミは伝わることはなく、3人の少女たちは「購買部で手術の権利が売られた際の転売の是非」について各々の持論を勝手に語り始めてしまった。そして、ついには僕の方に向き直り、声を揃えてこう叫んだ。

『正義《まさよし》（くん）は、誰の考えが正しいと思うの（ですか）⁉』


――子供の頃、正義とは「誰にとっても明らかで単純明快なもの」にすぎなかった。そして、だからこそ、子供時代の僕はこれこれが正義だとはっきりと言うことができた。でも、大人になるにつれ、その事情は変わってしまったようだ。

とりあえず、今はっきりわかっていることは、今日もまた帰宅が遅くなるということ……。

「正義とは何か、か……」

そう呟いた僕は、少女たちがそれぞれの正義をめぐり言い争いをする中、昨日受けた「倫理」の授業のことを思い出していた。

第2章

3種の正義「平等、自由、宗教」

「正義とは何か？」

風祭封悟《かざまつりふうご》先生は、倫理の授業が始まるやいなや生徒たちを見回し、そう問いかけた。

もちろん答える者はいなかった。というより、まともに話を聞いてる生徒の方が少なかったと言うべきかもしれない。

うちの学校の生徒たちは、特別授業として「日本史、世界史、地理、倫理」のいずれかを選択できるのだが、なかでも倫理は一番人気が少なく、そのため教室は閑散としていた。

なぜ倫理の授業は人気がないのか。それは、なんとなくわかる気がする。だって、日本史や地理は何を勉強するのかはっきりわかるが、倫理は何を勉強する科目なのかあまりピンとこないからだ。

「さて、今日からキミたちは倫理の授業を受けるわけだが、この授業は何を学ぶ授業だろうか」

生徒からの回答がないのも気にせず風祭先生は授業を進めた。スキンヘッドにタートルネック、そして少し赤みの入った色眼鏡という、およそ教師とは思えない個性的な風貌の先生は、学校でも変わり者で有名だ。

「まず辞書的に言えば、倫理とは、『人として守るべき道』『道徳』『正義』といった意味を持つ言葉である。ゆえに、『倫理の授業』とはすなわち『正義の授業』だと言える。つまり、この授業は、『正義とはどういうものなのかを学ぶ授業』だと思ってもらえればいいだろう」

この話を聞いて、僕はちょっとガッカリした。なんだ、倫理って「正義」について学ぶ授業だったのか。それを知ってたら選択なんかしなかったな。だって、そんなものに答えなんてあるはずがないからだ。

「山下正義《まさよし》くん、君は、生徒会の会長だったね」

考え事の最中にいきなり先生に声をかけられ、僕は一瞬ドキリとした。が、よく考えてみればそれはそんなに不思議なことではなかった。

なぜなら、僕は一番前の席、先生の目の前に座っていたからだ。ちなみに、数少ない他の生徒たちは、みな後ろの方の席に座っている。基本的にこの倫理の授業を受けている者たちはジャンケンに負けた者たち——日本史、世界史の授業が定員オーバーになったのでジャンケンに負けてしかたなく倫理を選択する羽目になった者たち——である。

当然彼らにやる気はなく、ただでさえ閑散とした教室の後方の席を陣取り、各々勝手に違う教科の勉強をしていた。

正直に言えば、僕だってそうしたかった。一番後ろの席でのんびりとしていたかった。だが、そんなことは隣に座っている副会長の倫理が許すはずがない。

「生徒会役員は、全校生徒の模範たれ」

それが座右の銘の副会長が、「前の席が空いてるのに、後ろの席に座って授業を受ける」なんてことを認めるわけはないのである。

というわけで、僕は今、一番前の席。左右を倫理と千幸に挟まれて座っていた。ちなみに、ミユウさんはというと、一番後ろの席でいつものようにだらんと座っている。彼女は、上級生だが、今年は生徒会メンバーに合わせて倫理の授業を選択したそうだ。副会長の圧力に屈せず、マイペースに後ろに座るミユウさんのメンタルが本当に羨ましい。

ともかく、そんなわけで、生徒会メンバーは全員この授業を受けていた。

「生徒会長のキミに問おう。正義とは何だろうか？」

「え、えーっと、正義とは……正しい行為をすること……でしょうか」

さすがに建前だとは言えなかったので、咄嗟《とっさ》に別の答えを用意したのだが、我ながらなんて稚拙《ちせつ》な答えだろうか。頭痛とは何かと問われて「頭が痛いことです」と答えてしまったみたいで、ちょっと恥ずかしい。後方席の一般生徒はともかく、隣の生徒会メンバーの顔を見るのが怖い。

「なるほど。正義とは、正しい行為をすること……。シンプルな答えであるが……、いやいやどうして大正解だ。素直でとても好感の持てる答えでよろしい」

先生的にはどうやら満足のいく回答だったみたいだ。

「彼が述べたように、たしかに正義とは『正しい行為をすること』である。しかし、ではどうすればその『正しい行為』ができるだろうか？　これは簡単な問題ではない。たとえば、『少数を殺せば多数が助かる』というような状況を思い浮かべてみてほしい。そういう状況に置かれたとして、果たしてキミたちは『正しい行為』、すなわち『正義』を選択することができるだろうか？」

たしかそれって「トロッコ問題」とかいうやつだったかな。

1. 暴走したトロッコの先に5人がいて、そのままトロッコが突っ込むと5人全員が死んでしまう。
2. でも、あなたが路線を切り替えるレバーを引けば、5人の命を助けることができる。
3. しかし、そうすると今度は切り替えた路線の先にいる別の1人にトロッコが突っ込み、本来無関係のはずの人間が1人犠牲になってしまう。

つまり、こうした状況設定において「さあ、あなたならどうするか」という話で、ようは「そのまま5人を見殺しにすべきか？　それとも1人を犠牲にして5人を救うべきか？」という問題だ。少し前に、そういうことを話し合う海外の授業が話題になったからよく覚えている。

「多数の人間を助けるためには少数の人間の命は奪ってもよい、というのはどう考えても正義に反するように思える。しかし、だからといって、それにこだわって目を覆うような大惨事の発生を見過ごすというのも間違っているような気がする。

たとえば極端な話だが、多数が70億人で、少数が1人でしかも殺人鬼の死刑囚だった場合を考えてみてほしい。それでもキミたちは、70億人が死ぬという大惨事を見過ごすべきだと思うだろうか？」

いや、さすがにそれは思わない。思わないけど……、でも、逆に、その1人が自分の恋人だったり、家族だったり、唯一かけがえのない人だったらどうだろう……。

その場合には、多数が100人でも1000人でも、それこそ全人類であったとしても、少

数の１人の命を優先しようとする人もいるんじゃないだろうか。うーん、だとしたら、この問題の答えは……。

「生徒会長はどう思うかな？」

「え？　やっぱり人それぞれ、かなと」

しまった。突然、先生に質問され、ついそのまま答えてしまった。

もちろん、この答えは僕の本心だ。だが、この手の問題に「人それぞれでしょ」なんて一番言ったらダメな言葉であろう。ましてや僕は生徒会長で、一応、さまざまなトラブルを解決する立場にあるのだから、本心はともかく考えることを放棄している感満載のこの回答は非常にマズい気がする。

ふと心配になり、首は動かさず視線だけで左隣を見てみると、副会長の倫理が俯《うつむ》いて口元をおさえながらぶるぶると震えていた。やばい、怒りをおさえてる。やっぱり、この回答は彼女的に完全にアウトだったようだ。

「人それぞれか、なるほど、それもとても素直な答えだね」

先生やさしい……。空気を読まない僕の発言に対し、風祭先生は不快感をいっさい示すことなく、そのまま授業を続けてくれた。日頃、ちょっとした軽率な言動にも必要以上のツッコミを入れられる身としては、とてもありがたい。

「彼が言った通り、一見すると、この問題は人それぞれで答えが異なるもののように思えるし、実際その通りであろう。であるならば、こうした問題について『正義』を問いかけるのは、そもそもがナンセンスなのだろうか。いや、そうではない。たしかに、この問題に明確な答えは存在しないかもしれない。だが、人がこういう状況に置かれたとき、どのように『正義』を判定するのか、その判断基準を分析し、妥当性を議論することはできるはずだ」

■正義の判断基準はたった3つ

先生は背を向け、何ごとかを黒板に書き始めた。

「では、人が何かを正義だと判断するとき、それはどのような判断基準によって行われるのか？　実のところ、その判断基準は大きく分けると3種類しかない」

え？　それは初耳だ。何が正義かなんて、そんなものは、それこそ人それぞれ。正解なんてあるわけがない。そう思ってきたし、だからこそ正義について考えたり議論しても意味がないとも思ってきた。

でも、人それぞれと言いつつも、実は「その判断基準はたったの3種類しかない」と風祭先生は言うのだ。その話に、不覚にも僕は少し興味をそそられてしまった。

先生は、黒板に3つの単語を書き終え、振り返ってこう述べた。

「人間が持つ3種類の『正義の判断基準』、それは『平等、自由、宗教』の3つだ」

意外にあっさりとした答えだった。本当にそんなものなのかな。

「本当にこの3つだけなのか？　そう疑問に思う人もいるだろう。だが、少し視野を広げて、世界レベルで考えてみてほしい。実際のところ世界を見渡せば、『平等』を尊重する国、『自由』を尊重する国、『宗教』を尊重する国の3種類があって、それぞれが自国の正義を訴えて、いがみ合っていることに気がつくはずだ」

あっ！　と思った。言われてみればたしかにそうだ。

「たとえば、共産主義や社会主義といった『平等』を絶対的な正しさとする国がある。

一方で、そんな国を抑圧的だと批判して『自由』を絶対的な正しさだとする国がある。

そして、最後に、何らかの『宗教』すなわち『自分たちの国の伝統的な価値観』を絶対的な正しさだとする国がある」

なるほど。

今まで考えたこともなかったが、世界レベルで「自国の正義を主張する国」を大きく分ければ、たしかに3色で色分けができてしまう。

「さて。では、その3種類……『平等、自由、宗教』。これらの判断基準によってなされる行為が、なぜ『正義』だと言えるのか。それは、それぞれの逆を考えてみればわかりやすいだろう。たとえば、平等の逆、すなわち、不平等。これは普通に考えて悪いことだと言えるはずだ」

それはまあ、そうだろうな。みんなが同じ仕事をして、ひとり1個のリンゴを報酬としてもらっているときに、何の理由もなく――もしくは暴力や生まれの差などによって――ある人だけが10個のリンゴをもらっていたら、それはどう考えてもおかしいわけで、善い悪いで言えば間違いなく「悪いこと」だろう。

「もしもキミたちが、『特定の誰かが特権的に利益を得ている』もしくは『差別的に損害をこうむっている』といった不平等な状況を『悪いこと』だと思うなら……、当然、それを改善しようとする行為、すなわち平等を目指す行為は『正義』だということになる」

あー、そういうことか。「正義の反対は悪」なのだから、ある行為が「正義」かどうかを確かめたければ、その反対の行為が「悪」かどうかを問いかけてみればいい。で、その理屈で言えば、実際僕たちは「不平等や差別」を悪だと思っているわけだから、その反対である「平等」は僕たちにとって正義ということになるわけか。

「では同じように、自由の逆……、不自由についても考えてみよう。不自由とは、つまり強制や拘束や支配などによって、自由に生きる権利が奪われた状態を指すわけだが、『誰かを不自由にする』つまり『人の自由を奪う』なんてまさに典型的な悪の行為だと言えるだろう」

それは完全に同意だ。ヒーローものに出てくる悪の組織が、なぜ悪なのかと言えば、それは彼らが世界を征服したり幼稚園バスをジャックしたりすることが、人々の自由を奪うことにつながっているからだ。

結局、彼らはその一点のみで「悪」だと評されているわけであり、もし彼らが無人島で同じことをやったとしたら、誰も彼らを「悪」とは呼ばないだろう。

ためしに、「わはは、無人島を支配した！　誰も乗っていないイカダをジャックしてやったぞ！」という組織を想像してみたが……、うん、ぜんぜん悪じゃない。だから、やはり「悪の組織」は、人々の自由を奪うからこそ「悪」なのであり、「正義のヒーロー」はその悪を食い止めるからこそ「正義」なのだ。

「最後に、宗教の逆、反宗教だが……、これは、宗教になじみのない人には少しわかりにくいかもしれない。とりあえずは『社会の伝統的な価値観に反する行為』を思い浮かべてみてほしい。たとえば、お墓をむやみに壊したり、老人を粗末に扱うような行為だ。他には複数の異性と仲良くする行為も入るだろうか。これらについても、おそらくキミたちは不正義という感覚を得るはずだ」

そう言いながら、風祭先生は、ジーッとにらみつけるような視線で僕の顔を見つめた。

え？　いやいや、たしかに僕の両隣には女の子がいますけど、全然そういうんじゃないですから！

しかし、そんな僕の狼狽を無視し、先生は「ちょっとまとめてみよう」と言って次のことを書き出した。

不平等：正当な理由もなく、人間を差別して平等に扱わない行為　↓　悪
不自由：人間の自由に生きる権利を奪う行為　↓　悪
反宗教：宗教または伝統的な価値観を破壊する行為　↓　悪

「と、このように、我々が悪と呼ぶものは、おおよそこの3種類に分類できるわけだが、逆にこれらの悪を犯さず改善しようとする行為を『正義』だと言うことができる。つまり、『平等、自由、宗教』を推し進める行為が『正義』だと定義できるわけだ。では、これらの正義を具体的に実現するには、どのような思想、考え方が必要になるだろうか？　これら3種の正義を追い求めようとしたとき、人間の思考は次のような主義に行き着く」

（1）「平等の正義」を実現するには　↓　功利主義（幸福を重視せよ！）
（2）「自由の正義」を実現するには　↓　自由主義（自由を重視せよ！）
（3）「宗教の正義」を実現するには　↓　直観主義（道徳を重視せよ！）

「それぞれ簡単に説明していこう。まず、平等という正義の基準を実現させる思想、『功利主義』についてからだ。この主義の内容はよく『最大多数の最大幸福』という言葉で説明される

ことが多いのだが、これはようするに、『全員の幸福度を計算し、その合計値が一番大きくなる行動をしなさい！　それが正義だ！』という考え方のことだ」

え、それって思いきり千幸のことじゃないか。

ことあるごとに「ハッピーポイントの合計値」がどうこうと訴えかけてくるアホの幼なじみの顔が真っ先に浮かんだので、実際に右隣を見てみると、案の定、目をキラキラと輝かせ、すごい勢いで頷いているアホがいた。

「次は、自由主義。これはその名の通り、人の自由を第一に考える思想で、ようは『個人の自由を守る行動をしなさい！　それこそが正義だ！』という考え方のことだ。単純に『みんなの自由を守ろう』という話だから、誰もが共感できて一番なじみのある正義だと思う。ただし、この主義は裏を返すと『他人の自由を奪わないかぎり何をしてもいい』とも言えるため、3種類の中でもっともフランクな正義だとも言える」

これは自由を愛するミユウさんだな。

実際、「誰にも迷惑かけてないんだからいいでしょ」という台詞を何度となく聞いたことがある。後ろにいるミユウさんの表情はわからないが、だらんとした姿勢のまま、きっと大きく頷いていることだろう。

「最後は直観主義。これは抽象的で少し説明が難しい思想なのだが、ようは『良心に従って道徳的な行動をしなさい！　それこそが正義だ！』という考え方のことだ。なお、この主義において正義や道徳とは、直観……すなわち良心で『直《ただ》ちに観《み》てとる』ことで初めてわかるものであり、理屈や計算でわかるものではないという立場をとっている。したがって、しばしば直観主義者は、理屈を拒否し、『良心を働かせれば、これこれが正しいことは自明である。だから、さあこの正しいことをしなさい』といった押しつけをしてしまう傾向を持っている」

これはまさに、いつもの倫理そのものだな。

そうか、彼女は直観主義者だったのか。もっとも倫理の場合、そこでさらに「で、なぜこの正しいことができないのですか？」という追及のおまけまでついてくるのだが……。

左隣を見ると、まっすぐ前を見て背筋を伸ばし、凛とした佇《たたず》まいで座っている倫理の姿があった。どうやら直観主義者の欠点が、自分のことを揶揄《やゆ》しているとは微塵《みじん》も思っていないらしい。正直、できれば今の先生の話を聞いて「これって私のことですよね、正義《まさよし》くん、いつも独善的で正しさを押しつけて、すみませんでした」と謝罪してほしいところなのだが。

と、そんなことを考えつつ、倫理の横顔を盗み見ていたそのとき、逆サイドから突然、肘鉄が飛んできて脇腹の急所に突き刺さった。

「……ッッ！」

声にならない悲鳴をあげて右を向くと、肘鉄の主である千幸が不機嫌そうな顔でこっちをにらみつけていた。

は？　なんだよ、授業に集中しろってことか？　言っておくが、授業中に肘鉄入れるのは絶対正義じゃないし、僕の幸福度は確実に下がってるからな！

「さて、私は今、正義には3種類の判断基準があり、それぞれを実現する3種類の思想があると説明した。もし君たちの身近に、何らかの正義または正しさについて語る人物がいたら、この3つを当てはめてみるといい。きっとどれかに分類されるはずだ」

先生のその言葉で僕は悟ってしまった。

なぜ生徒会メンバーの3人の議論がかみ合わず、いつも平行線をたどるのか。その理由が完全にわかってしまったのだ。

僕はノートに書いた正義の判断基準に、さっそく身近な人物の名前を当てはめてみる。なるほど、こういう構図だったのか。そりゃあ、3人で正義について議論すれば必ず対立し、収拾がつかなくなるわけだ。だって、3人とも、全然違う基準で正義を判断していたのだから。

◆◆◆

——とまあ、昨日の倫理の授業はこんな感じだったわけだが……。

日はとっくに暮れ、暗くなった生徒会室の窓を見て、僕は疲れた顔でため息をついた。

やっぱり今日もこうなったか。目の前には相変わらず、いつまでも論争を続けている3人の姿があった。

「焼きそばパンの転売」をめぐる論争はいつの間にか、「手術の権利の転売」についての論争へとすり替わり、今はさらに「そもそも正義とは何か?」という抽象的な論争にまで発展している。いやいや、正義うんぬんを語る前にみんなちゃんと下校時刻は守ろうよ。

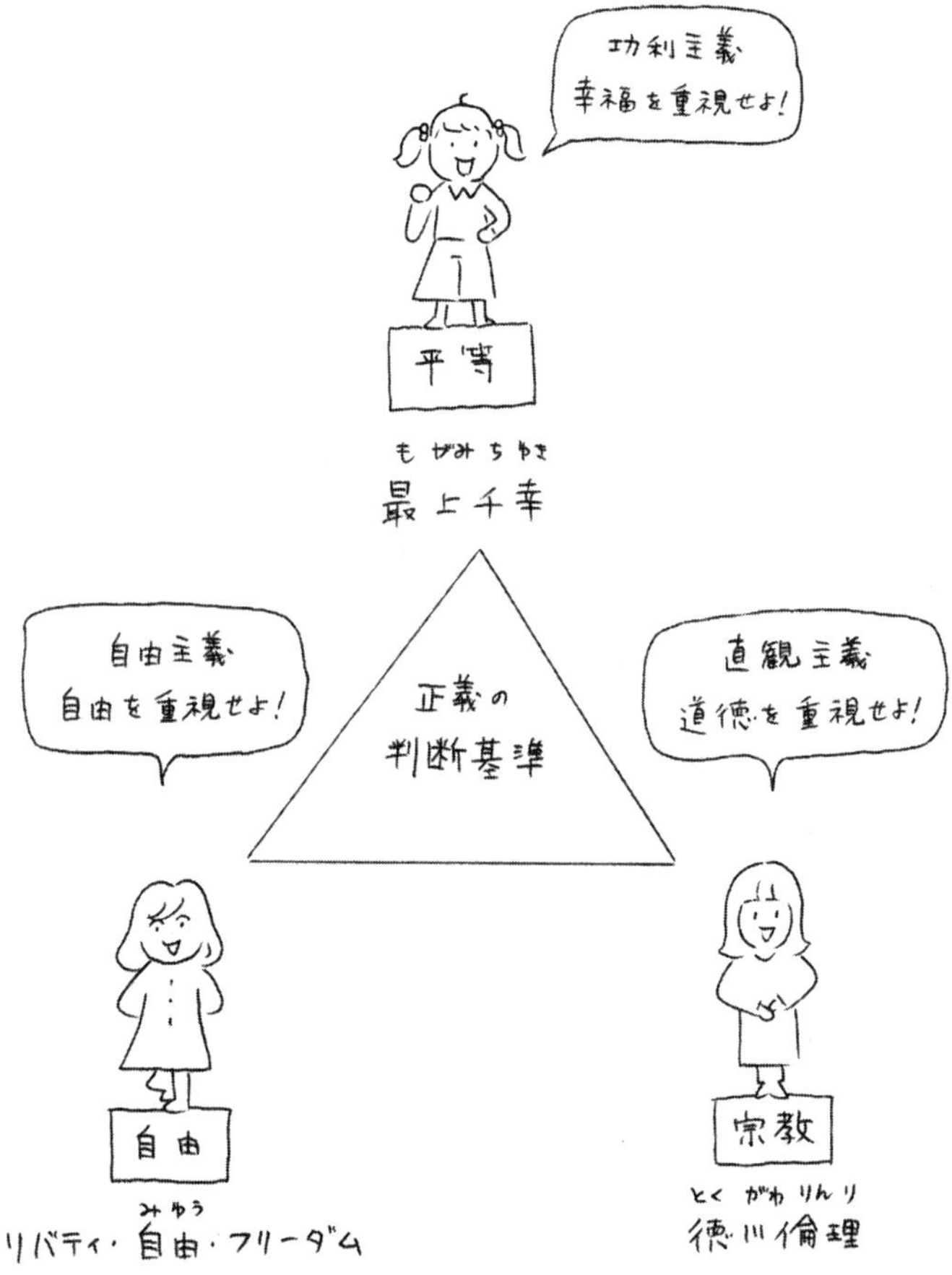
功利主義
幸福を重視せよ!
平等
最上千幸《もがみちゆき》
正義の
判断基準
自由主義
自由を重視せよ!
直観主義
道徳を重視せよ!
自由
リバティ・自由《みゆう》・フリーダム
宗教
徳川倫理《とくがわりんり》

いっこうに終わる気配のない彼女たちの議論。

僕はそれを適当に聞き流しながら、昨日、倫理の授業で使ったノートをこっそりと取り出した。そして、その内容を改めて確認する。そこには、この論争に終わりがないことが構図として的確に示されていた。

「平等、自由、宗教」という、異なる正義の判断基準。目の前の3人は、この判断基準、つまり「何が正しいかの基準」がそれぞれで違っているのだ。それゆえ、どんなに時間をかけて議論しようと、彼女たちの話がまとまらないのは当たり前。決して互いに合意できる結論にたどり着くわけがないのである。

(それってようするに、みんなが納得する正しさなんて存在しないってことだよな……。だとしたら、こうして正義について話し合うこと自体、完全に時間の無駄ということになる)

他の3人と違って「正義なんか建前にすぎない」という主義を持つ僕としては、どうしてもそんな身も蓋もない、冷めたことを思ってしまう。

ただ、そう思いつつも、一方で風祭先生が授業の最後に言っていたことが少しだけ心の奥で引っかかっていた。


「さて、さっき述べたように、正義とは『正しい行為をする』ということである。しかし、何が正しいかなんて時と場合によるし、さらには正しさの基準も3種類に分類できるとはいえ、やはり人それぞれなのだから、『絶対的な正しさなどない』という印象を持つ人も多いかもしれない。たしかに、それはその通りだろう。

だが……、だからと言って、『正義』や『正しさ』について問いかけることが無駄だということにはならない。いや、むしろ、それでもなお、我々は『正義とは何か』『正しさとは何か』を問いかけるべきであるとさえ言える。

なぜなら、我々はみな、『正しさ』を求める存在であり、何らかの『正しさ』を基準にしなければ考えることも生きることもできない存在であるからだ。

たとえば、仮に『絶対的な正しさなんかない』と主張する人がいたとしよう。一見、彼は何の正しさも信じていないように思える。だが、実際には彼は『正しさなんかないということ』を『正しい』と信じているのだ。このように我々は何かを主張したり考えたりするとき、それがたとえ『正しさ』に疑いを持つような内容であったとしても、そこには必ず『それを正しいと思っている自分』が存在する。

つまり、正しさの存在自体をどんなに疑おうと、『その疑いを正しいと思っている自分の存在』だけは決して疑えないのだ。このことは、すなわち、我々が『正しい』という概念からは決して逃れられないことを意味する。そうである以上、我々は『正しさ』に無自覚であってはならない。自分が何を正しいと思っている人間なのか……、何を正義だと思っている人間なのか……、自分の考え方の基盤、すなわち、『正しさの基準』を、我々はもっとよく知らなくてはならないのだ。

ゆえに、我々は問いかけなければならない。

正義とは何か？

正義とはいったい何なのだろうか？

キミたちが今日から受ける倫理の授業は、この問いについて人類がどのように考えてきたか、その2500年の歴史を学ぶ授業である。この問いを真剣に考えることは、キミたちのこれからの人生にきっと役に立つことだろう。なぜなら、先に述べたように、キミたちは『正しさ』という概念から逃れられない存在であり、たとえ無自覚であれ、必ず『正しいこと』を求めて生きてしまう存在であるからだ」

——というのが先生の最後の話であったわけだが、正直ズルい気がしなくもない。ようするに先生が言っているのはこういうこと——仮に僕が「いやいや、自分は正しいことなんて求めて生きてませんよ」と言ったとする。すると先生はこう切り返す。「でも、キミはその自分の意見を正しいと思っているわけだよね」と。これに対して、僕が何か文句——たとえば「違います、僕は、自分を正しいなんて思ってませんよ」などと言ってもダメ。そうしたら、また「だから、キミはそれを正しいと思っているわけなんだよね」と同じ切り返しをされてしまう。

結局、何か言ったことに対して「で、キミはそれを正しいと思っているんだよね」と言われ続けるわけだから、まさに無敵の論法。ハメ技みたいなものだ。

これはさすがに屁理屈みたいなもので、必ずしも納得できる話ではない。

でも……、「言われてみればたしかにその通りかも」という気持ちも少しだけある。

たしかに僕は「正義なんてあくまでも建前であり、本当は存在しない」と思ってはいるが、逆に言えば、わざわざそう思っているということは、僕はその考えを明らかに「正しい」と思っているというわけだ。

では、だとしたら、その正しさの根拠はどこからきたのか……。

もしかしたら、僕も実は何かしらの正しさ、正義を信じているということなんだろうか？

いや、そんなことはないと思うのだが。

あ……そうだ、正しさの根拠と言えば……。

ふと僕は思い立って後ろを振り返り、僕たちを見守っている「そいつ」に目をやった。この生徒会室にいるのは「僕、倫理、ミユウさん、千幸」の４人だが、実はもうひとり、生徒会室の隅に座ってこちらをじっと見ている学生服姿のやつがいる。そう言えば、こいつの存在にも正しいか正しくないかの結論を決められた期日までに出さないといけないんだった。その日のことを考えると少し憂鬱になってくる。

でも、もしかしたら、風祭先生の倫理の授業を受けることで、この問題に答えを見つけ出すことが……。

いや、期待するのはよそう。

生徒会メンバーでさんざん話し合ってまったく答えが出なかったことじゃないか……。

僕は、再び前を向く。外は完全に暗くなったというのに、いまだに不毛な議論を繰り広げている光景がそこにはあった。

結局のところ……、正義とか正しさなんてものにこだわるから、人は悩んだり、苦しんだり、喧嘩したりするんじゃないだろうか。だったら正義なんか建前として受け取っておいて、あとはそれっぽい妥協案で適当に満足しておけばいい。

それが一番平和だ——という思いが浮かんできたのだが、次の瞬間、「なるほど、それがキミの正しさなんだね」という風祭先生の声が脳内に響いてきたので、僕は頭を振ってそれを払い、無になってこの時間をやりすごすことにした。

第3章

平等の正義「功利主義」

まだ肌寒い朝の廊下。生徒たちが首をすくめていそいそと行き交うその廊下を、僕は気だるく、そして軽くまどろみながら歩いていた。

形だけとは言え、一応、生徒会長であり、間違っても授業中に居眠りするわけにはいかない悲しい身分の僕としては、こうして半分眠りながら歩くことも大事な日課のひとつとなっていた。もちろん、授業中に居眠りする確率を少しでも減らすため、今のうちに寝ておこうという算段である。苦労の末、傍目《はため》には考え事をしているようにしか見えない、そんな擬態能力を身につけた僕は、副会長に怒られないため、もとい、生徒会長の威厳を守るため、今日も睡眠欲を満たしつつ廊下をゆっくりと歩いていた——とそのとき、ふいに、制服の袖が勢いよく引っ張られた。

「ほら、ちゃんと起きて！　早く倫理の授業に行くわよ！」

僕の擬態をあっさりと見破り、朝一とは思えない高いテンションで日課を邪魔してきたのは、会計の千幸。アホの幼なじみ兼諸悪の根源だ。

「なんだ、アホの幼なじみか」

「え、アホ？」

あ……しまった。ついうっかり、いつも心の中で言ってるあだ名の方で呼んでしまった。さすがにこれはマズいというか、ヒドい。慌てて眠気を飛ばし、気の利いたフォローをしようと頭をフル回転させる。

「あー、千幸。アホといっても、そっちのアホではなくてだな」

「ちょっと、毛を省略しないでよ！　ちゃんとアホ毛の幼なじみと言いなさい！」

さすがは小学生のころからのつき合い。説明するまでもなく、的確に意図を汲み取ってくれた。ていうか、アホ毛の幼なじみと言われることはよいのか、おまえは。

ちなみに、アホ毛とは、漫画やアニメのキャラクターによくある、触覚のようにピョコンとはねた髪の毛のことだ。元々は美容業界の言葉だったのだが、いわゆる萌えキャラの多くがこのアホ毛を持っていることから、今では萌えキャラの記号的表現のひとつとして広く認知されるようになっている。

もっとも、現実の姉や妹に萌える人が実際には少ないように、現実のアホ毛もただただ見苦しいだけで実際にはまったく萌えないのだが。

「朝ちゃんと直したんだけどな」と言いながら、千幸は手ぐしで自分の髪を何度もなでつけるが、そのたびにアホ毛は針金でも入っているかのようにピョコンと自らの存在を主張した。そうした無意味な作業をさらに5回ほど繰り返した後、「よし！」と言って、こちらに微笑みかけてきたが、まったく何も変わっていなかった。

「じゃあ、ホ毛の幼なじみで」

「なんで一文字省略するのよ」

そんなどうでもいいことを話しながら、僕と千幸は並んで歩き始める。アホ毛が直らないほどのクセッ毛を強引に結い上げた千幸のツインテールが、歩くたび、まるでバネでも仕込んでいるのかと思うほど無軌道に揺れていた。そういえば、千幸の信条が「平等の正義」であったことを思い出す。平等や公平のイメージといったら、それはもちろん天秤であるが、もしかして千幸のツインテールは、自分の信条である「平等の正義」を髪型で象徴的に表したものなのだろうか？

そんなことを考えながら揺れ動くふたつのシッポを目で追っていると、視線に気づいたのか、千幸は、突然、左右の手でそれぞれのシッポをグッとつかみ、その動きを止めた。そして、そのまま両手を前に突き出し、まるでツインテールを見せつけるかのような仕草をした。

「正義《まさよし》って、ツインテール好きだもんね」

どうやら見せつけていたようだ。いや、ちょっと待て、僕がいつツインテールを好きだと言ったのか。小学生の頃から、今までのことを走馬灯のように思い浮かべてみたが、まったくそんな覚えはない。

……あ、そういえば、子供の頃、よく観ていたヒーロー番組にツインテールのキャラがいて、その髪型が好きだと言ったことがあった気がする。そのキャラはヒーローのパートナーの女の子で……、ツインテールマシンガンとかいう必殺技が超かっこよくて……、そうだ、当時、ものすごく好きだったんだよな。……あれ？　でも待てよ。その理屈だと、千幸は僕の好きなキャラの髪型をわざわざしてくれてるということになるぞ。それってつまり……、いやいや落ち着け。

自分が「こういう髪型が好きだ」と言ったら、毎日その髪型で登校してくれる同い年の女の子がいるというシチュエーション。どちらかといえば、いや、正直言って気分がいい。

「えへへ」

千幸を見ると機嫌良さそうに、そして少し恥ずかしそうに、ふたつのシッポを握り締めながら微笑みかけてきた。おかしい。昨日までどうでもよかったツインテールが、急に可愛く見えてきたような気がする。僕は慌てて話題を変えることにした。

「ていうか、おまえ朝からテンション高くないか？」

「え？　あー、それはもちろん倫理の授業が楽しみだからだよ」

は？　授業が楽しみだって？　この幼なじみは、いつの間に優等生になってしまったのか。

「だって、正義について学べるんだよ。生徒会メンバーとしてすっごく勉強になるじゃない。逆になんでアンタはそんなにテンションが低いのよ？」

「正義に答えなんか、あるわけがないからな……」

「えっ？」

意識したわけではないが、まどろみを邪魔されたときよりも、低く不機嫌な声で僕は答えていた。

「だから倫理の授業なんか受けても意味がない」

当然、千幸から「そんなことないでしょ！」と強いツッコミが返ってくる……、そう予想していたのだが、返ってきたのは想像と違いしょんぼりと落ち込んだような声だった。

「なんでそうなっちゃったのよ……。正義《まさよし》、アンタ昔はそうじゃなかったでしょ。だからあたしは……」

そのとき、千幸の言葉を遮るように予鈴が鳴った。僕たちは会話を打ち切り教室に入る。そして、なんとなく気まずい雰囲気のまま、無言で一番前の席に座った。

副会長の倫理はすでに席に着いていた。今回も、倫理が左隣、千幸が右隣という同じ席順。いや、前と違って、心なしか千幸の身体が少し近いような気がするが……。

教室は相変わらず閑散としていた。そこに風祭先生がやってきて授業が始まった。

「前回の授業では、正義には『平等、自由、宗教』の3種類の判断基準があるという話をした。今日は、このうちの『平等』についてより詳細に説明していこうと思う。

さて、『平等は正義である』……という言葉を聞いてキミたちはどう思うだろうか。必ずしもすべてを平等にする必要はないと考える人も多いかと思うが、とりあえずは、特別な理由がないかぎり『不平等よりは平等の方が善い』、そう考えてよいのではないだろうか。

たとえば、大多数の人間が飢えに苦しみながら貧乏な生活を送っているなか、一部の人間が特権により働かず搾取《さくしゅ》した富で裕福な生活を送っているという状況を思い浮かべてみてほしい。この状況について、当然キミたちは『不平等であり善くないことだ』と思うだろうし、可能なら改善すべきだとも思うだろう。

つまり、今述べたような『特権』『搾取』『差別』といった『人間を不当に不平等に扱う行為』を、我々は基本的に悪いことだと考えているというわけだ。

しかし、とはいえだ。不平等より平等の方が善いと言いつつも、『何をもって平等とみなすか』という難しい問題がある。たとえば、みんなで荷物を運ぶとき、事故で怪我をした人や病気の人にも同じ重さの荷物を均等に持たせることは、決して平等でも正しいことでもないだろう。もしくは、一生懸命仕事をしている人と、ぐうたらで何もしない人、そのどちらにも同じ報酬を支払うべきだとはキミたちも思わないはずだ。このように、単純に物事を『均等に分ける』ということが必ずしも平等ということにはならない。人それぞれの違い、個人の努力や才能を無視して、すべて完全に同じにしようという行為は、『悪平等』とも呼ばれ、一般的にも悪いこととされている。

では、どのようにすれば、個々の違いを考慮した『真の平等』を達成することができるだろうか？　生徒会長の正義《まさよし》くん」

「あ、はい」

「君はこの学校で、できるだけ平等に何かを決めたいと思ったときどうするかな？」

「えっと、そうですね……多数決とかですかね」

突然の質問だったので、平等に物事を決めると言えば、という連想でなんとなく答えただけであり特に深い考えはない。というか、僕はこれからもずっとこんなふうに授業中に質問され続けるんだろうか。もう一番前に座るの止めたい……。

と、そのとき、隣からフッとあからさまにバカにしたような鼻息が聞こえてきた。もちろん千幸だ。イラッときて反射的に右に顔を向けるが、予想以上に千幸の顔が近くにあり、僕は慌てて前を向いた。

「隣の彼女は、今の答えに何か不満がありそうだね」

「はい！　多数決は、ぜんぜん平等な決め方ではないと思います！」

「ほう、どうしてかな？」

先生に続きを促され、千幸は立ち上がる。

「多数決は、みんなの意見を尊重した平等な物事の決め方のように思えますが、実際には『多数派による少数派への不当な暴力』を正当化した不平等なやり方だと思います。たとえば、たまたまうちの学校で男子が過半数だったとして、多数決をしたら『少数派の女子を奴隷として扱う』という結果が出ても——もちろんそれは『正しいこと』だと言えないと思いますが——多数決ではそれが『正しいこと』になってしまいます。つまり、結論として多数決というのは、多数派の利益のために少数派を不当に蔑《ないがし》ろにすることができてしまう、不完全な選択システムだと言えると思います。ね、そうでしょ？」

最後の「そうでしょ」は、僕に顔を向けてのものだった。まあ、言いたいことはわかる。そして、実際なるほどなとも思った。千幸に論破されるなんてとても悔しいことではあるが。

いや、待てよ。よくよく考えたら、やりたくもない学級委員に僕がさせられたのは、千幸が煽動した不当な多数決のせいだったじゃないか。あれこそまさに多数派の暴力。その中心にいたおまえが多数決の問題点を語るなど、まさしく語るに落ちるであり、釈然としないものがあるぞ。

そんなふうに当てこすってやろうかと思ったが、「じゃあ、生徒会長もやりたくないのになったのですか」と、今度は左隣の倫理に責められそうなのでやめておいた。

「彼女が言ったことは基本的に正しい。多数派の意見を採用することが必ずしも正義になるとは限らない。どんなに残酷で不当で愚かなことでも多数派によって選択されてしまうことがありうる。多数決の問題は、たしかにそこにあると言える。

しかし、ではどうすればよいか？　どうすれば物事を真に平等に決めることができるだろうか？　単純に均等に分けるのはダメ。多数決もダメ。そこで、人類は『功利主義』という新しい考え方を発明する」

待ってました、という顔で千幸の顔がほころぶ。そして満足したのか、そのまま席に座った。

「功利主義とは、『物事の正しさを功利によって決めよう』という考え方のことであるが、功利は日常的に使う言葉ではないから、あまりピンとこないかもしれない。もともと功利とは、効能とか有用といった意味を持つ言葉であるのだが、より日常的な単語である『幸福』という言葉に置き換えてみるとわかりやすい。

つまり、功利主義とは、幸福主義……、すなわち『物事の正しさを幸福の量によって決めよう』という考え方のことだと思ってもらえればよいだろう。

ただし、この説明で特に気に留めておいてほしいのは、幸福の『量』という部分だ。ここはとても重要なところで、この『量』という概念を無視して単純に幸福になる『人数』で正しさを決めてしまうと、多数決と変わりなくなってしまう」

そりゃあそうだ。ある法律を決めるとして、それが1000人を幸福にする一方で100人を不幸にするものである場合、幸福になる人数の方が多いからといってその法律を採用するなら、それは多数決と同じだと言える。

「だから、功利主義においては、『幸福になる人数』ではなく、あくまでも『幸福の量』を問題にする」

「あ、はいはい！　つまり、ハッピーポイントを計算して、その合計値が大きくなるような選択をすることが正義ってことですよね」

突然、千幸が手を挙げて先生の説明に割り込んだ。おいおい、いきなりハッピーポイントとか、おまえのオリジナル用語を言ったところで先生に通じるわけないだろうが。

「ハッピーポイント……？　それは、幸福度の指標値という意味かな？　なるほど、そちらの方がわかりやすい名称かもしれないな」

通じたし、受け入れられてしまった……。

「さて、功利主義の理念を表すものとして『最大多数の最大幸福』という有名な言葉がある。これは文字通り『なるべく大勢の人間について、その幸福度の総量が最大になるような行動をすべきだ』という意味であるが、功利主義者は、この理念に従って全員の幸福度の総量……つまりハッピーポイントの合計値がより大きくなるような選択を行うことが正義だと考える。

たとえば、こんな状況を思い浮かべてほしい。Aさん、Bさん、Cさんの3人の前に、おにぎりが1個だけあったとする。ここで、Aさんは事故などの不運に見舞われ、何も食べられず飢えており、今にも死にそうな状態であった。一方、BさんとCさんは、ほとんど満腹であった。この状況において、おにぎりはどう分けるのが『平等』だと言えるだろうか？

まず単純に、均等に分けるという考え方もある。しかし、それが真に平等でないことは明白であろう。では、話し合いや、多数決などで決めるのは正解だろうか？　いや、その場合、Bさんと Cさんが必要以上に強欲であった場合、彼らはあくまでもおにぎりの均等な配分を求めるだろう。これはみんなのおにぎりなんだから、ちゃんと自分たちにも取り分の１／３をよこせといった具合にだ。もっとも、BさんもCさんもほぼ満腹だから、一口食べたら残りはゴミ箱に捨てるのだがね。

さて、この状況において『正しい』と思われる解答は、もちろん『飢えているAさんに多めにおにぎりを分ける』であるが……、しかし、どういう考え方をすれば、その正しい解答を導き出せるだろうか？　正義《まさよし》くん」

「ええっと、３人のハッピーポイント……じゃなかった、幸福度の総量が最大になるようにおにぎりを分ければよいってことですかね」

「その通りだ」

「その通りよ」

僕の回答に先生が頷くのは当然として、隣の千幸まで頷いたことに正直イラッときたが、ここはまあ大人の対応で無視しよう。

それよりも、普段から言われ続けてきたせいか、ついハッピーポイントと言ってしまった自分が恥ずかしい。

「では、実際にケースごとに幸福度の総量を計算してみよう。まず、均等におにぎりを分けた

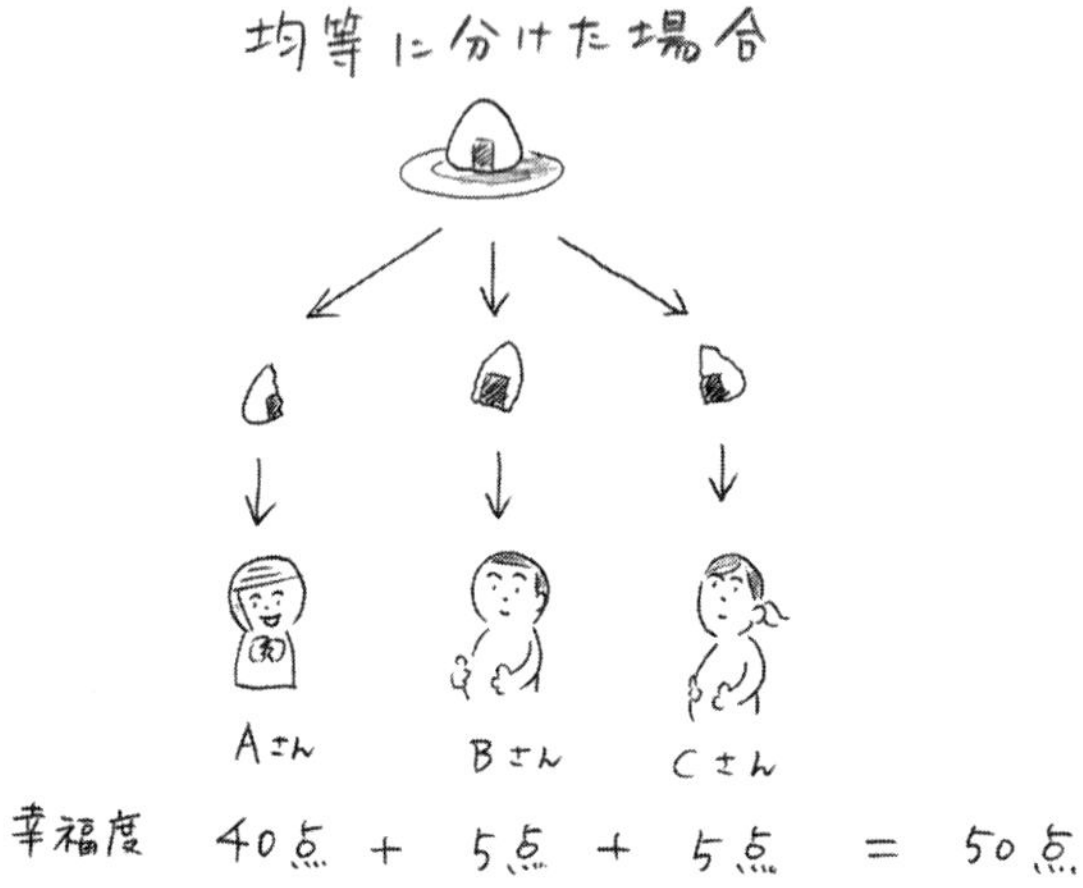

場合……、幸福度の総量が、たとえばこうなったとする」

先生は黒板に向かい、チョークを走らせた。

「見ての通り合計は50点だ。Aさんは飢えているから幸福度はとても高まるが、Bさん、Cさんは満腹なのでそうでもない。だから、こんなふうに数値がばらつくわけだ。

では、次にAさんに多めにおにぎりを分けてみよう。すると幸福度の総量はきっとこう変化するだろう。まず、Aさんは、飢えてる状態でおにぎりを多めにもらえるのだから、幸福度は均等に分けたときよりも格段に増加するが、一方、Bさん、Cさんからしてみれば本来もらえるものがもらえなかったわけだから、多少気分は悪い。したがって、Bさん、Cさんの幸福度は均等に分けたときよりも下がってしまう。

だが、そうは言っても、彼らにとって本来

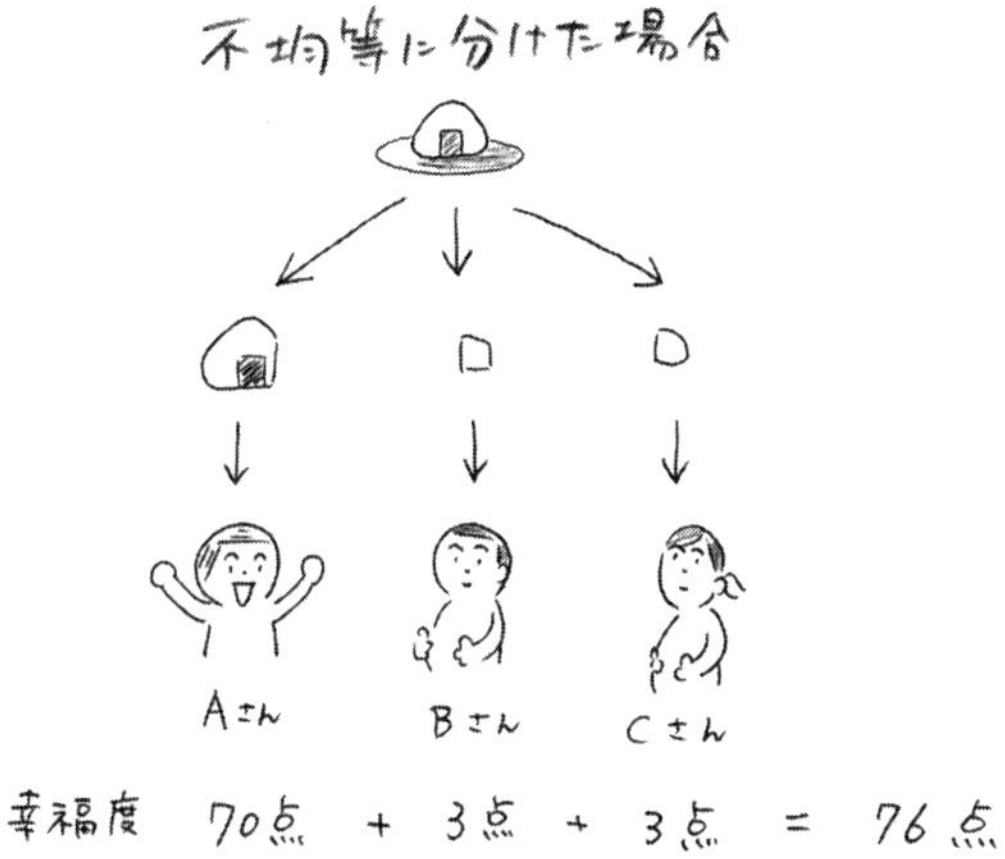

不要なものを失ったにすぎないのだから、幸福度はほんの少ししか減少しない。これらのことから、結果的に全体の幸福度の総量は前よりも上昇……合計点は76点となる。

つまり、均等に分けるよりも個々の違いを考慮して不均等に分けた方が、幸福度の総量は大きくなるわけであるが、功利主義では後者の方を『正しい分け方』だとし、それこそが『真の平等』だと考えるわけだ。もうひとつ例を出そう。今度は、医療現場で実際に使われているトリアージの話だ」

トリアージ？　どこかで聞いたことがあるような。なんだっけ。

「この話は、キミたちが医者だと仮定して想像してみるとわかりやすい。ある日、突然、大地震が起こり、キミたちの前に大量の負傷者が運ばれたとする。負傷者の状態はさまざま。擦《す》り傷程度の者から出血多量で心肺が停止した者まで。

さて、ここで問題になるのは、どの負傷者から順番に手当てをするべきかということ。キミたちならどうするだろう？　擦り傷程度の者ならしばらく放っておいても問題ないから後回しにするのは当然として、重傷者についてはどうすればいいだろうか。もちろん、すぐに手当てをしなければ死んでしまう者については、他の者より優先して助けるべきであろう。

だが、手当てをしても助かる見込みがないほどの重傷者もしくは、助けるためにはたくさんの医師や医療品を必要とする重傷者が運ばれてきたときはどうするべきか。

医療の現場では、そういう者の優先順位は下げて、治療はしない、もしくは後回しにして別の者を先に治療するという選択をする」

なるほど。そういう状況なら、負傷者の数に対して医者の人数、輸血できる血液の量、包帯の数も絶対的に足りてないわけだから、生存の見込みが薄い負傷者ひとりにそれらを費やすよりは、より多くの人を助けるのに使った方がよい、というのは当然の判断のように思う。

「このように、負傷者の重篤さの度合いに応じて、治療の優先順位を決めることをトリアージと言い、実際の医療現場でも行われている。ちなみに、トリアージはフランス語で『選別』を意味する言葉で、つまり、その名の通り災害時に全員を治療することが物理的に困難なとき、助ける人間に優先順位をつけて『選別』をするということだ。悪く言えば、助けない人間を選別する、『見捨てる』という見方もできる行為であるが、果たしてこのトリアージは人間として正しい行為なのであろうか？

少なくとも、功利主義的に考えれば、完璧に正しいということになる。なぜなら、全員を均等に治療するよりも、もしくは、単純に重傷者から順番に治療するよりも、『選別』して治療した方が幸福度の総量は確実に大きくなるからだ。正義《まさよし》くんは、この災害現場における功利主義の考え方をどう思うかな？」

「えっと……正しいというか、妥当な考え方だと思います。均等に助けようとして、結果的に、助かるはずの人が死んで犠牲者が増えるのであれば、それは本末転倒というか、元も子もないというか……」

「だからそれってつまり、功利主義が正しいってことよね」

「………え、まあ、そうなるかな」

僕の発言に勝手に割り込んできた千幸。その千幸にごり押しされて頷いたように見えて癪《しゃく》だが、かといってこの件について反論はない。そもそも、もし、もっと良い方法があったら、医療の現場でとっくに取り入れられているだろうし、やはりトリアージという『選別』は現時点においては最善の方法なのだろう。

僕からの反論がないことに気を良くしたのか、千幸は満足そうな顔で微笑んだ。そして、さらに身体の距離が近くなったような気がする。

と、そのとき、僕は、先生がにらみつけるような視線で千幸を見ていることに気がついた。千幸は浮かれていて気づいてないようだったが、平等の正義、功利主義を信奉する千幸への何か敵意のようなものを先生の視線から感じた。

しかし、千幸への異議は別のところから起こった。僕の左隣だ。

「私は功利主義が正しいとは思えません。そもそも幸福度の量を増やす行為が正義だと断言できる根拠は何なのでしょうか？　それに、正しさや正義はそんなふうに計算して決められるようなものではないと思います」

そう言って立ち上がった倫理の疑義に対し、

「は？」

と、千幸が生徒会メンバーにふさわしくない、明らかにイラついた物言いで返したことで、一気に教室の空気がぴりついた。おいおい。生徒会室でやっているような険悪な議論をここでも始めるつもりかよ。

「ふむ。なるほど。たしかに、功利主義は、その理屈だけ聞けばとても妥当な考え方のように思える。しかし、幸福度を計算するだけで、本当に正義を実現したことになるのか？　実は、いま彼女が述べたような疑いは昔からある。が、そこに触れる前に、功利主義をもう少し詳しく知るため、この主義の創始者がどのような人であったかを見てみよう」

■功利主義の創始者、ベンサム

先生は後ろを振り返り、黒板に誰かの名前を書きだした。話題が変わったことで倫理は何事もなかったかのようにそのまま席に座った。そうそう、先生それで正解です。僕もその方法で何度となく危機を脱してますよ。

「功利主義の創始者の名は、ベンサム。18世紀後半から19世紀前半に活躍したイギリスの哲学者だ。彼は法律家でもあったのだが、当時、イギリスの法律はいい加減で曖昧なものであり、彼はそれをとても許しがたいものだと感じていた。いや、そもそも法律というのは、イギリスに限らずどこの国であろうと、元来、曖昧なものであると言えるのかもしれない。たとえば、日本において法律は六法全書できちんと明文化されているが、それでも弁護士によって判断が違ったりするだろう？」

あ、それすごくわかる。子供の頃、僕は法律というのは、人それぞれの解釈の余地なんかないほど細かくすべてがガチガチに決まってるものだと思っていた。が、ある日、法律を題材にしたバラエティ番組をみて、その思い込みは打ち砕かれる。

その番組では、何らかの事件に対し複数の弁護士が違法か合法かを判断するのだが、その答えはてんでばらばら。法律って、こんなにも人それぞれの解釈ができる曖昧なものなんだと、すごくショックを受けたことがある。

「法律家のベンサムにとって、その時代の慣習や個人の感性によって法の解釈が変わってしまうイギリス法曹界の現状はとても許せないものであった。そこで彼は法の根拠となるものを求めた。つまり、法が法として成立するのはどういう条件によるものなのか？　言い換えれば、法とはどんなときに正しいと言えるのか？　そうしたことをベンサムは問いかけたのだ。

この問いかけは、とても非凡で素晴らしいものだと思う。なぜなら、たいてい我々は、法とは正しいものであり、法は守って当たり前という前提で物事を考えてしまいがちだからだ。

だが、ベンサムは、法律家でありながら、いや、むしろ法律家だからこそ、世間の慣習や常識に流されず、法の正しさの根拠を見いだそうとしたのだ。そんなベンサムは、ある日、本の貸し出しもやっている小さな喫茶店で1冊の本を借りる。その本には、先ほど説明した功利主義につながるこんな一文が書かれていた。

『いかなる国家であれ、その構成員の多数者の利益と幸福が、国家に関わるすべての事柄が決定される際の基準となるべきである』

この短いたった一文との出合いが、ベンサムの人生を変える。

彼の回顧録によれば、この一文に出合った瞬間、彼は感動のあまり『エウレカ!』、つまり『我、発見せり!』と大きく叫んだそうだ。もっとも、さすがにアルキメデスのように裸で走り回ったりはしなかったようだが」

そう言って、先生は口元を手で隠し、くっくっくと笑った。どうやら自分で言ったことがツボに入ってしまったらしい。

「ともかく、ベンサムは、先ほどの一文、ようは『最大多数の最大幸福』の概念を知るにいたり、これを法の正しさを測る基準にすればよいのだと気づいたわけだ。実際、この功利主義の概念に照らし合わせれば、どんな法でもその正当性を明らかにすることができる。

たとえば、ある男が殺人を犯して捕まり、法に基づき終身刑になったとする。このとき、我々は通常、彼は悪いことをしたからその罪を償うために刑務所に入ったのだと考えるわけだが、功利主義によるならば、その理由はまったく違う。彼が刑務所に入る理由は、彼を野放しにすることで発生する不幸の量――それはたとえば、また誰かが殺されたり、近隣住民が不安に思ったりすることで発生する不幸のことだが――そうした不幸の量よりも『彼が拘束されることによって発生する不幸の量』の方が少ないと見積もられたからにすぎない。

つまり、彼を刑務所に入れた方が、社会全体の幸福度が高まると判断したからだということだ。法がひとりの人間を拘束する根拠は、ここにある。そもそも、法とは『社会全体の幸福の量を増やす』もしくは『不幸の量を減らす』ためにこそ存在するのであり、それを達成できる法だけが、法として正しいのだと言える。功利主義の考え方を用いれば、このようにひとつひとつの法の根拠を明らかにできるわけだ。おや、正義《まさよし》くんは、今の話、あまりピンとこなかったかな？」

「え！」

ちょっと気になることがあったので、一瞬考え事をしただけなのだが、先生は敏感にそれを察知して問いかけてきた。なんてことだ、うかうか考え事もできないぞ。

「あ、いえ、今の話はわかりましたし、なるほどなとも思いました。ただ別のことが気になったというか……、功利主義も、最大多数の最大幸福も、どういう話なのかわかったつもりですが、それが平等の正義とどう結びつくのかなあと」

「え、なんで？　これ以上ないくらい平等でしょ？」

と、相変わらず割り込んでくる千幸。

「いやいや、いい質問だ。きっと、正義《まさよし》くんが言いたいのはこういうことだろう。最大多数の最大幸福によって物事の正しさを決めるということは、乱暴に言うなら『可哀想な人に多めにあげましょう』ということで、ある意味、弱者を選んで優遇するシステムのようにも思える。ゆえに、そこを強調されると、どんどん平等という概念から離れていくのではないかと」

さすが先生。どう説明しようかと言いあぐねていたが、あまりに的確に言い当てられ、僕はこくこくと頷くしかなかった。

「そもそも功利主義は、平等の正義をもっとも体現する公平な考え方とされているが、それはなぜなのか？　功利主義に関するベンサムの次の言葉を引用するとわかりやすいだろう。

『誰であろうとひとり以上には数えない』

さあ、どうだろうか。功利主義の肝は、人間の幸福や不幸の量を測り、その合計値を高めることであるが、そのときにもっとも重要なポイントがこれだ。

つまり、王様だろうと貴族だろうと平民だろうと奴隷だろうと、ひとりの人間として数え、その幸福や不幸の量を同じものとして扱うということ。王様だからと言って『腕の骨が折れる不幸が奴隷の１００人分だ』などと不平等な換算はしない。

だから、仮に、王様の腕を折るか、２人の奴隷の腕を折るかの選択肢しかないならば、功利主義者は喜んで王様の腕を折る方を選ぶだろう。なぜなら、王様だろうと奴隷だろうと、人間を絶対にひとり以上には数えないからだ。これは、彼が生まれた１７００年代、18世紀という時代で考えれば、とてつもなく平等で革新的な考え方ではないだろうか」

18世紀って、たしか奴隷貿易が当たり前にされていた時代だったよな。日本だと、黒船がくる前の江戸時代か……。うわ、思いきり、武士や将軍様がいた時代か。そんな時代に、武士も将軍も農民も町民も同じひとりとして幸福の量を数えて誰も特別扱いしないって、結構ありえないくらい先進的な思想だったんじゃないだろうか。そう考えると、ベンサムってすごく偉い人だったんだな。そして、なるほど、その意味では、功利主義はたしかにこれ以上ないくらい平等な考え方だと思う。

「だが一方で、我々はベンサムの狂気……、功利主義に偏った人間の狂気を忘れてはならない」

狂気？　ずいぶん不穏な単語が出てきたな。

「まずそもそも功利主義は、ベンサムの発明品ではない。さっき話したように、大本のアイデアは別の人の本に書かれていたものであったし、有名な『最大多数の最大幸福』という用語も実はイタリアのベッカリアという人が書いた本から取ってきたものにすぎない」

え、そうなんだ。なんとなくベンサムが功利主義の考案者ってイメージで話を聞いてたけど、実は、ぜんぶ借り物の考え方だったんだ。

「しかし、実際には、功利主義の祖と言えば、必ずベンサムの名前があげられる。なぜか？　それは、ベンサムが狂気的とも言えるほど功利主義を貫き通した人間であったからだ。キミたちも覚えておいてほしい。歴史に名を残す偉大な哲学者、思想家というのは、単純に『最初にそれを言い出した人』なのではない。そもそも人類の歴史は長い。どんな画期的な思想だろうと、それを先に考え出した人は案外いたりするものである。しかし、そこで歴史に名が残るかどうかは、その人がその思想にどれだけ入れ込み、どれだけ人生を捧げたかにかかっていると言える」

僕は、目線だけでちらりと千幸の顔を見た。千幸は、普段からハッピーポイントの合計値が高くなる行動が正義だと主張しており、明らかに功利主義に偏った考え方をしている。別に千幸が偉人だとは思わないが、ベンサムもこんなふうに幸福度の量がどうとか普段から周囲にふれまわっていたのだろうか。

「おおよそ哲学者は変わった者が多いのだが、ベンサムもかなりの変わり者であった。彼は広い庭のある自分の屋敷に引きこもり、ほとんど人と会わず囚人のような生活をしていた。功利主義……最大多数の最大幸福の提唱者というイメージからは、多くの人を幸福にするため積極的に人と会う活動家みたいな人物像が思い浮かぶかもしれないが、どうもそういう人ではなかったらしい。ちなみに、生涯独身だった彼は、独りで功利主義の概念について黙々と考え、アイデアが思いつくたびにそのメモを部屋のカーテンに次々と貼りつけていく、そんな癖があったようだ」

うわ、ぶつぶつ言いながら壁一面にアイドルの写真を貼りつけて、独りで満悦しているアブない引きこもりの映像が浮かんできたぞ。さっきまでの偉人のイメージが台無しだ。

「ところで、ここでキミたちに問いかけたい。幸福の量が多くなることが正義だと功利主義は主張するが、その量はどうやって計算するのだろう？　そもそも、そんなことが可能なのだろうか？」

それは僕も気になっていた。なんとなく歴史上の偉い人が言っているということでスルーしてきたけど、そんな簡単に幸福度なんて計算できるものなのだろうか？

「はっきり言ってしまえばできない。いや、できるわけがないと言ってもよいだろう。幸福なんて定義も曖昧で、人それぞれのものだ。そんなもの測れるわけがないし、ましてや、客観的な数値に置き換えることなんてできるわけがない——と、普通の人ならそう考えるところだろうな。だが、ベンサムは違った。

彼はそれができると考え、本来不可能なはずの『幸福度の測定』に異常な関心を示し、その方法の追究に文字通り人生のすべてを捧げたのだ。

まず、手始めにベンサムは、『幸福とは快楽である』という彼独特の定義をする。つまり、幸福とは『快楽が増加すること』であり、不幸とは『快楽が減少すること』であると定義したのだ。ちなみに、この『快楽』は、その逆である『苦痛』に置き換えても成り立つ。その場合、幸福とは『苦痛が減少すること』であり、不幸とは『苦痛が増加すること』であると言い換えることができる」

そう言って、先生は、黒板にベンサム式の幸福の定義を書き出した。

幸福　→　快楽が増加　または　苦痛が減少
不幸　→　快楽が減少　または　苦痛が増加

「さて、ベンサムはなぜこのように考えたのか。それは彼の持つ人間観が大きく関わっている。彼は自分の著書『道徳および立法の諸原理序説』の中で次のように語っている。

『人間を支配するものがふたつある。それは快楽と苦痛だ。我々の行動を決定づけているのは、実はこのふたつだけなのだ』

さあ、どうだろう。かなり極端な意見のように思えるが、端的に真理をついている主張ではないだろうか？

哲学者というと、難しいことを難しい用語でゴニョゴニョ語る人というイメージがあるかもしれないが、実際はその逆。真に優れた哲学者とは、こんなふうに極端なまでに物事をシンプルに捉え、そこから本質をついた理論を思いきって取り出す、そういうことをやってのける者なのだ」

なるほどね。ベンサムの言ってることって、ようするに「所詮、人間なんて快楽を得て苦痛から逃れるために生きてるだけにすぎないのさ」という、ちょっと斜にかまえた感じの話。たしかに極端だけど「幸福とは何か」について小難しく語られるよりは、はっきりしていて小気味がよい気はする。

「さて、ベンサムは幸福という曖昧なものを『快楽』という具体的なものに置き換えることで客観的な事象として扱いやすくしたわけであるが、その後、彼はこの『快楽』の量を計算する式を作るため、快楽の種類や性質を徹底的に分析していく。ここでは詳細は省くが、ベンサムは自著の中で『快楽は14の種類に分類することができ、それらの快楽計算を行うためには、快楽に含まれる7つの構成要素を考慮しなければならない』という主張まで展開している。どうやら彼は本当に快楽計算が実現できると考えていたようだ。ちなみに、逸話によるとベンサムは『快楽測定器』という機械の発明すら視野に入れていたそうだよ」

快楽測定器……!? 今なら、脳に電極でもさして調べたりできそうな気もするけど、ベンサムはそこまで考えていたんだろうか？ もちろん非人道的で見たくない絵面だけども……。

それにしてもベンサムの快楽計算の話には、すごく執念じみたものを感じる。そもそも功利主義は、単純に言ってしまえば、「みんなが幸福になるような選択をしましょう」という話だから、基本的には誰もが賛同できる考え方だと思う。でも一方で、「そうは言っても幸福なんて人それぞれだし、幸福度の総量なんか測れるものじゃないから難しいよね」となって、そこで行き詰まって終わってしまうだけの話のようにも思える。

しかし、ベンサムは、そこで思考停止せず、思いきって「幸福とは快楽だ」とし、その快楽の量を数値化して計算する方法を追究することで功利主義を実現しようとしたわけだ。普通の人が諦めるところをそんなふうに極端に考えることで一点突破しようとしたその執念と情熱には頭が下がるところだが、でも、なんか人間の幸福を単純に快楽という肉体的な反応に置き換えるって、ちょっと怖いような気もする。

「あの……」

本来、授業中に質問するキャラではないのだが、功利主義のことを考えているうちにどうしても気になってしまい、つい手をあげてしまった。先生がどうぞのジェスチャーをしたので、僕は立ち上がり、ついさっき思いついた質問を口にする。

「えっと……、ベンサムの言う快楽とは、ようするに肉体的な気持ち良さのことなんですよね？」

「そうだね。ベンサムは快楽の種類として心理的なものもあげているが、しかし現代人の視点では、それらも結局は身体的な脳の快楽に還元できるだろうから、単純にそう解釈しても良いだろうね」

「そうすると……、快楽――肉体的な気持ち良さが幸福なのだとしたら、たとえば、麻薬とかで快楽を得ることも幸福ということになるのでしょうか？」

「ほう。正義《まさよし》くん、それはとてもよい質問だね」

先生は、毛がまったくない頭を両手でかきあげるような仕草をしながら、なぜか感慨深そうな顔をした。

「まず話の前提として、ベンサムが残した快楽計算の法則に従うなら、いわゆる麻薬の摂取は幸福ということにはならない。なぜなら、麻薬による快楽は、あくまで一過性のものであり継続せず、また、そのあとに依存症や副作用など大きな苦痛が必ず伴うからだ。つまり、麻薬で得られる快楽がプラス１００だとしても、その副作用で発生する苦痛がマイナス２００……差し引きすれば、結果的に幸福度はマイナス。幸福どころか不幸という結論が導かれる。だから、麻薬はたしかに一時的に快楽を生み出すものだが、功利主義の立場からすればむしろ不幸を生み出すもの、やってはいけない悪いものだと言うことができる」

「……でも、ということは、もしその麻薬に副作用がなかったら……」

「おお、それはさらによい質問だね。その場合は、快楽だけが増加し、苦痛がまったく発生しないのだから、功利主義的にはまったく問題ないということになる。いや、むしろ、積極的にその副作用のない麻薬を開発して、それをみんなに配ることが正義だとさえ言えるだろう。きっとベンサムに同じ質問をぶつけても、そう答えたんじゃないかな。その証拠に、ベンサムも同様に考えたのか、副作用のない麻薬、笑気ガスという、吸うと多幸感や陶酔感が得られるガスの研究を行っている」

「…………」

「ん？　どうしたのかな、正義《まさよし》くん」

「……いや、さすがに麻薬の開発までやるのは行き過ぎじゃないかな、と」

「なぜ、そう思うのかな？」

「え、だって、麻薬は悪いことだし……」

「それは現在の『副作用のある麻薬』の話だろう。いま議論しているのは、あくまでも『副作用のない麻薬』の話だ。もし、『まやく』という語感がどうしても受け入れられず、悪いことだという印象を拭えないなら、全然別の名前にしてもいい。そうだな、ハッピードラッグなんてどうだろう」

いやいや、ドラッグがついた時点でけっこうアウトな印象になってますよ、先生。

「でも……、そんなものがあったら、それで気持ち良くなることだけが、生きがいというか人生の目的になって、それはそれでマズいような」

「どこがマズいのかな？」

「え……」

「いや、意地悪な訊き方をしてすまない。正義《まさよし》くんは、ハッピードラッグを得ることが人生のすべてになってしまうのは不健康ではないか、という問題提起をしてくれたわけだが、でも実はハッピードラッグなんて、気づいてないだけで我々の日常にたくさん溢れている。たとえば、お酒、タバコ、コーヒー。それ以外にも、音楽、ゲーム、映画、旅行、ドライブ、ショッピング。このあたりはみな、まさにハッピードラッグではないだろうか」

あ……と思った。なんで大人がお酒を飲むかと言えば、それはきっと、副作用に比べて気持ち良くなれる度合いの方が大きいからだ。その意味で、お酒はまさにハッピードラッグだと言える。そして、ゲームや映画や旅行などの娯楽……。人間が働いてお金を貯めて何に使うかと言えば、結局は、こうした娯楽……つまり、快楽を得るためだ。

「キミたちが生きるために必要な時間——睡眠や勉強や労働などの時間だが——これらを抜いた自由時間が、まさに個人的に使える『人生の時間』だと言えるわけだが、キミたちはこの時間を実際何に費やしているだろうか。もしくは、何に費やしたいと思うだろうか。結局、つまるところは、娯楽という名のハッピードラッグ。それで快楽を得ることに費やしてるし、費やしたいと思うのではないだろうか。では、こうしたハッピードラッグを求めることが果たして不健康と言えるのかどうか。どうかな正義《まさよし》くん？」

「僕もよくゲームをやるのでわかりますし、不健康ではないと思います。でも、まあ、それでも薬で無理やり快楽を得るのはちょっと抵抗がありますけど」

「なるほど、その気持ちはたしかにわかる。だが、その抵抗感はあくまでも社会的もしくは文化的なものであり、時代が変われば薄れるたぐいのものなのかもしれないな。ほら、電車に乗ったら、みんなスマホを見てるだろう。一昔前は、スマホのようなものができたとき、電車の中であれを見ている人が増えるという光景に対して、『気持ち悪い』『見苦しい』という意見がそれなりにあった。でも、今では見ているのが当たり前。それに対して誰も嫌悪感を持っていない」

そして、先生は「結局、大多数の人がやるようになれば、心理的抵抗なんてものはすぐに薄れてしまうものなのさ」と少し怒ったような口調で呟いた。

心理的抵抗か……たしかにな。繁華街に行けばお酒を飲んで酔っ払ってる人たちとすれ違うけど、別になんとも思わないし、少なくとも異常なことだとは思わない。それはなぜかと言えば、みんなが普通にお酒を飲んでいるからだ。

でも、もし僕が、お酒をいっさい飲まない国に生まれて大人になり、ある日、突然、酒場が国中にできて若者たちがそこで飲むようになったとしたら、まるで阿片窟《あへんくつ》が国中にできたかのように嫌悪感を覚えたかもしれない。とすると、今の日常で心理的抵抗を感じるからといって、すぐに悪いことだと決めつけるのはよくないわけで……、まあだからこそ、功利主義のように幸福度の増減で客観的に善悪を判断すべし、ということか。

いや、でも……。それでもだ……。

科学が今より進んで、生活に必要な面倒くさい作業はＡＩとか機械が全部やってくれて、人間は脳の快楽を生み出すため、副作用のない薬をただ飲み続けるだけ……それだけの人生ってやっぱりおかしい気がするし、ゾッとする。

でも、それがゾッとするということは、僕たちが普段やっていること、ゲームや漫画やテレビなどの娯楽で時間の大半を費やしている僕たちの普通の人生についても、恐怖感を覚えないといけないんじゃないだろうか。

「さて、最後にもうひとつベンサムについて興味深いエピソードを紹介しよう。彼は医学の発展のため、死体解剖の奨励活動を行っている。死体の解剖なんて、今の時代では当たり前のことかもしれない。が、当時は違った。死体の解剖は、その当時において個人をもっとも侮辱する行為であった。

なぜなら、当時信じられていた宗教には、まあ、キリスト教のことだが、『最後の審判』という思想があり、世界の終末が訪れた際には死んだときの姿のまま肉体が復活すると信じられていたからだ。だから、死後に自分の死体が切り刻まれるなんてことはもってのほか。実際、死体解剖は、絞首刑よりもさらに重い、死刑囚を対象とした刑罰のひとつでさえあった。

そんな時代背景の中、ベンサムは突然、市民全員に、死んだら医学の発展のため自分の死体を提供しなさいという主張を展開する。これは当時としてはものすごく衝撃的なことであった。

もちろん、キミたちの中にも、今の話を聞いて顔をしかめた人もいるかと思う。誰だって、自分の肉親や恋人が、死後、医学の発展のためだからと言って、たとえば医学生の手術の練習台としてメスで切り刻まれるのは嬉しいことではないだろう。

だが、ベンサムは、そうしたみんなの心理的抵抗さらには当時の常識をすべて無視して、そこに功利主義の考え方を持ち込んだ。その功利主義、つまりベンサムの快楽計算に従うならば、死体解剖はまったく問題のないものとなる。そもそも死んでいるということは脳が停止しているわけだから、快楽も苦痛も感じることはない。だとしたら、死体に何をしようが、幸福度は何も増減しないだろう。もちろん、死体を切り刻まれることで遺族は精神的に苦痛を感じるかもしれない。その点では、ハッピーポイントはマイナスだ。

だが、それでもその解剖によって医学が発展するとすれば、今、生きている人間の苦痛を取り除くことに貢献できるわけだから、ハッピーポイントは大幅にプラスになるだろう。つまり、遺族の精神的苦痛を差し引いても、ハッピーポイントの合計値はプラス……。結論として、死体解剖はたくさんの幸福を生み出す行為であり正義だということになる」

理屈はわかる。でも、それが正義だと言われるとちょっと違和感があるな。

だって、それって逆に言えば、死体を提供しない遺族がいたら、その遺族は「みんなの苦しみよりも個人の小さな快楽を優先させた悪人」ということになるわけで、それはやっぱりおかしい気がする。

もちろん、一方で、僕自身や僕の家族が今すぐ臓器移植しなければ死ぬという状況だったとして、その臓器が提供できるほぼ無傷の新鮮な死体があったとしたら……「お願いだからその死体使わせてよ！　いいでしょ、もう死んでるんだから！」って心境になりそうな気もする。

でも、だからといって、それを正義の名のもとに他人に強制するのは、やっぱり違うような気もするし、ああもう、なんだかよくわからなくなってきた。

「ちなみに、この死体解剖の話だが、ベンサムは自ら実践し、死後、自分の死体を提供して学生向けに公開解剖させている」

マジかよ。説を唱えるだけじゃなく、有言実行で自ら実践するって、やっぱりベンサムは半端ないな。功利主義の創始者と言えばベンサムだというのも今更ながら納得できる話だ。

「そして、この話には続きがある。提供されたベンサムの死体は、その後、ミイラとして保存され、今も残されている」

え!?

「ベンサムは、どうすれば自分の死体をもっとも有効活用できるかを考えた。功利主義的に言えば、自分の死体をどう使えばみんなの幸福度を高められるかをずっと考えていたわけだ。その結果、彼は、自分の死体を誰でも見られるような場所に飾り、功利主義のシンボルにするというアイデアを思いつく。実際、晩年のベンサムは、どこからか死体を手に入れては、自分の家で水分を抜いてミイラ化するという実験にとりつかれるようになるのであるが、結局、その執念じみたベンサムの願いは遺言書として残され、死後、公開解剖のあとに本当にミイラ化の実験が行われる。そして現在……。ロンドン大学には、今でもこのベンサムのミイラが普通に、それも誰でも見られるような場所に展示されているそうだ。もし興味があるなら、何もロンドン大学まで行く必要はない。『ベンサム 死体』でネット検索してみるといい。椅子に座っている彼のミイラを見ることができるだろう。もっとも、首は取れてしまっており、顔は作り物になっている。本物の顔は、現在は厳重に保管されているが、少し前まではまるでさらし首のように、無造作に足元に置かれていたそうだ。その写真は結構グロいので、好奇心で見るなら注意してほしい。ちなみに、大学で何か大事なことを決める会議、評議会があるときには、ベンサムの死体は運びこまれ、その会議に出席させているそうだ。議事録にも、きちんとベンサムが出席したことが書かれている。

さて、ともかくそういうわけで、ベンサムは功利主義の原理を徹底し、自分の死体までもそのように扱ったわけだが……正義《まさよし》くんはこれらの話を聞いてどう思ったかな?」

「えっとそうですね……正直言って引きました。功利主義は、最初妥当な考え方だと思ったのですが、それをここまで徹底されると軽く狂気を感じるというか。もしベンサムが科学の発達した現代に生き返ったりしたら、きっととんでもない主張をするんじゃないかなと心配に……」

「いや、でも、功利主義の考え方は間違ってないでしょ! ていうか、これより正しい考え方なんてどこにもないじゃない!」

僕のネガティブな感想に、千幸は立ち上がり興奮気味に反論した。そして続ける。

「そりゃあ、ベンサムの行動は一般常識からすれば度を越してるように思えるかもしれないけど、でも、それでも私はハッピーポイントの最大化を目指して行動するのが、一番間違いのない正義だと思います！」

「ほう、ならばキミも功利主義を徹底してみるかね？」

「え？」

「そんなに功利主義が素晴らしい、正義だと言うなら、キミもベンサムのように口だけじゃなく、実際に実践してみるといい。たとえば、キミが毎日食べているお菓子やジュース。それを全部やめて、発展途上国に送金すれば、飢えで苦しみながら死んでいく人間がどれだけ救われるか」

「いや、さすがにそれはちょっと……、特にピーナッツバターだけは絶対にやめられないというか」

「何の覚悟もないのなら、まるで自分が功利主義の体現者であるかのような発言はやめてもらおうか！」

「……！」

唐突な一喝に千幸の身体がビクッと震えた。急にどうしたのだろう。千幸の発言に、よほど気に入らないことでもあったのだろうか。先生の、赤みが入った色つきの眼鏡、それ越しでも目が怒っているのがはっきりとわかった。

「そんなキミには『臓器くじ』の話をしてあげよう。世の中には、不運にも病気になってしまい、すぐにでも臓器を移植しなければ死んでしまう人たちがたくさんいる。そんな彼らを救うため、ある功利主義者がこんな法案を考えたとする。くじ引きで国民の中から無作為に誰かを選び、その人を強制的に連れ去る。そして、その人の身体をバラバラに分解して、心臓、肺、肝臓、腎臓、小腸などの臓器を移植用に取り出す。そうすることで複数の病人を救おうという法案だ。さて、功利主義に賛成するキミに問おう。この法案は正義だろうか？」

「それは……もちろん正義ではなくて……悪いこと」

「いやいや！　その答えはおかしいだろう！　だって、どう考えてもこの法案を採用した方がハッピーポイントの合計値は大きくなるじゃないか。なぜなら、ひとつの苦痛によって多数の苦痛が無くなるからだ。功利主義の原理から言えば、これこそ正義ではないのかね！」

「でも、そのくじに当たった人は、本来、無関係の人だし……」

突然豹変した先生の態度についていけず、おどおどしながら答える千幸。しかし、それに対して先生はさらに語気を強めて早口でまくし立てる。

「無関係？　それを言ったら、病人たちだって同じだ。彼らは、まったく無関係なのにたまたま『病気というくじ』に当たったにすぎない。彼らだって、そのくじを引きたくて引いたわけじゃないのだからね。だとしたら、それは臓器くじにたまたま当たった人とどう違うのか！　それに、この臓器くじという法案を成立させれば、『自分の意に反して不条理に死ぬというくじ』に当たる確率をむしろ減らすことができる。

つまり、不条理に死ぬ確率が減るという恩恵を人類全員が平等に享受することができるのだ。功利主義者であるならば、この臓器くじに反対する理由はない。むしろ、率先してこの法案を成立させるための活動を、キミは今すぐ起こすべきだ！

いや、そもそも、功利主義の素晴らしさをうたうキミにとっては、法案もくじも関係ないだろう。この世界に臓器を必要として苦しんでる人はごまんといる。ならば、法案を成立させるまでも、くじを引くまでもない。ハッピーポイントを増加させるため、キミがその足で病院へ行って自分の臓器を提供すればいい！」

そう言って先生は、黙ったまま真っ青になって立ち尽くしている千幸へと指を突きつける。そして、次にその指を教室のドアの方へと向け、真っ赤な顔で怒鳴るように叫んだ。

「さあ、何をしている⁉　早く病院へ行け‼　もたもたするな‼」

第4章

幸福は客観的に計算できるのか？
——功利主義の問題点

「あー、ムカつく！　なんなのよ、あのタコは！」

千幸は怒っていた。もちろん昨日の授業での吊るし上げの件だ。生徒会室の机をバンバンと叩き、怒りの度合いを表現している。そんなことしても手が痛くなるだけで何のハッピーも生み出さないと思うのだが、でも、まあ昨日の今日だ。功利主義ネタでつっこむのはさすがに可哀想だし、口に出すのはやめておこう。それにしても、先生はなぜ千幸に対してあんなにも攻撃的な物言いをしたのか。もっとも先生はそのすぐあと、「ちょっと強く言いすぎてしまったようだね、すまない」と軽く謝罪して、何事もなかったかのように授業を再開したわけだが、当然、千幸のテンションはガタ落ち。楽屋に挨拶がなかったことを大御所司会者に怒られた芸人のごとく、最後までしょんぼりと俯いているだけであった。それから一夜あけた今日、気持ちが落ち着いた千幸としては、やはり昨日のことに納得がいかないらしい。朝からずっと不満を口にしている。

「でも、先生の言うこともわかるかなー」

と、ここでまったく空気を読まず、のんびりとした口調で言い出したのがミユウさん。いやいや、これでも一応、千幸は傷ついてるわけでして、今日ぐらいはそっとしておいてあげましょうよ。その思いを目配せで伝えようとミユウさんをじっと見つめる。

「あら？　じゃあ正義《まさよし》くんは先生の意見に反論できるの？」

「え？」

想定外の反応に僕は戸惑う。どうやら僕の凝視が、ミユウさんの見解への異議だと思われてしまったようだ。いやいや、異議は異議だけども、そういう意図じゃないし、だいたい、そんなこと訊かれても僕には答えようがないというか何の意見もない。そもそも、その反論は功利主義の賛同者である千幸がすべきことであって、僕が反論する筋合いではないのだ。そう思って千幸の方を向いてみたが、「正義《まさよし》……」と、当の千幸は、僕をすがるような目で見てきた。

この状況にミユウさんは口の端を吊り上げ、ニヤリと笑った。あ、やばい。僕は、標的が自分に移ったことを自覚する。ミユウさんは僕の発言を促すかのように、わざとらしく前のめりの姿勢をとり、黙ったままニコニコと僕の顔を見つめた。まるで、「さあどうぞ、傷ついた女の子を救うような気の利いた反論をじっくり聞かせてください」と言わんばかりに。

そのとき。背後でパンパンと手を叩く音が聞こえた。話題が変わるきっかけ、救いの神よとばかりに振り返ると、それは、いつの間にか黒板の前に立っていた倫理が手についたチョークの粉を払う音だった。倫理は、僕たちに顔を向けて言った。

「功利主義の問題点を整理しましょう」

それはどういう意図なのか。落ち込んでる千幸のためを思ってのことなのか……、はたまた千幸の傷に塩を塗り込み、トドメを刺しましょうということなのか……。その真意をはかりかねているところで、倫理は説明を続ける。

「風祭先生は言いました。倫理の授業とは、正義について学ぶ授業であると。ならば、生徒会としては、先生の授業内容に疑問点、納得できない点があれば、それについて真剣に議論する必要があると思います。なぜなら、その議論は、ひいては、あの問題の答えを出すことにつながるかもしれないからです」

そう言って、倫理は生徒会室の隅で静かに座っている「そいつ」へと目を向けた。つられて、みんなも「そいつ」の方を見る。

それは、全校生徒からの怒り、そして不安の対象となっている存在……。

本来なら、焼きそばパン転売の苦情よりも優先して議論すべき案件なのだが、それについて解決する手段を持たない僕たちは、いつもこの問題を棚上げにしてきた。倫理が言っているのは、そのことだ。そのタブーを踏み越えて今こそ議論しようと言うのだ。彼女は、風祭先生が授業の最後に述べた「功利主義の問題点」をすでに黒板に箇条書きにしていた。これらの問題点については、先生は授業中に説明をしていない。その代わりに自分で調べてレポートとして次回までに提出しなさい、ということになっていた。ようは宿題である。だったら、こうして、みんなと話し合うのは宿題の役にも立つし、一石二鳥でいいかもしれない。

（問題1）そもそも「幸福度を客観的に計算できるのか」という問題

「まず、ひとつ目の問題。ベンサムは、『快楽が量として計算できる』という前提で話を進めていますが、そんなことはやはり実際にはできないのではないかという問題です」

「まあ、そうよね。その前提からして無茶があるわよねー」

「一応、私もベンサムについて少し調べてみましたが、どうやら彼は何かを基準とした相対的な価値として快楽を数量化できると考えていたようです。そうですね、たとえば……」

倫理は僕の顔をじっと見た後、ポケットをごそごそとあさり、１００円玉を取り出した。そして、それを不意に床へと放る。チャリーンという予想通りの音。生徒会室でなかなか聞くことのない音だな、とそんな感想を抱きながらぼんやりしていると、「拾ってください」と言われた。

「へ？」

よくわからなかったが、とりあえず言う通りに拾った。たまたまなのか、それとも意図したことなのか、倫理が放り投げた１００円玉は床に落ちたときにコロコロと転がり、机の下、なかなか取りにくいところまで行ってしまっていた。そのため、僕はただしゃがむだけでは足りず、床に這いつくばる姿勢でそれを取らざるを得なかった。こんなふうに目の前の相手が放り投げた小銭を床に這いつくばりながら拾うって、意外に、いや結構惨めな状態に思えるのだが……、これはいったい、何のプレイだ？

「どうですか？　落ちていた１００円が拾えて、嬉しいですよね？」

「はい、嬉しいです」

意味がわからなかったので、とりあえず、はいと反射的に答えてしまったが言ったあとで気づく。床に這いつくばり、１００円玉を握りしめ、相手を見上げながらこの台詞を言うって、これまたかなりハードに屈辱的な状態ではないか。

いや、だから、これはいったい、何のプレイなんだよ？

「このように、道を歩いているときにたまたま落ちていた100円を拾って『得したラッキーという気分』、これを『1ハッピーポイント』と定義しましょう。次に、正義《まさよし》くん、その拾った100円あげますから、1回思いきりビンタさせてくれませんか?」

「はい。……って、いやいやいや、それは嫌だよ」

「そうですよね、割に合いませんよね。では、100円ではなく、1000円ならどうですか?」

「え? ……嫌だけど、1000円か……」

どういう文脈なのか、これまた意味がわからなかったが、とにかくビンタさせれば1000円もらえるということだけは理解した。もちろん、たかが1000円で男としての、いや人間としての尊厳を捨てるわけにはいかない。一応、生徒会長でもあるし。

当然、断固拒否ということで。

「では、2000円なら?」

「それならOK」

即答した。してしまった。いや、正直言って一瞬の痛みを我慢して2000円もらえるなら全然割に合う話だと思う。それに何より今月はお小遣いがピンチなのだ。

この回答にミユウさんは「うっわ」という軽蔑するような声を漏らした。いやいや、ミユウさん、あなたのような裕福な家のお嬢様にはわからない貧困がこの世にはあるのです。

「では、正義《まさよし》くんにとって、1回のビンタは、2000円、つまり、100円を20回拾うことに相当するわけですね。ということは、1回のビンタは、マイナス20ハッピーポイントと換算することができます」

その説明にミユウさんは感心したように頷く。

「あー、なるほどねー。100円拾う行為が1ハッピーポイントだとして、そのハッピーが20回続けば、ビンタ一発という苦痛を受け入れるわけだから、そういう等式が成り立つわけね、うっわ、まじか、こいつ」

ミユウさん、のんびりとした口調の中に、本気の軽蔑を織り交ぜるのやめてください。

「そうです。このように、『100円を拾う』という幸福、『1回ビンタされる』という不幸……、両者はまったく異なる事象ですが、互いに相殺される関係であるため、

20×『100円を拾う』+『1回ビンタされる』＝0

という数式を作ることができて、仮に『100円を拾う』を『1ハッピーポイント』と置き換えるなら……あとは、単純な数式の操作で、

『1回ビンタされる』＝マイナス20ハッピーポイント

という答えを導き出すことができます。どうでしょう、数量化できていると思いません

か？」

と、そのとき、倫理の説明を聞いて、ぶるぶると千幸が震えていることに気づいた。

「これって……ベンサムが考えたことなのよね？」

「そうですが」

「すごい！　あたしもおんなじこと考えてた！」

そう言って、千幸はカバンからノートを取り出す。そして、それを僕たちに見せつけるように机の上に広げた。開かれたページには、隅から隅まで埋め尽くされた手書きの文字。その中の1行を見て、これがどういうノートなのかすぐにわかった。

『ラーメンおごってもらう』＝２ハグ

ハグってやっぱりあのハグだよな……。どういう換算をするとそうなるのか、ツッコミたいところではあるが、ともかく、これはさっき倫理が説明していた数量化と同じ話らしい。この行以外の、他の行も同じで、そこには千幸が思いつく限りのあらゆるケース、たとえば「好きな芸能人とばったり出会う」とか「宿題が免除される」とかが、すべて「ハグ」という単位で数量化されており、それがどうやらノート1冊分、すべてのページにびっしりと書かれているようだった。

「そう、ベンサムの言う通りなのよ！　幸福度、ハッピーさ加減なんて普通に考えたら数量化できないけど、何かを基準にして、それの何個分という捉え方をすれば数量化できるわけなのよね！　やるじゃない、ベンサム、まさかあたしと同じ結論に達していたとはね」

いや、逆だろ。なんでベンサムが下になってんだよ。

「でも、ハグってさー、される相手によって幸福度が変わりそうなものだけどねえ。いったい誰とのハグを基準にしてるのかしら？」

言って、ミユウさんはニヤニヤしながら僕と千幸の顔を交互に覗き込む。いや、ミユウさん、たしかに僕は千幸の一番身近な異性かもしれませんが、逆に近すぎてお互いにそういう感情はないのですよ。というか、仮にそういう感情があったとして、ミユウさんの想像通り、この謎の単位が僕のハグだったとしても……、２回抱きしめてラーメン１杯分というのは、正直凹みます。

「たしかに数量化できているように思えるかもしれませんが、その数量化の精度にはやはり限界があると思います。どうしても主観が入ってしまうというか……、たとえば、ノートのこの部分」

倫理は人差し指で、ある行を指さす。そこに書かれた等式をみて、僕はぎょっとした。

『しいたけを食べる』＝マイナス５万ハグ

「あ、しいたけだけはマジでダメだから」

いや、めちゃくちゃ主観じゃねえか。このノートが何の役にも立たないことがよくわかる一例だ。それから、あとひとつ……。もうひとつ、僕が言いたいこととしては……。

「正義《まさよし》くん、自分の5万回分のハグが、しいたけひとつと等価だからってそんなに落ち込まないで！」

「なな、何言ってるんですか、ミユウさん！」

つい、うっかり、まるで図星をつかれたみたいなベタなリアクションになってしまった。いや、別に落ち込んでませんけど……。

「ごめん、正義《まさよし》、しいたけだけはマジでダメだから」

おい、その返答だと、本当に僕のハグが単位の基準ってことになってしまうぞ。おまえはそれでいいのか。

まあ、それはそれとしてだ。千幸のノートは、それ以前にもよく見ると、まだまだおかしいところがたくさんある。たとえば「骨折はマイナス3000ハグ」なんて、その最たるもの。骨折より、しいたけの方が嫌って、そんなやつどこにいるんだよ。個人的な主観が入りすぎだろ、これ。

「千幸、おまえな。このノート、ちょっと無理があるだろ」

「え、そう？　いつか生徒手帳に載せるときのためにコツコツ作ってたんだけど、やっぱり無理かなあ……、手帳が分厚くなりすぎちゃうもんね」

いや、厚さの問題じゃねえ。あと、ハグの単位が、本当に僕のハグが基準だとしたら、それを生徒手帳に載せるってどうかしてるぞ。

「あと、千幸ちゃん、わたし思うんだけどさ、人間なんてその日によって感じ方が変わるものじゃない。ましてや、わたしにとっての1ハッピーポイントが、千幸ちゃんにとっての1ハッピーポイントと同じとも限らないわけだし。1ハッピーポイントの量がそもそも同じじゃない、つまり、その日の気分や人によって変わるものだとしたら……、それって単位が違っちゃってるわけでしょ？　足し算なんかしても意味ないと思うんだけど」

「う……」

なかなか痛いところを的確に突くミユウさんだった。

「ベンサムも、そのへんの問題には気づいていたようです。たとえば、2000円で人間の尊厳を売り渡す境遇で育った正義《まさよし》くんにとって、100円を拾うことはとてつもなく嬉しいことだとは思いますが、そのラッキーが100万回続いて1億円持っている人からすれば、さらに100円拾っても、それほど嬉しくはないですよね」

「まあそうねー。実際わたしなら100円落ちてても拾わないし」

「正義《まさよし》くんは、もし1億円持っていたら2000円でビンタを受け入れますか？」

「1万円もらっても絶対受け入れないね！」

ビンタ2000円の件で、僕の人間性の評価が必要以上に下がってる気がしたので、はっきりと力強く言ってやった。

ただ、架空の預金高に気を大きくして、突然いきなり立ったやつみたいになってしまった感が否めないが。

「ええ、今の正義《まさよし》くんの反応のように、人は置かれている状況によって快楽の受け取り方が変わってしまうわけです。こうなるともう単純な足し算は成立しません。つまりは、1ハッピーポイントを100回足したからといって、実は100ハッピーポイントにはならないのです」

「ようは、最初のキスはすごくドキドキして幸福感あるけど、2回目以降はそうでもない……。キスの回数が、そのまま幸せの量には直結しないってことよね……」

物憂げな目で言うミユウさん。うーん、わかりやすくしようとしてくれたのだとは思いますが、何ぶん未経験なので、なかなか頷きにくいです。

「あ、わかるわかる!」

「ええ、理解できますね」

いやいや、おまえらも絶対こっち側だろ。

「ともかく、まとめると幸福度の計算の問題点はふたつ。

ひとつ目は、人それぞれの感性や状況に違いがあるのだから、万人共通の基準となる快楽の単位なんか作れないということ。

ふたつ目は、快楽の性質上、『1』を100回足しても『100』にはならない、つまり加算の計算式が成立していないということ。結局、具体的な計算ができない以上、どうしても主観の域を出ないわけですから、ベンサムの快楽計算は現実的には運用することができず、やはり無効だと言わざるを得ません」

（問題2）「身体的な快楽が、本当に幸福だと言えるのか」という問題

「功利主義のふたつ目の問題は、身体的な快楽をそのまま幸福や正義に結びつけることは本当に正しいのか、という問題です。これは、実はベンサムの弟子筋にあたるミルという哲学者が、実際にこう批判しています。『ベンサム先生は快楽の量を増大させよと言ったが、しかし、快楽の質の方こそが重要ではないか』と」

「どういうこと？　そのミルって弟子の話、ぜんぜんピンと来ないんだけど。快楽の『質』って何？　単純に、たくさん気持ち良ければいいんじゃないの？」

「あらあら違うわよ、千幸ちゃん。身体的な快楽なんてのはね、どんなにたくさん得たところで結局は虚しくなるだけなのよ……」

またしても物憂げなミユウさん。何なんですか、その、この世の快楽をすべて貪りつくしたみたいな言い回しは。

「千幸ちゃんなら、うーん、そうね、恋愛で置き換えてみたらいいんじゃないかしら？　じゃあ、質問するけど、千幸ちゃんは、肉欲的な、身体が気持ちいいだけの恋愛がお好み？　それとも、精神的な恋愛、たとえば、相手のことを本当に尊敬していて手が触れたり目が合ったりするだけでキュンとくるみたいな恋愛がお好み？」

「それは、絶っ対に後者！」

「なるほど、わかりやすいたとえですね、私も後者です」

女子同士でわかり合えたようだ。

「では、今の話がピンときてない、女の子の心の機微がわからない正義《まさよし》くんのために補足しますと――」

いやいや、副会長、僕もわかったぞ。もしかして、僕は生徒会の中で恋愛に疎いというキャラづけでもされてるんだろうか。まあ、たしかに女の子とつき合ったりとかそういうことにあまり興味はないのだけども。

「たとえば、『激しい音楽を聞きながらお酒を飲んで騒ぐ快楽』は、もちろん物理的に肉体を刺激してますので、当然、強い快楽が得られますが、それよりも『クラシックを聞きながら美術館で絵画を鑑賞する快楽』の方が健全で『質』が高いと考えられます。だから、後者の方が価値があるという話ですね」

「ふーん、なるほどね。まあ言いたいことはわかった。たしかに後者の快楽の方が上品というか、高尚な感じはするね」

正直なところ、後者を積極的にやりたいとは思わないが。でもまあ、「バカ騒ぎ」対「芸術鑑賞」って考えれば、一般論として後者の方が望ましいというのはわかる。

「そうですね。下品な快楽と上品な快楽、低俗な快楽と高尚な快楽と言い換えるとわかりやすいかもしれません。つまり、ミルは、ベンサムにこうダメ出しをしたわけです。『快楽と一概に言っても、低俗な快楽と高尚な快楽があるのに、その違いを考慮しないで一緒くたにして測るから先生はダメなんですよ』と」

なかなか痛烈な批判をする弟子だな。

「えー、そうかなあ？　何が低俗で何が高尚かなんて人それぞれのもので、そんなの決められないと思うんだけど」

千幸にしては、まともなツッコミだった。弟子とはいえ、ベンサムが批判されることをあまり好ましく思ってないのかもしれない。いや、それか案外、自分をベンサムと同一視していて、本当に弟子に批判された気持ちになってたりして。

「うんうん、千幸ちゃんの言う通り。それに決められないどころか、特に高尚な快楽なんて、ある程度の家柄に生まれて、ある程度の教養がなければ、そもそも理解すらできないと思うわ」

のんびりとした口調でありながら、よく聞くと、ものすごく上から目線の発言をしたミユウさんは、「とりあえず、最低でも部屋にピアノが置いてあるような家の生まれじゃないとね」とさらに上から目線を上乗せするようなことを補足した。

それに対し、少しキョドりながらも千幸は言う。

「あー、うん、ウチにもあったかな、ピアノ」

いやいや、見栄をはるな千幸。たぶん、ミユウさんが言ってるのは、おまえが持ってるあのオモチャのピアノのことではないと思うぞ。

「私は、ミユウさんの上から目線の発言、どうかと思いますが――」

さすがは倫理。ミユウさんに対しても言いたいことをはっきりと言う。

「でも、実はミルも同じことを言っています」

え、そうなの？

「ミルによれば、人間には『低級な人間』と『高級な人間』の2種類がおり、仮に『低俗な快楽』と『高尚な快楽』がふたつ並べられていたら、低級な人間は『高尚な快楽』が理解できず『低俗な快楽』しか選ばないが、高級な人間は両方の快楽を理解した上で必ず『高尚な快楽』を選ぶとしています。だから『高級な人間』をたくさん連れてきて、どれが優れた快楽かを選ばせれば、『低俗な快楽』と『高尚な快楽』は必ず見分けがつく、そう考えていたようです」

うわあ、人間をそう区別してる時点で、ミルもかなりの上から目線だ。

「実際に、ミルが書いた文章を読み上げてみましょう」

倫理はノートを取り出し、「多少読みやすくしてますが、言い回しは原文のままです」と断った上で朗読を始めた。

「低俗な快楽と高尚な快楽、そのどちらも知った人間が、高尚な方を選びとることは疑いようのない事実である。たとえば、畜生の快楽をたっぷり与えると約束されたからといって、何かの下等動物に変わることに同意する人はまずいないだろう。また、馬鹿やのろまや悪党たちが自分の人生に満足していることを知ったところで、頭のいい人が馬鹿者になろうとは考えないだろうし、教養のある人が無学な者になろうとは考えないだろうし、親切で良心的な人が下劣で利己的な者になろうとは考えないだろう。そもそも高級な人間が幸福になるには、劣等者よりも多くのものがいるし、また多くの点で苦悩を受けやすい立場にいる。しかし、こういった負担にもかかわらず、高級な人間が、より下劣と感じる存在に身を落とそうなどとは決して考えるものではないのである」

ミル……、言葉を選ぼうよ……。なんなんだ、この凄まじいエリート意識は。

バカどもは低俗な快楽で満足するかもしれないが、俺たちエリートはそんなバカどもとは違うんだよ、というとてつもない気位の高さを感じる。

「ミル、やるわね……。負けたわ」

え、何に？　上から目線の高さに？

もっと精進しなきゃ、そう言って、ミユウさんは天井を見上げた。

「ミルちゃん、ちょっと言いすぎじゃない？　でも、本人は実際どうだったの？　高級な人間だったの？」

もはや本当にミルを弟子扱いしてそうな千幸だった。ていうか、ミルちゃんってなんだよ。名前の語感から勘違いしてるかもしれないが、たぶん、普通にいい歳したおっさんだと思うぞ。

「本当に高級な人間だったかはわかりませんが、少なくとも富裕層のエリートであったことは間違いないですね。ちなみに、彼は学校にはいかず、自宅で学者の父親から学問を教わっていたそうです。まさに英才教育というやつですが、ただこの父親がかなり厳しい人だったらしく、ミルは近所の子供たちと一緒に遊ぶことも禁じられ、勉強漬けの毎日を送っていたそうです。3歳からギリシア語を、8歳からラテン語を学び、数学、哲学、経済学も徹底的にたたき込まれ、16歳になる頃にはもう政治評論を書いて雑誌に寄稿しています」

「ミルちゃん、すごい、すごすぎる」と手放しで絶賛する千幸。

いや、すごいけど、自分なら逃げ出したくなるような境遇だ。ミルは、これで本当に良かった、幸せな子供時代を過ごした、と胸を張って言えるのだろうか。

一方、ミユウさんはちょっと複雑そうな顔をしていた。きっと富裕層の子供は子供で、みんなそれなりの苦労があるということなのかもしれない。

「でも、やっぱり、ミルちゃんよりベンサムの方がシンプルでいいかな。高尚な快楽はエリートだけが知ってるみたいな言い方、正直ちょっとムカつくし」

「そうですね。実際、ミルの独断的なエリート意識に対して、そういう批判はよくあったようです」

まあ、あれだな。エリートや有識者が集まって決めたことが、常識的に考えておかしなことだったなんて現代でも普通にありそうな話だもんな。エリートが常に正しいとは限らない。

「とにかくベンサムに1票ね。ミルちゃんのは、所詮、主観の域を出ないと思う」

しいたけ5万ハグのおまえが言うな。

「たしかにベンサムの方は単純明快ですね。実際、彼は快楽さえあれば何でもよいと考えていて、『快楽の量が同じであれば、プッシュピン遊びと詩作は同じ価値を持つ』という有名な言葉を残しています」

「あ、ちょっと待って、いまピンとこない言葉がひとつあったんだけど」

手をあげる千幸。そうそう、僕もわからない言葉がひとつだけあった。まさにピンとこないだけに。

「しさくって何？」

いや、そっちかよ。

「ああ、詩作は、詩を作ることです。ようするに、ポエムを書くってことですね」

「あ、そゆことね、あたしもたまに書くけど、まあ高尚な趣味よね」

いやいや、そっちはいいから、もっと他に訊くことあるだろ。

「千幸ちゃんもなんだ。わたしも時々書くわね。それに引き換え、プッシュピン遊びの方はたしかに低俗よね（笑）」

さっきまで物憂げな顔で黙っていたミユウさんが、会話に戻ってきた。どうやらミユウさんは、プッシュピン遊びが何なのか知っているらしい。やはり低俗な遊びのようだ。

「うん、わかるわかる！」

「はい、そうですね」

あれ？　ちょい待ち。もしかして、僕以外はみんな、プッシュピン遊びが何なのかわかってる？

「しかも、それどころか、ベンサムは『もしもプッシュピン遊びの方がより大きな快楽を与えるのならば、それは詩作よりも価値がある』と続けて言っています」

「うっわ、マジで？（笑）」

「それはさすがにあたしも引く（笑）」

すごい疎外感。いや、ほんと、プッシュピン遊びって何なの？

いったいどんな低俗な遊びなの？

「ちなみに、ミルの方はこう言っています。『満足した豚であるより、不満足な人間である方がよく、満足した愚か者であるより、不満足なソクラテスである方がよい』と」

「あら、少し聞き覚えのある言葉ねえ」

「はい、この言葉を短縮した、『太った豚よりも、痩せたソクラテスであれ』という方が名言として有名かもしれません」

「あ、そっちなら知ってる！」

僕はそれよりもプッシュピン遊びの方を知りたいのだが。ピンだから、やっぱり何かを刺すのかな。それでいて、うわって思うような低俗な遊びなんだよね。

「ここでいう、ソクラテスは、もちろん古代ギリシアの哲学者ですが、彼は、自分が信じる正義を曲げるぐらいなら毒杯を飲むこともいとわなかったと言います。つまり、ソクラテスは、単純に快楽の増加を求めるだけが正義ではないことを身をもって証明した人だと言えますが……、私は、正義の議論において、このソクラテスの生き方はとても重要な意味を持っていると思っています。たとえば、正義《まさよし》くん！」

「はい！」

もはやプッシュピン遊びの話題に戻せる空気ではなくなってしまった。さっきまでの雑談ムードは消え、倫理は真剣な表情で、真っ直ぐな視線を僕にぶつけている。

「正義《まさよし》くんが盗撮魔だったとして」

「え!?」

「いえ、もちろん、たとえ話です。正義《まさよし》くんがそんな人ではないことを私は信じています」

倫理に悪気はない。本当にたとえ話として言ってるし、今のフォローも本心だろう。だが、生来のものなのか、言い方と視線が冷たすぎて、どうしても疑われてるような気分になっておどおどしてしまう。

「正義《まさよし》くんが盗撮魔だったとして、ある日、たまたま超能力――透視能力を手に入れたとします。その能力を使えば正義《まさよし》くんは好きな女の子の裸を覗き放題……、思う存分、肉体的な快楽を得ることができますが、これは超常的な力なので、他人にバレることはありません。もちろん、覗き自体は犯罪です。しかし、少なくともこのケースにおいては、見られている側は気づきようがない、つまり、誰も苦痛を感じることがないため、いわば『被害者のいない犯罪行為』だと言うことができますが……、果たしてこの行為は正義だと言えるでしょうか?」

もちろん、首を縦に振るものはいなかった。

「しかし、ベンサムの功利主義、快楽計算を用いて判断するなら、正義《まさよし》くんは快楽を得ていますが、他人は苦痛を感じていないため、快楽計算の結果はプラス……すなわち正義だという結論になってしまいます。しかし、これが正義ではないことは明白です。つまり、ミルが批判したように『肉体的な快楽が多ければ善い』というベンサムの単純な考え方には致命的な問題があるのです。それはすなわち、いま述べたような『被害者のいない犯罪行為』を拒絶することができないということ。

つまり、ベンサムの功利主義は、低俗な快楽を貪る『太った豚』は評価できても、ソクラテスのような人間――たとえ自分に不利益があろうとも正しいことをなそうとする『高潔な人間』への評価が、絶対的に抜け落ちているのです！　私は、このことは功利主義が正義の判断基準として機能していないことを示す、根本的な問題であると考えます！」

〈問題3〉「功利主義は強権的になりがち」というパターナリズムの問題

「では最後に、パターナリズムの問題です」

「ちょっと待って！　2番目の問題、あたしはまだ納得してないわよ！」

さんざん言いたいことを言った挙げ句、さっさと次の問題に進もうとする倫理。千幸はそのことにハッと気づき、遅ればせながら慌てて議論の進行を止めた。

「何か反論があるのですか？」

倫理は心底不思議そうだった。話を途中で遮られたにもかかわらず、気分を害した様子もない。この反応と態度からすると、都合の悪い反論が聞きたくなくて勝手に話を進めたのではなく、本当に、純粋に、反論があるわけないと思っていたのだろう。

「こうなったら……」

千幸は沈痛な面持ちで呟いた。数秒の溜めのあと、何かを決意し、カッと目を見開く。そして、言った。

「ミルちゃんの……弟子の理論を取り入れる！」

いや、おまえの弟子じゃないけどな。

「ミルちゃんの言う通り、快楽の『質』を考慮に入れさえすれば、『被害者のいない犯罪行為』の問題は解決できるわよね！」

「たしかに、そうですね。盗撮魔の正義《まさよし》くんが覗き行為からどれほど強烈な快楽を得ていようと、そんな快楽は質的には下劣で低俗であり、何の価値もないと判定するなら……」

「そう、正義《まさよし》の覗き行為でハッピーポイントは上がらない、いや、むしろマイナスになると言ってもいい。つまり、功利主義の名において、盗撮魔の正義《まさよし》を、悪だと断罪することができるのよ！」

……いま廊下でこの会話を聞いてる人がいたら、絶対勘違いされてると思う。

「いいでしょう。ベンサムのように単純にすべての快楽をプラスと捉えず、ミルのように快楽にも善し悪しがあり、善い快楽はプラス、悪い快楽はマイナスとして換算するような計算を行うなら、私の批判は成り立ちません」

「でしょ！」

千幸は勝ち誇ったように、腕を組んだ。

「もちろん、千幸さん自身が言っていたように、ミルの理論には『快楽の質を誰がどう決めるのか?』といった疑問点がありますが、とりあえず今はよいでしょう。では、先に進みます。三番目の問題、パターナリズムについてです」

「パターナリズムって何かな⁉」

プッシュピン遊びの二の舞にならないよう、今度はすぐに訊いた。

「パターナリズムとは、『父権《ふけん》主義』と訳される言葉です。ここで言う『父』とは、そうですね……、独善的にこれが正しいのだと相手の意志に関係なく押しつけてくる人……をイメージしてもらえればよいでしょうか」

「…………」

思いきり目の前の人物をそのままイメージしてしまった……。隣を見ると、千幸も、そしてミユウさんですらも、いや、それおまえだろ、という微妙な表情をしている。

「ようは『独善的なおせっかい主義』ってことかしら」

人差し指をあごに当てて、にっこりと微笑みながらミユウさんは言う。

「はい、そう表現してもいいかもしれません」

なるほど、と頷く倫理。いや、それたぶん皮肉だと思うぞ。

「ともかく、パターナリズムとは、強い者が弱い者のためだとして、本人の意志を問わずに干渉や支援をしたりすることを言います。ここで言う、強者と弱者とは、医者と患者の関係を思い浮かべてもらえればわかりやすいでしょうか。たとえば、医者は医学的知識を持っていますが、患者は持っていません。だから、知識力という観点で言えば、医者が強者で、患者が弱者です。仮にここで、患者が自分の身体に無頓着で健康に悪いものばかり食べていたとしましょう。そこで医者は、患者の食生活に干渉するわけです。『これこれのものを食べてはいけないぞ』と。パターナリズム――独善的なおせっかい主義とは、ようするに、医者のこういう行為のことを指します」

「え、それっていいことじゃないの？　悪く言えば、おせっかいかもしれないけど、医者は患者のためを思ってやってるのよね？　なら従って当然じゃない？　ピーナッツバターやめろと言われるわけじゃないんだし」

まるでピーナッツバターが健康食品と言わんばかりだ。なるほど、これが弱者か。医者が干渉したくなる気持ちがわかったような気がする。

「たしかに一概に悪いこととは言えません。しかし、それでも『本人の意志を問わずに』というところは、やはり問題になります。たとえば、医者が健康のためだからと言って、患者を拘束したり所有物を取り上げたりしたら、それはさすがにやりすぎですよね。パターナリズムは、一見善い行為のように思えますが、行き過ぎるとこうした『他人を抑圧する行為』につながりやすいのです」

千幸は腕を組み、納得したように頷く。

「あー、はいはい。よかれと思って、こーしなさい、あーしなさい、と押しつけるのが、どんどんエスカレートしちゃうってわけね。でも、そのパターナリズムが行き過ぎるとマズいよねっていう話が、功利主義とどう関係するのよ？」

「どういう関係どころか、そのものです。そもそも功利主義とは、本質的にパターナリズム、おせっかい主義であり、パターナリズムの問題を元々はらんでいるのです」

「え、なんで？」

「ベンサムであれ、ミルであれ、功利主義が目指すのは最大多数の最大幸福。つまり、みんなの幸せです。しかし、その幸せを実現させるためには、どうしても『他人を抑圧する強力な権力』の行使が必要になってきます。たとえば、授業中に出たおにぎりの話、覚えていますか？」

「えっと……、あ、うん、覚えてる。3人のうち1人が飢えてるときに、おにぎりをどう分けるのがいいかっていう問題ね。で、飢えてる人に多めにあげるのが、全体の幸福度が上がるという結論になったのよね」

「ええ。しかし、その結論を実現するためには、飢えていない2人からおにぎりを強制的に取り上げるという、強い権力が必要になります。昔あった、ソ連という国のことを思い出してください。ソ連以外の共産主義国家もそうですが、共産主義、つまり、平等の正義を旨とし全体の幸福度の最大化を目指す国家は、だいたい強権的で抑圧的な政治体制になる傾向があります。これはなにも、共産主義者が悪い人だからという短絡的な話ではなく、『平等の正義』を実現するには、どうしても強権と抑圧が必要になってしまうからなのです。

彼ら共産主義者は主張します。人間なんて自由に活動させていたら、必ず勝ち組と負け組が生まれ、富裕層と貧困層が生まれ、他方が一方を奴隷にするような不平等な状況が生まれてしまう、と。だから、その不平等さを改善し、平等の正義を果たすためには、勝ち組や富裕層の自由や所有権を制限する強制力……強い権力が必要になるのです。もちろん、功利主義者が、必ずしも共産主義者だというわけではありません。が、その構造は同じ。功利主義が、その性質上、つまり恵まれた人の権利を抑圧して最大多数の最大幸福を達成するという目的を持っている以上は、強い権力を持つ必要があり、共産主義国家と同様、パターナリズムの問題が生じることは避けがたいのです」

「でも！」

千幸が反論の声を上げた。

「別にいいじゃない、パターナリズムの問題が生じたってさ！　だって、それでみんなが幸せになるんでしょ！　むしろ、個人のわがままを許して、みんなの幸せが減る方が問題だと思う。それに、ほら、昔からよく言うじゃない、『ひとりはみんなのために！　みんなはみんなのために！』って」

いや、よく言わない。というか、すごく立派な格言が、どこかのガキ大将の台詞と混ざって台無しになってる。どちらかといえば、功利主義の傲慢さを表す格言になってしまっているぞ。

そして、千幸は人差し指を天に掲げ、大きな声でこう宣言した。

「ＯＮＥ　ＦＯＲ　ＡＬＬ！　ＡＬＬ　ＯＲ　ＤＩＥ！」

もうどこから突っ込めばいいのかわからない……。とりあえず、「全体に尽くせ！　全体か死か！」みたいな意味合いだろうか。もはやどこかの独裁国家っぽい格言になってしまった。

「……いや、それはおかしいでしょ」

今度は、ミユウさんが反論の声を上げた。その声は怒気を含み、少しばかり震えていた。ああ、やばい。この話の流れのときに薄々気づいてて懸念してたことなんだけど、パターナリズムの問題って、ミユウさんが一番嫌いな自由を制限される話題なんだよな。

「いい、千幸ちゃん。みんなが幸福になれるんだから強権的に物事を決めても仕方ないって言うけど、そんなの本当に幸せになれるかどうかなんてわからないじゃない」

「え、それは、快楽計算をすればわかる……」

「いや、だから、快楽計算の話は、ひとつ目の問題点で『主観の域を出ないから無効だ』ってすでに否定されてるじゃない。ミルの『質』の話だってそう。『何が質の高い快楽かなんて決められない』し、無理に決めたとしても、それだって結局は主観の域を出ないわけでしょ」

「………………」

「主観の域を出ない、つまり、客観性がない以上、快楽計算の結果なんて間違ったものになってる可能性は十分にある。そんな間違ってるかもしれないものを、絶対に正しいと言い張って、誰かが権力にものをいわせて強引に推し進めるとしたら……、それって正義どころか、悪そのものじゃない」

ミユウさんはついに決定的なことを言った。功利主義、平等の正義は、正義ではなく悪なのだと、はっきりと言い放ったのだ。

その言葉に、当然、千幸はショックを受ける。先生に吊るし上げられたときのように、真っ青な顔色で押し黙った。

「でも……」

気まずい沈黙のあと、やっと口を開いた千幸は、苦しそうに声を出した。

「いつか、もっと科学が発展して技術が進めば……、人間の脳を調べる機械とかができて、幸福度の数量化だって完璧にできるようになるかもしれない。もし、そういう機械ができたら客観的に快楽計算ができて、みんなの幸福度を間違いなく高める方法がわかるはず」

ものすごく希望的観測に頼った、ものすごく苦しい言い訳のように聞こえた。それってようは、ベンサムが言ってた快楽測定器のことだよな。ミュウさんの方を見ると、もちろん納得していない顔だった。

「そんな機械ができたらって……。いつできるの？　100年後？　200年後？　そんな現実味のないことを考えても意味なくない？　『どこでもドア』がもしもできたらとか考えるぐらい、時間の無駄だと思う」

「いいえ、ここは、あえて思考実験的に考えてみてもよいかと思います」

ここで、倫理が擁護の声を上げた。え、これは正直、予想外。

「私は、功利主義にとってもっとも理想的な状況を想定し、むしろそこから考えを進めてみるべきではないかと思っています」

「それって、つまり、客観的で完璧な快楽計算が可能ってこと？」

思わぬ助け船に千幸は、嬉しそうにしつつも半信半疑な複雑な表情を浮かべた。無理もない、なにせ、あの倫理である。特に理由もなく、ましてや同情などで、千幸の、功利主義の肩を持つわけがない。そのことは今までのつき合いで千幸が一番よくわかっているはずだ。

「いいえ。私は、ベンサムの快楽測定器の実現化など、そんな夢物語、ありえるとは思っていません。あくまでも、そうだったら、という仮定の話です。私は、それが可能になったとしても、やはり功利主義には問題があると言いたいのです」

うわっ。それってようするに、完膚なきまでに功利主義を叩き潰すため、あえて都合の良い言い訳を受け入れますよという話だよな。ぜんぜん助け船じゃないじゃん。やはり倫理は容赦なかった。

「さて……」

と言いながら、倫理は咳払いをひとつする。そして、少し多めに息を吸い込み、説明を始めた。

「仮に、現在よりも脳科学が発達して、ベンサムが求めていた快楽測定器が実現化したとしましょう。その装置により、人類全員の脳の物理的な特性がすべて明らかになり、誰にどういう刺激を与えると、どんな快楽をどの程度感じるか、すべて客観的に数値化できるようになったとします。

これで数値化の問題はクリアです。そして、快楽の質の問題ですが、これはＡＩが解決します。たとえば、お酒を飲んで騒ぐのは大きな快楽を生み出しますが、そういった一時的な強い快楽ばかり与えると、さらなる快楽を求めるようになったり、些細な快楽では満足できなくなったりと問題が発生し、長期的な観点ではむしろ味わえる快楽の総量が減ってしまう可能性があります。

　また、他者を蔑ろにするような低俗な快楽を貪ると人格が歪むため、これもやはり長期的には味わえる快楽が減ったり、逆に苦痛を生み出したりする可能性があります。このように、長期的な観点……つまり、『生涯に得られる快楽の総量』を最大化することを考えた場合、刹那的で退廃的な快楽よりも、持続的で健康的な快楽の方が価値があるため、前者を避けて後者を積極的に得た方がよいという結論になるわけですが……、では、どのような快楽を摂取すればもっとも良い結果……、すなわち『生涯快楽総量』を最大化できるでしょうか？　それについては、ＡＩが個人の脳をシミュレートし、何らかの客観的な判断をしてくれるということにします。つまり、ＡＩが、その人にどのような快楽を与えると長期的にみて良い結果をもたらすか、適切に判断してくれるという想定です。きっと、お酒を飲んで騒ぐより、親しい友人と楽しくジョギングした方がよいという判定をＡＩはしてくれるでしょう」

　倫理は一息で、ひとつ目とふたつ目の問題を技術的に解決する設定を語ってみせた。

「その上で、問いたいと思います。私たちは、このＡＩが決めた通りに生きるべきでしょうか？」

「そんなの訊くまでもないでしょ。典型的な管理社会、ディストピアじゃない」

　ミユウさんがうんざりした口調で言った。これはまあ、ミユウさんに同意だ。それってつまり、早寝早起きしろ、間食するな、ゲームは1日1時間だ、と絶対的に正しいことを他人から指図されて生きるような話だよな。確実にそうした方が健康的で間違いない生き方ができるのかもしれないが、だからと言って、それに従うかどうかは別問題だ。

あ、そういうことか。倫理の狙いがわかった。千幸の都合の良い言い訳を全部受け入れたのは、その仮定から出てきた完璧に正しい快楽計算に「人間を強制的に従わせるべきなのか」というパターナリズムの問題に結びつけたいわけだ。

「でも！　それでも、そのＡＩに従った方が、みんなが確実に幸せになるのよね。だったら私はそれに従うべきだと思う！」

千幸としては、ここで引くわけにはいかない。そう答えるしかないだろう。

だが、それは、きっと倫理の思うつぼだ。

「わかりました。では、人類全員がこのＡＩに従って生きることが法として定まり、功利主義者にとって念願の『最大多数の最大幸福』が実現される世の中になったとしましょう。このＡＩは、ちゃんと平等に、全員の脳が最大限に快楽を得られるよう間違いのない判定結果を社会に提示し続けてくれるわけですが……、そうなると、きっと例の『臓器くじ』については、ＡＩはやるべきだと判定するでしょうね」

「え……？」

臓器くじ……。くじ引きで選んだ人の臓器を取り出して複数の病人を助けようという制度。ここで、このネタをぶち込んでくるのか。やはり倫理は容赦がない。

まるで詰みが見えた棋士が勝負手を打ち込むように、倫理は一気にまくし立てる。

「その場合でも、このＡＩの判定に従うということでよいでしょうか？　ちなみに、判定に従わずこのシステムに逆らう人間がいたとして、その人のせいでより多くの幸福が失われるとＡＩが判定したら、その反対者は拘束されることになると思いますが、それでも私たちは、ＡＩに、功利主義の判定結果に従うべきでしょうか？」

「そ、それだけ、ＡＩが賢いんだったら……いつか臓器くじが必要にならない状況……そう！　誰も苦痛を味わうことのない、事故も病気もない世界にだってできるはずでしょ！　それまでの短い期間でなら……臓器くじも、あっていいと思う！」

千幸は苦し紛れに言った。実際、苦し紛れだと思う。本当はダメだけど期間限定として、イヤだけど目をつぶろうという回答。それはなんというか本質から外れた回答のように思える。

しかし、倫理はさらにその言い訳すらも取り込んでいく。

「わかりました。では、『臓器くじ』が必要にならないよう、ＡＩがこう判定したことにしましょう。人類全員の脳を取り出し、それを水槽の中にいれ電極につなぎ、夢を見せる装置を使って現実世界を認識させた上で、適切に快楽を与え続ける……これならどうですか？　これは、おそらく、誰も苦痛を味わわない、完璧に安全な、功利主義にとってもっとも理想的な状態だと言えます。功利主義に基づくＡＩがあったとして、それに社会の管理を任せたとしたら、必ずこの状態が最高であるという結論に行き着くでしょう。さて、私たちは本当にこのような世界を是とするべきなのでしょうか？」

「……」

さすがに千幸も黙ってしまった。

「正義《まさよし》くんはどう思いますか?」

「え……?」

「快楽がすべて適切に管理され、適切に提供されつづける世界……。そういう世界で生きたいと思いますか?」

その問いは、僕にグロテスクな風景を想起させた。誰もいない真っ暗な部屋。そこに並ぶ大量の水槽と、その中にぷかぷかと浮かぶ電極のささった大量の脳みそ。誰ひとり言葉を発することもなく、ただ全員が平等に「ギモチイイ!」と脳内だけの快楽に浸っているそんな世界の風景。

「それは嫌だね。なんかこう、生きてる意味がないかな」

そのとき、千幸の瞳からひと筋の涙がポロリとこぼれた。えっ、と思った。今まで何度も倫理にやり込められ論破されてるシーンを見たことはあったが、涙を見せたのはこれが初めてだった。

え? もしかして、僕が功利主義を否定したから? そういえば、今までのことを思い返すと、僕が功利主義にネガティブなことを言ったときだけ、千幸はいつも強く反応していたような気がする——いや、それはさすがに考えすぎか。きっと、溜まりに溜まったものがここにきて一気に噴き出したのだろう。僕がきっかけだと思うのは、あまりにも自意識過剰というものだ。

「…………」

千幸は涙をふくこともなく、無言で泣き続ける。僕もミユウさんもどうしていいかわからず、ただ黙って、泣いている千幸を見つめることしかできなかった。一方、当の倫理はというと、平然と、いや、というよりも我関せずでさらにこの問題を深く考えるため、思索にふけっているように見えた。もしかしたら、千幸のことが目に入っていないのかもしれない。

まあ、たしかに倫理の追及は鮮やかだったと思う。結局、功利主義の問題点はそこなのだろう。ひとつは、功利主義から導き出される結論が、僕たちの感性とはまったく違ったものになる可能性があるということ。そして、もうひとつは、その感性に合わないことが正義の名のもとに強制的に押しつけられてしまう可能性があるということ。このふたつが功利主義の本質的な問題点なのであり、これらがあるかぎり、今後どんなに快楽計算が正しくできるようになったとしても、僕たちが功利主義にもろ手を挙げて賛成することはやはり難しいだろう。

「あ、それから……」

と、倫理は、ふと思いついたように、急に顔をあげて言った。

「知らないと思うので教えておきますが、この学校のパノプティコン・システム……、それの名づけ親であり、その仕組みを考え出したのもベンサムなのですよ」

「え……」

衝撃が走った。千幸だけではない、僕も、ミユウさんもだ。

「本当に……？　そうなの……？」

千幸はひどくショックを受けたようだった。それはそうだろう。千幸にしてみれば、自分が信じる正義の創始者が、ラスボス、または事件の黒幕、諸悪の根源だと知らされたようなものだ。

「はい、私たちが、そして千幸さんが、もっとも忌み嫌っているパノプティコン・システム。それを生み出したのは実はベンサムだったのです。よく考えてみればわかると思いますが、あのシステムは、功利主義的に言えば、まったく反対のできない、むしろ積極的に導入すべき代物です。なぜなら」

「もういい！」

倫理の説明を最後まで聞かずに千幸は駆け出す。そして、そのまま生徒会室から出て行ってしまった。呆然とする倫理。その数秒後、ハッとした顔をする。今になってやっと状況を把握したようだ。

「すみません……、言い過ぎました……」

倫理は申し訳なさそうな目で僕を見る。

「あの、正義《まさよし》くん、お願いします」

その言葉が発せられる前に、僕はすでに千幸を追いかけていた。

◆◆◆

千幸にはすぐに追いついた。

いつも快活な口調のため誤解されやすいのだが、千幸はそれほど運動が得意な方ではない。もっと言えば、小学生の頃はむしろ病弱キャラ。その体質から来る気弱な性格とトロさで、クラスメイトからよくいじめられていたぐらいだ。今の千幸からはまったく想像もできない話だが。

「正義《まさよし》……」

どこということもない廊下の途中。行くあてもなく、それでいて体力のない千幸は、そんな中途半端な場所で、疲れてぼんやりと立ち止まっていた。青白い顔に、泣きはらした赤い目。なんだか小学生のときの千幸を思い出して少し切なくなる。

「ごめんなさい」

頭を下げて素直に謝る千幸。落ち着いた様子に、僕はホッとする。

「みんな心配してるし、とりあえず戻ろう」

そんな当たり障りのないことを言って諭すと、千幸は「うん」と頷き、僕たちは並んで歩きだした。廊下から見える窓の外は、夜とはいかないまでも日はすでに陰っており、空は暗くなり始めていた。周囲には2人以外誰もいない。

「なんか、昔みたいだね」

ふいに千幸は言う。昔とは小学生時代——いじめられて泣いている千幸を探し出しては一緒に並んで帰っていたあの頃のことだろう。

「そうかな」

僕は、素っ気なく言葉を返した。千幸にとって楽しい思い出ではないと思ったからだ。

だが、千幸はその話題を続ける。

「あの頃の正義《まさよし》って、まさに正義の人って感じで熱かったよね」

「暑苦しいの間違いだろ」

「そんなことないよ。いつもあたしを助けてくれて、すごく感謝しているよ」

幼なじみの女の子から子供時代の感謝を述べられるシチュエーション。本来なら嬉しいはずの状況なのだろうが、生憎、僕にとっては、その頃のことはすべて黒歴史であった。

ああ、そうか。思い出したくないのは、千幸じゃなく僕の方だったか。

「あの頃は、おかしかったんだよ。まあ、もともとヒーロー番組が好きだったというのもあったけど、やっぱり名前の影響かな。『正義』と書いて『正義《まさよし》』って、これはもう、自分の宿命であり使命なんだと、子供心に入れ込んじゃったわけなんだよな」

「でも、そのおかげで、わたしはとても助かりました」

違うだろ。真実はそうじゃない。

あと……、口調が、昔の気弱なときのに戻ってるぞ。

「いや、千幸には迷惑をかけたと思ってる。はっきり言って余計なおせっかいだった。あんなに口うるさく正義の味方づらしてかばったりしなければ、もっと被害は少なかった」

そうなのだ。当時、僕は善いことをしているつもりだった。でも――最善が最良を生むとは限らない。

僕は、いじめられている千幸を助けようと奮闘した。

正義の名のもとに。

だが、現実は助ければ助けるほど、どんどん千幸へのいじめはエスカレートし、酷くなっていく一方だった。どうしてそうなるのか、その頃の僕には意味がわからなかった。だっていじめは悪いこと――だったら、ちゃんと話せばみんなわかってくれる、そう僕は思っていたのだ。

でも、今ならわかる。今どき正義だなんだと、他人の行動に注文をつけてくるようなやつは、うざいし面倒くさい人間なのだ。そんなやつの言うこと、意地でも聞きたくないだろう。結局、正義の味方気取りの僕のおせっかいは、クラスメイトたちの余計な反感を生み出し、その苛立ちは一番の弱者である千幸へと向かってしまった。

その意味で言えば――千幸は被害者だ。

「だから、ごめんな。本当に悪かったと思ってる」

今さら言っても仕方ないが、言わずにはいられなかった。

「正義《まさよし》は悪くない！」

その声は背後から聞こえた。

右隣を見ると千幸の姿はなく、いつの間にか彼女は立ち止まっていた。

「わたしはすごく嬉しかったよ。正義《まさよし》にかばってもらう前までは、本当に孤独でどれだけ辛かったか。それはもう、毎日どうやって死のうかと考えるくらいに。でも、正義《まさよし》に会えてわたしは変われた。この世に、こんなに真っ直ぐで純粋な善い人がいるなんて思いもしなかった。そんな正義《まさよし》が味方だって思うだけで、こんなわたしでも生きる意味があるんだと思えた。わたしは、正義《まさよし》の正義にすごく救われてたんだよ」

「そう言ってくれるのは嬉しいけど……でもやっぱり結果的には悪かったんだよ」

だって、誰も幸せにならなかったんだから。誰がどう言おうと、それは事実だ。

独善的な思い込みによる、正しさの押しつけ。僕の正義は、実際にそういうものにすぎなかった。だから、それを思い知った僕は……、最善が最良を生み出さないと知った僕は……、二度と正義について語らないと決めたのだ。

「そう……なんだよね。結果的に悪かったのが問題なんだよね。正義《まさよし》は正義《まさよし》の信じる正義を実行しようとしたのに、それが結果に結びつかなかったから、正義の味方をやめちゃったんだよね」

「おい、千幸？」

「だから、だったら、必ず良い結果を生み出す方法がわかったら……、確実にみんなを幸福にしたと言える客観的な基準がわかったら……、正義《まさよし》はもう一度、正義の味方に戻れるんだよね」

……意味がわからなかった。いや、違う。本当はわかっている。ただ見ないようにしていただけだ。今、僕の脳裏には、あるヒーロー番組のキャラクターが思い浮かんでいた。それはヒーローの、正義の味方の、パートナー。千幸にそっくりな、勝ち気で快活なツインテールの女の子。

いや逆だ。千幸が、そっくりな女の子だ。なぜ僕は、こんなあからさまなことに今まで目を背けて自分には関係ないと思い込んでいたんだろう。足がふらつきそうだった。

最上千幸。近所に住む、小学校からの幼なじみ。その、僕が知っている千幸は、本来は——いつも丁寧な口調でボソボソ話し、おさげで、眼鏡をかけた、大人しい気弱な女の子。それが今みたいな快活な性格の女の子になったのは。そのきっかけは。

「なあ、千幸。おまえがハッピーポイントがどうこうって言い出すようになったのって、もしかして」

「……ッ」

僕の言葉に、千幸の顔が真っ赤に染まった。その強い反応に僕は言葉を失う。

「…………」

「…………」

お互いに次の言葉が出せず、固まる2人。が、その沈黙を破ったのは千幸だった。

千幸は突然走り出し、僕を追い越す。その寸前、すれ違いざま、

「そうだよ」

という言葉が僕の耳に届いた。振り向くと、千幸は走り去り、廊下の角を曲がるところだった。ほどなくして千幸の姿は消え、僕はひとりになる。

これは告白なのか。と思ったが、いや、別に好きだと言われたわけではない。と思いつつ、

いや、この期に及んでしらばっくれるのは不誠実だ。と思いながらも、やはり自意識過剰なのではないかと思ってしまう。ただ、とりあえず、はっきりしている結論は——今すぐ生徒会室に戻ると気まずいな。

……………………。

どこということもない廊下の途中。

そんな中途半端な場所で、僕は日が暮れるまで立ち尽くすはめになった。

第5章

自由の正義「自由主義」

パノプティコン・システム。それは都内屈指の名門私立高校である我が校に導入された「いじめ撲滅を目的とした実験的施策・制度」の名称である。この制度が導入された経緯を語るには、僕がまだ生徒会長ではなかった頃まで遡《さかのぼ》らなければならない。それは僕が1年生だったとき、つまり、1年前のこと――僕たちの学校は、日本で一番有名な学校になっていた。それも悪い意味で。

――はじまりはネットだった。いじめを苦にして自殺した我が校の生徒。その遺書がネット上に公開されたのだ。どういう状況で誰がネットに流したかはわからない。だが、その壮絶な内容は、ネットの人々の関心を強く惹きつけた。

読むに堪《た》えない悪質で暴力的ないじめの数々。

遺書には、その詳細が、それも実名入りで何ページにもわたり書き殴られていた。ゆえに特定は簡単であった。しばらくして、誰かがうちの学校に問い合わせる。これは事実なのかと。

事実だった。いや、正確にいえば違う。学校が認めた事実とは、あくまでも「そういう名前の生徒が存在し、たしかに自殺した」というところまでであり、一方で「いじめにより自殺した」ということについては「事実ではない」と、学校側は回答したのである。

「はい？　あー、自殺の原因？　それはわからないですよ。たぶん家庭環境に問題があったんじゃないですかね。でも、それは個人のプライベートな問題なので、ええ、学校側としては立ち入るべきではないかと。え？　いじめですか？　いえいえ、一応、その可能性も考えて調査したのですが、そういう報告は上がってきていませんね。ええ、そうです――我が校にいじめはありません」

危機管理能力の欠如。「ネットに遺書が」というワードを聞いたときに、せめて直感的に危機を感じて、「確認してから回答します」ぐらいの知恵が回っていれば、あるいはもう少し穏やかに事は展開したのかもしれない。だが、電話口で応対した教師は、よくあるいつもの変なクレームだろうと高を括《くく》り、「いじめはありません」という紋切り型の公式回答をしてしまった。録音されてるとも知らずに。

それが致命傷だった。

ネットは激昂《げきこう》する。都内名門校でいじめを苦にした自殺。凄惨な遺書。教師たちの隠蔽工作。ネットで拡散されるに足る話題の条件は十分に揃っていた。

かくして、ネットは炎上する。それも大炎上。

情報はSNSを通じて急速に広まり、それがネットニュースとしてまとめられ話題になっては、またさらにSNSで広まり……、ついには、汚職や殺人など社会的な事件を扱う大手のニュースサイトでも取り上げられ、それがまたSNSで広まるという拡散の連鎖。

そして、その連鎖の果て、行き着く先はワイドショー。

連日、テレビで学校名が連呼され、校門の前には大量の報道陣がつめかける騒ぎとなり、しばらくの間、緊急の学校閉鎖にまで追い込まれる。

結局、この問題は、学校側が公式に記者会見を開き、謝罪の上、校長は辞職し、以後再発防止に努めていじめのない学校作りに邁進することを誓うことでひとまずの終焉を迎えるわけであるが……ネットは納得しなかった。校長はあくまでも雇われであり、私立高校の経営者、つまり理事長は変わっておらず、責任も取っていなかったからだ。

校長の首がすげ替えられたところで、この学校の腐った体質は変わらない、そう断定され、ネットでは「この学校が閉校するまで追い込もう」という人々まで現れる始末であった。

もちろん、そうは言っても、そんなネットの騒ぎすらもいつかは沈静化する。ネットで憤って騒いでいる人たちだって、次の新しい炎上ネタが現れれば、そっちの火事場へと行くだけ。こっちの事件なんかすぐに忘れ去ってしまうだろう。だから、そんなことよりも、そんな本来無関係で利害関係のないネットの人々なんかよりも、問題なのは、地元の人たち——次の年、この学校への入学を検討している生徒たち、そして、その両親の方である。いじめ問題に対して、誠実な対応もできない(それどころか間抜けで低レベルな対応しかできなかった)学校に優秀な生徒が入りたいとは思わないだろうし、親も入れたいとは思わないだろう。ましてや、高い授業料を払ってまでも、だ。

結局、このいじめ問題による炎上の一件は、来期の入学希望者が激減する、という目に見える形として実害が表れることになる。この状況が、あと数年続けば、代々続いた文化も伝統も、名門校というブランドも崩壊し、近い将来、経営は破たん、ないしは、縮小するしかないことは火を見るよりも明らかであった。そこで理事長は決断する。もしかしたら、やけくそだったのかもしれない。凡庸な人間でも、追い詰められれば時に思いきったことをするように、我が校の理事長は驚くような奇策に打って出た。

それは——校内におけるWebカメラの設置。

すなわち、『パノプティコン・システム』の導入である。

◆◆◆

ふぅ、とため息をつき、僕は席に着いた。早めに来たのだから当然と言えば当然の話だが、倫理の授業はまだ始まっていない。いや、それどころか教室には誰もいなかった。いつも早く来ている副会長の倫理すらまだ来ていない。つまりは一番乗り。なぜ、こんなに早く来たのかというと——千幸と顔を合わせにくいから。それで休み時間が始まるなり廊下に飛び出し、走ってこの教室にやってきたわけなのだが……いや、さすがに早すぎたかもしれない。

………………。

自分以外に誰もいない教室。話し相手もなく、手持ち無沙汰。さてどうしようかと思っていたそのとき、背後から気持ち悪い視線を感じた。

振り返ってみる。

すると、そこには、やはりと言うべきか、いつも通り「そいつ」がいた。

そいつ——「見守り君」。

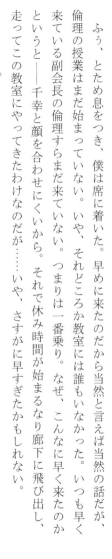

校内に設置された「人の形をしたＷｅｂカメラ」である。

Ｗｅｂカメラ。それは、別の言葉で「ライブカメラ」とも言うが、いっそ「生放送カメラ」と言った方がわかりやすいかもしれない。ようするに、今、撮っている映像を、そのままネット上に配信して、誰でも見られるよう垂れ流し状態にしているカメラのことだ。だから、ネットに接続できる人ならば誰でも、このカメラの映像——まさに僕がこの教室に独り寂しくいるという映像——を見ることができるわけなのだが、ああ、そうだ、もっといい言葉があった。

ようするに、「監視カメラ」である。

世界中の人間がネット越しにリアルタイムに見ることができる監視カメラ。それが設置された学校に通うというのは、なかなかに異常な状況のように思えるかもしれない。が、僕らにとってはこれが日常であった。いじめを黙殺して、見て見ぬ振りをした学校。その学校の名誉挽回の策として始まったのがこの監視カメラのシステム——通称『パノプティコン・システム』。倫理曰《いわ》く、この『パノプティコン』という用語も仕組みも、もともとは功利主義の祖ベンサムによって発明されたものであるらしい。

「あら、早いわね」

突然、死角から声をかけられたので、驚いて振り向くとそれはミユウさんだった。

千幸じゃなかったことに少しホッとする。

「あれ？　正義《まさよし》くん、なんかわたしでよかったみたいな顔してるね」

するどい。

「会いたくない人でもいるの？　う—ん、誰なのかなあ」

そう言って、考えるそぶりを見せながら、ミユウさんはそのまま僕の右隣へと座った。左隣ではなく、右隣に。千幸の定位置に。すべてお見通しよと言わんばかりに。

「あ、それで早めに教室に来たとか？」

「……いや、そういうわけじゃないですけど」

完璧に図星で大正解なのだが、癪なので一応の抵抗を試みる。

「でもさあ、それって悪手《あくしゅ》だと思うな。たまたま早く来たのがわたしだったからよかったものの……そのコが早く来る可能性だってあったわけじゃない。そうしたら——」

「あ……」

思わず声が漏れた。言われてみればそうだ。もしそうなったとしたら……誰もいない教室でしばらく2人きり。しかも、席は隣で逃げようもない。裏目も裏目。完全に逆効果じゃないか。

「あははっ、いいリアクションするね、正義《まさよし》くん、いつも何か考えてるように見えて、そういう間の抜けたとこあるよね」

まっ、そこが魅力なのかな。と言って、ミユウさんは一瞬だけ腰を上げて座り直した。僕への距離を詰める形で。ミユウさんの二の腕と、僕の二の腕が触れ合う。

「あの、ミユウさん、ちょっと近づきすぎじゃないかと」

千幸も近かったが、これは違う。近いというか、触れてる。当たってる。

「誰も見てないからいいじゃない」

「いや、ほら、見守り君が」

そう、この瞬間だって、ネットに映像は垂れ流し。誰が見てるかわかったものではないのだ。

「大丈夫よ、今どきこんなことぐらいじゃあ、問題になんかならないわよ。仲睦まじい健全な普通の恋人同士だと微笑ましく思うぐらいじゃない？」

「いいえ、倫理的に問題があります、離れてください」

別の死角から声が聞こえた。今度は振り向かなくてもわかる。倫理だ。

「えー、どうして？　これくらい別にいいでしょ？」

「ダメです」

「あれ？　ちょっと待って、それって『道徳的な意味で、倫理的にダメ』ってこと？　それとも『自分的な意味で、倫理的にダメ』ってこと？」

ああ、たしかに。倫理は名前が倫理だから、『倫理的にダメ』って言われたら、どっちの倫理だよって話になるよな。

「質問の意味がわかりません、言葉通りです」

そう言って、倫理は、僕とミユウさんを強引に引き離し、そのまま、いつもの定位置、僕の左隣へと座った。

「えー、別にいいじゃない、誰かに迷惑かけてるわけじゃないんだし」

そう不平を言いながらも、ミユウさんはそれ以上近寄ってこなかったため、話に一応の区切りがつく。そして、しばしの沈黙。

…………。

なんとなく気まずい雰囲気。というより慣れない雰囲気か。いつもと違う左右なので、座りが悪いというか。いや、別に、前の左右に安定感があったというわけでもないのだが。

「そういえば、正義《まさよし》くん、わたしが来たとき、何、見てたの？」

気まずい雰囲気など、一切感じてなさそうなマイペースな口調でミユウさんが訊いてきたので、

「見守り君ですよ、なんとなく視線を感じて」

と、僕は答えた。

視線ねえ、まあ、わたしもたまに感じるけど、と言ってミユウさんは振り返り、見守り君を見る。

見守り君。それは黒い学生服の男の子、の姿をした人形。ゲーセンによくある、アームでつかんで取るタイプの、頭身の低いキャラクターもののぬいぐるみ、といえば一番適切な表現だろうか。

ちなみに、この見守り君、見た目的には無個性で、たいした特徴はない。学校を舞台にした漫画で言うところの、背景にいるモブキャラのクラスメイトAみたいな感じだ。

ただ、ひとつ印象的なのは、その口の形。普通に「▽」にすればいいものを、なぜかひっくり返して「△」の形にしているため、間抜けな表情に見えてしまうのだが、しかも、その「△」の真ん中に目玉のようなカメラがついている。そう、ピラミッド型の三角形、その真ん

中に目玉という、陰謀論が好きな人が食いつきそうなデザインなのであるが、倫理に聞いたところでは、それはベンサムが考案したパノプティコンを象徴するマークであるらしい。ベンサムがパノプティコンというアイデアを世に発表した本の中に、まさにそのマークが書かれていて、本物は目玉つきの三角形の横に、『慈愛、正義、監視』の文字が書かれているのだそうだ。

ともかく。見守り君の大きく開けた口の真ん中にあるカメラによって、僕たちの日常は、ずっと監視されているわけで、時たま変な視線を感じることがある。

「ありもしない視線を感じさせる、それが『パノプティコン』の目的です。ベンサムの目論見通りと言ったところでしょうか」

そう言って、倫理は見守り君をにらみつけた。

僕は、今朝、倫理がしてくれたパノプティコンの説明を思い出す。

◆◆◆

「刑務所?」

登校中、たまたま一緒になった倫理に向かって、僕は驚きの声を上げた。

「刑務所……って悪いことしたら捕まって檻に入れられる、あの刑務所のことだよね?」

「そうです。その刑務所です。パノプティコン・システムのパノプティコンとは、もともとは、ベンサムが考案した『刑務所』の名前だったのです」

「刑務所……」

よく晴れた爽やかな朝。うら若き男女の学生が刑務所を連呼して登校するのはどうかとも思ったが、あたりは閑静な住宅街、周囲に人もいないようなので僕は気にするのを止め、再び同じ単語を口にした。

「そのベンサムの刑務所って、普通の刑務所とどこが違うの？」

質問を受けて、倫理は2本の指を立てる。

「違っているところはふたつです。

ひとつ目は、中心に高い監視塔が立っていること。

ふたつ目は、その監視塔の周囲をぐるっと囲むように牢屋が並べられていること。

つまり、端的に言えば『中心に監視塔を持つ円形の刑務所』ですね」

ふむ。とりあえず、頭の中に絵を思い浮かべる。想像の中で、中心にある高い塔に登って見渡してみると――360度全部牢屋というパノラマの景色になった。

「ようは、囚人を監視しやすい構造の刑務所ってことか」

「その通りです。ポイントは、まさに、その中心にある監視塔。高い塔の一番上に看守を配置すれば、そこからすべての牢屋を一望して監視できるというわけです」

「うーん、でもなんか微妙な気がするな。見張り役の看守が大変そうだ。だってずっと見てなきゃいけないわけでしょ。それに高いところから全部一望できると言っても、見られる視界の範囲は限られてるし。たとえば、後ろは見られないわけだよね」

看守が1日中その場をぐるぐると回りながら監視し、看守が後ろを向いた隙に囚人が悪いことをするというコントみたいな刑務所を思い浮かべた。

「実はそこにベンサムの工夫があって、監視塔にはブラインドが下ろされていて囚人側からは看守の姿は見えない――つまり、看守からは囚人を見られるが、囚人からは看守を見られないという一方的な関係になっているのです」

今度は、牢屋にいる囚人側の立場で思い浮かべてみる。見上げると檻の向こうに高い塔があって、人の姿は見えないが……でも、ブラインドの隙間から誰かがじっとこっちを見ている……ような気もするが、見られてるかどうか、こっちには知るすべがない。

「うわ、落ち着かねえ!」

「ええ。落ち着きません。そして、一度そういう心境になると、もう悪さもできなくなります」

「そりゃ、そうだね。囚人たちは誰にも見られてないと思うからこそ、こっそり抜け穴を作ろうとしたり、相部屋だったら弱い者いじめしたりとかするわけで、『見られてるかもしれない』と思ったらできないよね」

「はい。で、その『かもしれない』が、このパノプティコンの妙味でもあります。『見られてるかもしれない』でいいのですから、実は看守は見ていなくてもいい、いえ、それどころか、監視塔には誰もいなくてもいいのです」

え……看守がいなくてもいい?

そんなのありかとも思ったが、でもそうか、囚人たちに『かもしれない』と思わせることができれば、それだけで十分効果があるのか。

「たとえば、正義《まさよし》くんがマジックミラーで囲まれた部屋の中にいて……、部屋の外に人がいるかもしれないし、いないかもしれない……、それがわからない状況だったとして、裸になれますか？」

「いや、なれないね。たとえ外に誰もいなかったとしても、万が一にも、見られてる『かもしれない』と思ったら絶対に無理。まさに逆マジックミラー号だね」

「逆……号？」

「あ、いや！」

「そういう名称の思考実験があるのですね。すみません、勉強不足でした。それはいったいどんな」

「いや、それにしてもベンサムは頭がいいね！　人間の心理をうまくついたというか！　これなら見張り役の看守も楽勝だ！」

「ええ、そうですね。人件費の面で考えても合理的です。ベンサムは、このパノプティコンをもっとも経済的な刑務所システムだとし、市民の幸福度を高める施策のひとつとして提案しました。そして最終的には、病院や工場や学校にもこのシステムを導入することを検討していたようです」

なるほど……。たしかに、サボりやパワハラ防止策としてはすごく効果的な気がする。

「それはそれとして。さっきの言葉、あとで調べておきますね」

「…………………」

◆◆◆

最後の方で変なことを口走ってしまい冷や汗をかいたが、とりあえず、倫理のパノプティコンの説明はよく理解できるものだった。

まさか学校の監視システムが、元は刑務所のためのものだったとは。

「見られてるかもしれない」と思い込ませることによって、悪事を抑制するシステム。

なるほど、うちの学校のパノプティコン・システムは、まさにこのベンサムの刑務所そのものだったのか。

僕の背後にいる見守り君……についてるＷｅｂカメラ。それによって撮られてる動画は、まさに今ネットに流されているわけだが、かといって、必ずしもそれを見てる人がいるとは限らない。いや、たぶん見てない可能性の方が高いだろう。誰だって、そんなに暇じゃないのだから。

でも……。そうは言っても、それはあくまでも見てない可能性が高いという話であって、逆に言えば「見られてる可能性はゼロではない」ということである。

つまり、「見られてるかもしれない」のだ。だとすればやはり、倫理の言葉を借りれば、ここで裸になることなんて絶対できないだろうし、クラスメイトをいじめて小突き回すようなこともできないだろう。そして、実際、この見守り君の効果は絶大だと思う。少なくとも僕の目に映る範囲では、ちょっとしたからかいを含む、体格の差を背景にした暴力行為はまったく見かけなくなった。

そのこと自体はとても良いことだと思う。それこそ、僕が小学校時代に願ってやまなかった理想の学校だ。その意味では、理事長のやったことは画期的だとさえ言える。

かつてベンサムは、「最大多数の最大幸福」につながる文章を発見して「エウレカ!」と大声で叫んだそうだが、案外、理事長もそうで、ベンサムのパノプティコンを知って「まさにこれだ!」と思ったのかもしれない。

もっとも、この理事長のパノプティコン・システムは、当初の評価は微妙であった。いじめ撲滅のためのＷｅｂカメラ設置を世間に向けて発表したとき、ネットの反応は意外にも冷ややかで、

「うわ、監視社会、ディストピアの到来じゃん」

「やりすぎ。そんな学校、誰も通いたがるやついねえだろ」

という意見が大半であったし、また生徒の保護者からもたくさんの苦情がきてしまった（それはまあたしかにそうで、自分の子供の日常がネットに垂れ流しになっている状況を喜ぶ親はそうそういないだろう）。つまり、この時点では、理事長の目論見は完全に外れて、周囲の評価は「追い詰められた理事長が暴走しておかしなことを始めた」ぐらいのものであったのだ。

結局、パノプティコン・システムは逆効果。学校の信頼を取り戻すどころか、むしろ敬遠される要因にすらなっており、だから僕たち生徒としては、しばらく我慢すれば近いうちに撤去されるだろう、そう高を括っていた。

しかし、そんなある日、事件が起きる。野球部のキャプテンがミスをした1年生にボールをぶつけて怒鳴るという行為。それを映した動画が切り取られ、またしてもSNSを通じて拡散してしまったのだ。以前いじめ問題でテレビを騒がせた学校が……いじめを撲滅しますと宣言した学校が……再び起こしてしまったいじめ流出事件。

本来なら、学校として致命的な事件であっただろう。しかし、この事件は前回と違い、学校として高い評価を得るきっかけとなる。というのは、学校の対応が迅速でかつ公正であり、完璧だったのだ。まずいじめの存在を公式に認めた学校は、それに関わる動画の記録を音声も含めて自らネットに公開。また野球部のキャプテンを両親と共に学校に呼び出し、ボールをぶつけた相手とその両親に直接謝罪させた上で停学処分。さらには、キャプテンに反省文を書かせ、名前を伏せた上でその内容をネット上に公開するということまで行った。

「神対応」

少なくともネットの人々は、そう評価した。

いじめは悪いことで、学校としては絶対にあってはならないこと。ゆえに、学校はいじめの存在を認めようとせず隠す傾向にあった。しかし、そんななか、我が校は「いじめは起こりえる」という立場を取り、いじめを早期に発見し、適切に処置するという方向に舵を切ったのだ。

それがネットの人々には、誠実で潔くて合理的だと映ったのだろう。

そして、それから1か月後——。うちの学校とはまったく関係ない別の学校で、部活動での体罰を苦に生徒が自殺する事件が起きてそれがニュースになったとき、一度地に堕ちた我が校の名声は、反転し、うなぎ登りとなる。

ワイドショーで、自殺した子供の親は言う。

「あの学校と同じように、いじめを早期に見つけ、認め、誠実に対応してくれていれば、うちの子は死ななかったはずだ」と。

これを受けて、ネットは盛り上がる。

「これ、もう全学校に導入するよう義務化した方がいいんじゃね」

「俺が子供の頃に、見守り君がいたらよかった……」

「リアル女子高生の日常を無料で覗き見できるサイトはここですか?」

「自宅警備員から女子高生監視員にクラスチェンジします」

こうしたネットからの評価が追い風となり、理事長はここぞとばかりにパノプティコン・システムを増強、見守り君の数を着実に増やしていくことになるのであるが、一方で、当事者である僕たち生徒からの評価は当初から変わらず冷淡なものであった。なにせ僕たちは監視される側なのだ。ネットで我が校の名声が高まれば高まるほど、監視の視線が増えていくわけで、まったくもって落ち着かない。

そこで当時の生徒会が、生徒の不満を引き受ける形で見守り君撤廃運動を立ち上げることになる。生徒会内でまとめられた意見書を基に、全校集会という公の場で、学校側に対し果敢に論戦を挑んだわけであるが……結果は惨敗。むしろ逆に完膚なきまでに論破されてしまう。それは、だいたいこんなやり取りであった。

「日常生活を監視カメラで撮られてると思うと落ち着きません！　撤廃を要求します！」

『そこを配慮して、学生の人形にしています。見守り君を監視カメラではなくクラスメイトと考えてみてください。そうすると、たまたまクラスメイトが教室の隅にいて、ぼんやりと教室全体を眺めていた……というのと同義であり、そこに何も問題はなく、気にする道理はないはずです。それとも、あなたは、これから弱い者いじめをするから出ていってくださいと他のクラスメイトに言ったりするのですか？　またクラスメイトがそれに従う義務があると考えるのですか？　そうでないのなら、そこに見守り君がいることは、クラスメイトが教室や廊下やグラウンドに当たり前にいて、あなたを眺めていることと同様のことであり、了承するべきだと思います』

「プライバシーの侵害です！　撤廃を要求します！」

『そうならないよう、音声は除去して顔はすべてモザイクでぼかしてからネットに配信しています。顔を認識する仕組みは、今どき、どのデジタルカメラにも入っているほどのメジャーな技術ですから、かなり高い精度で実現できています。そして、このようにモザイクがかかっているわけですから、個人を特定できず、プライバシーは守られていると考えます。暴力行為などが映っていると通報があった場合のみ、モザイクがかかっていない生の動画を学校側で確認します』

「この調子で見守り君が増え続けたら、動画を確認する人が追いつかなくなり、最終的にこのシステムは形骸化しませんか？　もっと数を少なくすることを提案します」

『動画を確認する手間の問題は将来ＡＩが解決するでしょう。暴力的な行為もしくは差別的な発言が撮られていれば、ＡＩが自動的にいじめを検知して報告するシステムを現在開発中ですので、ご心配は無用です』

とまあ、そんな感じで、とりつく島もなく終わってしまうわけだが、とにかく大まかに言えば、学校側の回答は一貫してこういうことだ。

『キミたちが悪いことしなきゃ、何も問題ないでしょ』

そう、言われてみればたしかにその通りで、人を殴ったり叩いたり蹴飛ばしたりせず、普通に学校生活を送るなら何も問題はない。もちろん日常を監視されてちょっと気持ちが落ち着かないこともあるだろう。でも、よく考えてみれば学校は自宅ではない。クラスメイトの視線、先生の視線……第三者の視線が当たり前にあってしかるべき、公共の場所なのだ。そう言われてしまえば、単純に「見られるのは嫌だ」というのは理屈に合わない。

そして、学校の主張にはさらに続きがあって、それは、

『いじめで人が死ぬよりはマシでしょ』

というもの。

これを言われると、僕たちは何も反論ができなくなる。だってたとえば、

(1) 監視カメラを外すと、学校の生徒が自殺する未来
(2) 監視カメラをつけ続けて、嫌な気分になるけど、誰も自殺しない未来

というふたつの未来があって、そのどちらかを選べと言われたとしたら、当然みんな二番目を選ばざるを得ない。一番目の未来を選ぶということは、自分のちょっとした窮屈さが嫌だから同級生が死んでもいい、と言っているのと同じことになるからだ。

結局、監視によって多少のストレスや苦痛はあるかもしれないが、人が死ぬほどの苦痛ではないし、逆に、自殺するほどの苦痛を防げるとするならば、パノプティコン・システムを採用した方が全体の幸福度は間違いなく増加することになる。

それは功利主義の立場で言えば、完全に正しいことであり、正義だ。

しかしそれでも。

それでもなお、パノプティコン・システムは間違っていると思う。うまく言語化できないし、論理的に説明できないことだが、実感としてみんながそれを感じている。

生徒会室の外にある目安箱。それは生徒からの意見・苦情・陳情を匿名の投書として受けつけている箱なのであるが、その目安箱には毎日のようにパノプティコン・システムへの懐疑や不満が入っている。ただし、論理的な文章になっているものはほとんどなく、単純に「気持ち悪い」「もやもやする」といった曖昧で不安定な気分だけのものが大半であった。

その気持ちはよくわかる。僕自身ですら、パノプティコン・システムの何が悪くて、何が嫌なのか、論理的な言葉にすることができていない。言えるとしたら、監視されて気分が悪い、といった感情的なことだけ。

これでは議論にならず、学校側とまともな交渉もできないだろう。

ちなみに言うと、僕たち生徒会は、前任の生徒会から見守り君撤廃運動を引き継いでおり、決められた期日までにシステムを認めるか否かの結論を、全校生徒の前で発表することになっている。今のところ、否定できる論理的な説明が思いつかないので認めるという方向になりそうなのだが、それはそれで絶対みんなから批判されるだろうし、今からとても気が重い話である。とりあえず、この件について現在わかっていることとしては、功利主義の考え方ではパノプティコン・システムの否定はできないということ。元々が功利主義の始祖であるベンサムの発案なのだから、それはまあ当然だろう。

つまり、平等の正義では――全体を幸福にしようとする考え方では、パノプティコン・システムを拒否することはできないのだ。

でも、ならば……。他の主義、他の正義だったら？

「それでは授業を始める。今日は『自由の正義』についてだ」

僕はハッとして顔を上げると、そこには風祭先生がいて、いつものように倫理の授業を始めるところであった。他の生徒たちはすでに席に着いている。どうやら、かなり長いこと物思いにふけっていたようだ。

◆◆◆

右隣を見ると、さきほどと変わらずミユウさんが座っており、千幸はどうしたんだろうとそっと周囲を見回すと、逆にいつもミユウさんが座ってる場所、遠く後ろの方に座っていた。自分の居場所を取られて、なんだか寂しそうな表情にも見えたが、でもまあ、それは僕の自意識過剰な思い込みで、前の授業で風祭先生に強く言われたことを気にして後ろの席に座ったのかもしれない。

いや、もちろん、あれ以来あからさまに千幸を避けている僕に原因がまったくないとは言わないのだけれど……。

それはそれとして、すぐ右隣にミユウさんがいるというのは、やはり慣れないし違和感がある。いや、違和感というより……触感だ。ん？　触感？　うわ、さっき倫理に引き離されたのに、またしてもミユウさんの二の腕が当たっている。

「あ、あのミユウさん、近いです」

倫理に悟られると面倒なことになりそうなので、小声でそう訴えると、当のミユウさんは、

「えー、だって、せっかく右が空いたし、今がチャンスかなーって」

といたずらっぽく舌を出しクスクスと笑った。

漫画でしか見かけないようなベタなリアクションでも、美人がやると洗練されて絵になるものなんだなとぼんやり見とれていると、風祭先生がすごい顔でこっちをにらみつけていることに気づいた。うわ、違うんです、先生。ベタベタしてるわけではなくて、いや、物理的にはベタベタしてるんですけども。

先生の強烈な視線に気圧され、僕は恐縮して背筋を伸ばす。無言で真っ直ぐ前を見て、この件に自分は無関係ですよとアピールする。一方で、それに対してミユウさんの方は、なぜか挑発的な視線を先生に送った……ように見えた。

なぜ？

そういえば、僕は、今年の授業で初めて風祭先生に会ったわけだけど、もしかしたら上級生のミユウさんは、その前から先生を知っていたのかもしれない。

先生とミユウさんのにらみ合いは、数秒ほど続いた。が、すぐに先生は不機嫌そうにふんと鼻を鳴らして視線を逸らし、そのまま授業を進めた。

「今日は、『自由の正義』についてその詳細を説明していく。これはその名の通り、自由を守ることを正義だとする立場であるが、その正義を実現しようとする考え方を一般的に『自由主義』と呼ぶ。自由を大事にするから自由主義。これまたその名の通りで、説明の必要がないくらい、わかりやすい主義主張のように思えるかもしれないが……実はそうでもない。初めて自由主義を学ぶ人たちには、必ずと言っていいほど、混乱に陥る落とし穴がある。たとえば、富裕層からたくさん税金を取って、不遇な人たちに配分するという政策……果たしてこれは自由主義、自由を尊重する主義に基づく考え方だろうか？」

あれ？　それってたしか功利主義のところで出てきた話で、ようは、満腹の人が余分におにぎりを持ってたら強制的に徴収して、空腹な人に配分しましょう、そうすれば全体の幸福度が高まるよ、というのと同じ話だよな。だとしたら、答えは、自由主義ではなく功利主義です、となるはずだが……。

「正解は、自由主義だ」

え、そうなんだ。まあ、引っかけ問題だとはわかってはいたが。でも、なぜなのだろう。功利主義と何も違いがないじゃないか。

「もちろんこの答えに納得できない人もいるだろうし、その気持ちはよくわかる。実際、富裕層から多めにお金を徴収するのは、言ってしまえば、富裕層が持ってる権利や自由を奪うみたいな話だから、あまり自由を尊重するというイメージは浮かんでこない」

そうそう。ぜんぜん人の自由を大切にしてないじゃんって思う。

「しかし、にもかかわらず、これを自由主義と呼ぶのはなぜか？　それは富裕層の持っているお金を不遇な人たちに分配することは、『不遇な人たちが社会の中で自由に生きられるよう保証する』ことにつながると言えるからだ。だから、それゆえに、これを自由主義と称する。その意味では、いわゆる福祉社会——高い税金をかけて、病人や高齢者に優しい社会を作ろうとすることも、自由主義に基づく考え方だと言うことができる」

へー、そうなんだ。つまりは、社会的弱者も含めて全員が平等に自由に生きられる社会を作ろうという主義が、自由主義ってことなのかな。

……………。

いや、だからそれだと功利主義だし「平等の正義」だろ。

「しかし、一方で、高い税金をかけるなんてもってのほか、弱者を救うという名目で、他人の自由や財産を奪うべきではない、富裕層がどんなにお金を持っていてもそれは個人の持ち物なのだから、それを勝手に奪って弱者に分配するなど泥棒のやることだ——という考え方もあって、これも自由主義と呼ぶ」

お、こっちは、善い悪いは別にして、とても自由主義って感じのイメージだ。

「さて、どうだろう。いい感じに混乱してきたのではないだろうか？　富の再分配を肯定して弱者に優しい福祉社会を作る考え方も自由主義と呼ぶし、自由競争を肯定して弱肉強食の格差社会を作る考え方も自由主義と呼ぶなら……いったい自由主義とは何なのだろうか？　実際、政治の世界でも同様で、同じ自由主義の旗を掲げているはずなのに、まったく正反対の政策を出して互いにいがみ合ったりすることが多々ある」

なるほど、自由主義と言っても幅が広すぎるわけなのか。そりゃまあ混乱するわけだ。

「このように初学者にとって自由主義の入り口はとても迷いやすい。もし君たちが自由主義についで学ぼうと誰かの本を手に取ったとしても、読み終わったあとに別の人の本を読んでみたら、まったく真逆のことが書かれている可能性がある。もちろん、さまざまな自由主義を網羅的に解説してくれる入門書もあるだろう。が、実は、またしてもここに混乱を引き起こす大きな落とし穴がある」

先生はそう言って、黒板にふたつの言葉を書き出した。

『リベラリズム、リバタリアニズム』

「キミたちはこれらの言葉を知っているだろうか。ちなみに、一方は、リベラルとも言うが、もしかしたらそっちの方が馴染みがあるかもしれない」

あ、たしかに。リベラルはニュースとかで聞いたことがある。……まあ、あまり意味はよくわかってはいないのだけども。

「リベラリズム、リバタリアニズム。両方とも自由主義の特定の立場を表す専門用語であり、両方とも日本語に訳すと『自由主義』という意味になる言葉であるのだが——誤解を恐れずざっくり言うと、さっきの、弱者に優しい福祉社会を作る考え方がリベラリズムであり、弱肉強食の自由競争を推進する考え方がリバタリアニズムである。多くの自由主義の入門書が、多種多様で混乱ぎみな自由主義の全体像を読者につかませようと、まずこのリベラリズムとリバタリアニズムの違いについて説明を試みるのだが——これが非常にわかりにくい！　とっつきにくいと言ってもいい。実は、自由主義の学びを阻害する最大の障壁がここにある。その障壁、それは――」

先生は話を止めて一旦沈黙する。そして、十分に間を取ったあと、満を持して重々しく言った。

「名前が似ていることだ」

テレビのバラエティならここで椅子から滑り落ちて大ゴケするシーンなのかもしれないが、先生の真剣な顔つきから、どうやらウケ狙いで言ったわけではなく真面目に本当にそう思っているようだった。

「リベ……リバ……リベ……リバ。ほら、言い始めのところが特に似ているだろう。リバ……リベ……リバ……リベ。ほら、もうどっちが、どっちだか、わからない。いや、冗談みたいな話に聞こえるかもしれないが、実際に想像してみてほしい。たとえば、こんな文章。

『リベラリズムは、これこれについて賛成だが、リバタリアニズムでは反対である』

『この政策は、むしろリバタリアニズム寄りのリベラリズムと言ってよい』

どうだろう。自由主義の入門書では、こんなふうに両者を対比、関連させて説明することが多いのだが、所詮、初学者には耳慣れない言葉だ。日常的に使う言葉ではないし、語感も似ているのだから、1か月もしないうちに、どっちが、どっちだか、わからなくなる」

いいえ、先生、もうすでにわからなくなってます。今いきなり授業で「さっき説明したように、リベラリズムはリバタリアニズムと違って」と言われても、まったくついていけない自信があります。

「最初の章で用語の定義を説明し、次の章からその用語を駆使して深い説明を始めるというのは、本の書き方として定番であるが、しかし、用語同士が似すぎていると頭に入らず、その状態で先を読み進めるのはただ苦痛なだけである。しかもだ。せめて、その似ている用語がふたつだけであれば、まだ我慢できるが、さっきリベラリズムをリベラルと呼んだように、それぞれにさまざまな言い回しがある」

先生は、黒板に書いたふたつの単語の後ろに、さらにつけ足した。

『リベラリズム、リバタリアニズム、リベラル、リベラリスト、リバタリアン』

うわ、リベとリバがさらに増えたぞ。こんな用語が次々と出てくる入門書なら僕的にはもうお手上げだ。

「しかもだ」

え、まだあるの？

「『リベラリズム』という用語を使ったとき、最低でもそれの意味が、ひとつに固定されていればまだいい。それなら、ある程度時間をかけて用語に慣れていけばなんとかなるだろう。しかし、実際には、ヨーロッパとアメリカと日本で、リベラリズムの意味合いはそれぞれで全然違ってしまっており、だから、ある人の本を読んで、『リベラリズムってこういうものなんだ、福祉国家を目指すことなんだ』と理解したつもりになっても、別の人の本を読んだら、その理解とまったく違う、福祉国家の否定が書かれていたりすることがある。なぜなら、『リベラリズム』とは、それが『どこの国』の話なのかという文脈によって中身が変わってしまう用語だからだ」

……難易度高っ！

「そういえば、忘れていたが、リベラリズムとひと口に言っても、ニュー・リベラリズム、ソーシャル・リベラリズム、ネオ・リベラリズム、モダン・リベラリズムと色々あるので、それぞれをごっちゃにしないようにして文章を読まなくてはならない」

……戦意喪失。というか、ニューとネオを交《ま》ぜるな……。

「だから、私はキミたちに自由主義を語るにあたって、これらの用語をすべて捨て去ろうと思う。通常、自由主義を初学者に教える場合、今述べたようなさまざまな種類の自由主義について、それぞれの違いや歴史を淡々と語っていくのがセオリーなのであるが、私は学びの最初に、そこに時間をかけることは間違っていると思っている。そうした用語の違いを網羅的に把握するよりも、本質……核心……。自由主義とは結局、何を正しいとする主張なのか？　その本質をまずキミたちに伝えるべきだと思うのだ」

そう言って、先生は何やら図のようなものを描き始めた。

「さまざまなリベとリバは置いておこう。さっきの用語はもういっさい忘れ去ってよい。私は、自由主義を知りたい人は次のふたつだけを理解すればよいと考えている」

先生が描いた図には、「強い自由主義」と「弱い自由主義」というふたつの文字が書かれて

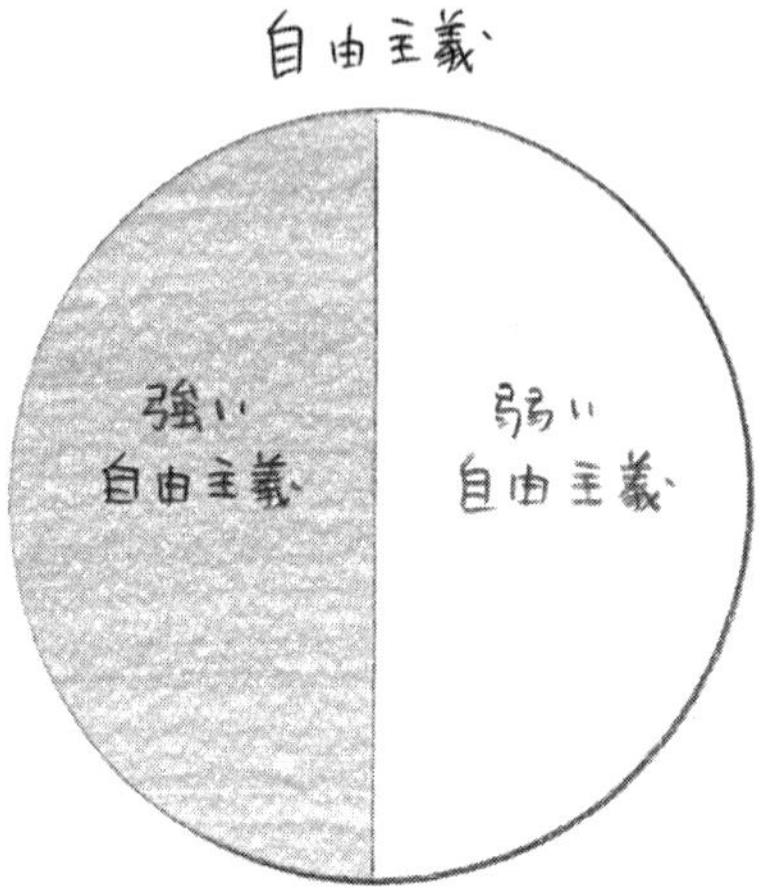

いた。

ん？　強い、弱い？　今までと比べて急にわかりやすそうになったぞ。ただ、さすがに子供っぽくなった感は否めないが。

『強い自由主義』と『弱い自由主義』……。

これは私オリジナルの言い回しであるが、とにかく、単純に、自由主義には強い方と弱い方の2種類があると思ってもらえばいい。私がこの授業で語りたいのは『強い自由主義』の方であり、こちらだけが真の自由主義であると最終的には主張したいのだが、それは後にして、まずは弱い自由主義とは何かというところから片づけていこう」

■弱い自由主義

「仮に地球上にいる人間全員に『キミは自由主義者か？』と問いかけて、『そうだ』と答えた者を1か所に集めたとしよう。その自由主義者の集まりは——あくまでも私の考えではだが——『弱い自由主義者』と『強い自由主義者』のふたつのグループに分けることができる。

このうち『弱い自由主義者』というグループに分けられた者たち。彼らは、自由主義者全体の中でも大半を占めるほどの人数であり、しかも一見すると意見がバラバラ、何の類似性もない集まりのように見えるが、実は全員がある共通の、同じ思想を持っている。それは、『自由に生きることが人間の幸福であり、社会は個人の自由を尊重しなくてはならない』という思想だ。

もっともらしく聞こえるかもしれない。しかし、自由主義としては、この思想はいまいち『弱い』と言わざるを得ない。なぜなら、自由よりも幸福を上位に置いているからだ。

すなわち、『幸福　＞　自由』。

それは彼らの思想を分解すればよくわかる。

（1）幸福になるには自由が必要だ

（2）よし、自由を尊重しよう

これが彼らの思想のロジックであり、このような論理展開から自由を尊重している以上、彼らの最優先は『自由』ではなく、『幸福』であることは明らかだ。

さて、我々は、これに似た主義をどこかで聞いたことがあるはずだが……正義《まさよし》くん」

「功利主義ですよね！」

多少食い気味に僕は答えた。

「そう、その通りだ。弱い自由主義者たちが掲げる思想は、自由という単語を使ってはいるものの、その内実は功利主義そのものである。なぜなら、彼らの目的はハッピーポイントの増大、とどのつまり『人々の幸福度の増大』にあるからだ。したがって彼らにとって、自由はあくまでも、幸福度を増大させるための道具、手段のひとつにすぎない。だから、ある特定の自由が『人々の幸福度の減少につながる』としたら、彼らは平気でその自由を制限しようとするだろう。彼らにとって、あくまでも大切なのは人々の幸福の方であって、自由は、結局のところは二の次であるからだ。

つまり、『弱い自由主義者』たちは、自由主義とは名ばかりで、その実、『自由主義の皮をかぶった功利主義者』にすぎないのである」

今までさんざん、微妙な自由主義の話を聞かされるたびに、「いや、それ功利主義だろ」と内心で突っ込んでいたので、そのカテゴリ分けは、かなりすっきりする。

■強い自由主義

「さて、次は強い自由主義の話だ。

さっき私は『幸福 ∨ 自由』である者たちを『弱い自由主義者』と分類した。なぜ彼らが『弱い』かというと、幸福の方が大事である以上、状況次第でいつ手のひらを返して自由を制限してくるかわからないからだ。ゆえに、私はそれを自由主義として『弱い』思想だと定義する。

では、その逆、『強い』とは、『強い自由主義』とは何だろうか？　それは弱い自由主義のちょうど正反対、『自由 ＞ 幸福』を旨とする者たちのことを言う。彼らにとって幸福はあまり関係ない、いやまったく関係ないと言っていい。強い自由主義者にとって重要なのは、人間に与えられたもっとも基本的な権利である『自由』を守ることであり、そこから生じる結果についてはいっさい問わない。その意味で強い自由主義者は、とてもシンプルだと言える。

『自由を守ることは、結果にかかわらず、正義であり、
自由を奪うことは、結果にかかわらず、悪である』

そこに結果も事情も幸福も関係ない。いかなるケースにおいても、単純に、愚直に、たとえ誰が不幸になろうとも、自由を守ることが正義だと考える、それが強い自由主義だ。

想像以上に自由な自由主義だった。でも、それって大丈夫なのだろうか？

ふと先生と目が合った。疑問があればどうぞと質問を促す目をしていたので、それにつられるように僕は手をあげた。

「そうすると、殺人とか、泥棒とか、明らかに不幸を生み出すことでも、強い自由主義は肯定するということでしょうか？」

「良い質問だ、正義《まさよし》くん。当然の疑問だろうね」

スキンヘッドを撫で回しながら、先生は言った。

促されたとはいえ、生徒の自主的な質問にとても嬉しそうだ。

「正義《まさよし》くんのその質問への答えは、否だ。強い自由主義では、その手の不当行為については、やってはいけないこと、悪いことだと否定する。その理由は、先に述べたようにシンプル――『自由を奪うことは、結果にかかわらず、悪である』からだ。功利主義であれば、人を不幸にするから、もしくは苦痛を生み出すから、という理由で殺人を否定するだろう。だが、強い自由主義にとって、殺人は人を不幸にするから悪なのではなく、他人の自由を奪うから、望まない痛みを強制するから、悪なのである。

だから、強い自由主義については、次の標語、合い言葉で理解するといい」

と言って、先生は黒板に短い文を書いた。

『自由にやれ。ただし、他人の自由を侵害しないかぎりにおいて』

ふむ。まさに、「人に迷惑をかけてないんだから、何やってもいいでしょ」というやつか。

右隣をみると、今の話にたいして感銘も受けず、さも当然だというふうに涼しい顔をしたミュウさんがいた。

「では、殺される側がそれを望んでいた場合はどうなるのでしょうか?」

今度は、倫理が質問の声をあげた。

「なるほど。殺されたくない人を無理やり殺すのは論外だが、殺してくださいとお願いしてくる人にはどうすればよいか? この問いについて、あくまでも強い自由主義の定義に従うならば、答えは明白――『殺さなくてもいいし、殺してもいい、自由にしろ』だ」

「え！」

思わず声をあげてしまった。まさか倫理の授業中に「殺人許可」のお墨つきをもらえるとは思っていなかったから。

「正義《まさよし》くんには、どうやら過激な発言に聞こえたようだね。だが、相手が殺されたいと願っている以上、その人を殺しても自由の侵害にはならないと考えるべきなのだが……そうだな、ならば安楽死の問題について考えてみたらどうだろうか。たとえば、ある人が病気になり、回復の見込みもなく、ただ激痛だけの毎日が続いていたとして『自殺したい』と言い出したとしよう。果たしてこの願いは叶えられるべきで、それに協力した人は罰せられるべきだろうか？」

想像したくはないが、仮に病人の身になって想像してみる。

…………。

かなりキツイな……。まさに絶望的としか言いようがない状況だ。痛みに弱い僕としては、リアルに死にたいと願うような気がする。それなのに周囲が言うことを聞いてくれず、身体を縛りつけられて激痛のなか無理やり生かされるとしたら……なんだか僕という人間の尊厳を蔑ろにされた気分になる。

と、こうして考えてみるなら――本人が望んでいて、かつ仕方ない状況においては「死ぬ自由」「殺される自由」はあってもよさそうに思う。死ぬことが救いになることだってあると思うからだ。であるならば、その状況で、わざわざ僕の自殺に協力してくれる人がいたら……感謝こそすれ罰してほしいなんて思わないだろう。

しかし――

「いいえ、違います」

と倫理は言った。

「私が言っているのは、そういうやむにやまれぬ事情がある状況についてではありません」

「ほう、なるほど、なるほど」

そう言って、感心した素振りをする先生。僕には、倫理がなぜ異議を唱えたのか、その意図が汲み取れなかったが、どうやら先生にはわかったらしい。

「いや、これはすまない。キミが問題にしたかったのは、今のような事情があって死ぬ以外に救いがないケース、つまり自殺権の話ではなく、もっと愚かで無意味なケース、つまり愚行権についての話かな」

「はい」

「わかった。ではこうしよう。たとえば、楽しく毎日を暮らしている普通の人間が、ある日、何かの気まぐれで突然『なんとなく死んじゃおっかなあー』と言い出したとする。その場合、その願いを叶えるのは正しいだろうか――これでいいかね?」

「そうです。そのような場合でも、強い自由主義は『本人の自由だから善し』としてしまうのでしょうか?」

「答えは肯定だ。このケースでも、さっきと答えは変わらない。『殺さなくてもいいし、殺してもいい、自由にしろ』だ」

え！　今度はさすがに同じリアクションを口には出さなかったが、口に出さなかっただけで内心でのリアクションは同じだった。いやいやいや。それはダメだろう。だって、無意味に死のうとしているんだよ。どう考えてもマズいと思うのだが。

「正義《まさよし》くんには、どうやら過激な発言に聞こえたようだね」

口に出さなくても先生のリアクションは同じだった。

「みんなにも言っておくが、『殺してもいい』というインパクトのある言葉に惑わされ、強い自由主義の本質を見失わないでほしい。『殺人の是非』を問われると、どうしても感情的にすぐ結論を出してしまいがちだが、実のところ論点はそこではない。

強い自由主義における真の論点は、『愚行権の是非』つまり『人間には自分の意志で不幸になる自由があるか？』ということだ。もちろん、強い自由主義は『ある』と考える。

ここが、強い自由主義と他の主義とを明確に分かつポイントであり、かつキミたちが自由主義を受け入れられるかどうかを決める重要な分岐点となる。無意味な自殺や自傷行為も含めて、ぜひこの論点を考えてみてほしい」

不幸になる自由……愚行権……。自分にはよくわからないことだが、世の中にはマゾと呼ばれる、叩かれたり痛めつけられたりするのが好きな人たちがいるらしい。僕は、それらの行為は端的に愚かだと思うし、不幸だと思うし、やるべきことではないと思っている。が、僕がそう思うことと「その行為を他人ができないように強制すること」は別問題だ。僕が気に入らないから、僕から見たら不幸だから、という理由で他人が好きでやっていることを、僕が勝手にやめさせるのはやはり善くないことのように思える。

ん？　待てよ、そうなると、無意味に死のうとしている人を僕は止めてはいけないという結論になるぞ。無意味な自殺というが、それは僕の勝手な判断であって、その人にとっては意味があるのかもしれないのだから。

「強い自由主義――いや、徹底した純粋な自由主義は、強い方だけであるため、以後、そのまま自由主義と呼称するが――自由主義の原理原則は『他人の自由を侵害しない限り好きにやれ』であるのだから、当然、誰かが部屋でどんなに自分の身体を切り刻もうと、気まぐれに高い崖から飛び降りようと、そんなものは本人の自由であるとして許容しなければならない。

それを他人がそんなことはダメだと、正しさの価値観を押しつけて、その人の自由を奪うとしたら……、それはただの拉致であり、暴力であり、独裁であり、自由主義では悪だと規定される。もちろん、こんなふうに述べると、世の中にいる自称自由主義者やその学者たちは文句を言うだろう。自由主義とはそんなに極端な思想ではありません、と。

いいや、それは違う。

それは彼らが弱い自由主義者すなわち功利主義者であり、自由よりも優先的に考慮すべきものがあるから、そういう感想を持つのであり、彼らはまったく自由主義に殉じていないと言える。本来、自由主義とは、幸福よりも何よりも、人間の自由を絶対的な権利として尊重することを正しいとする立場なのだ」

気まぐれに崖から飛び降りる人を見かけても、「個人の自由だ、それもよし！　無理に止めてはいけない！」と言い放つことができる人が真の自由主義者ということか。それはなかなか覚悟の要りそうな話だな。

「ちなみに、功利主義では、富裕層から多めに税金をとって貧困層にバラまくという、いわゆる『富の再分配』や『福祉国家』を肯定するが、自由主義ではその政策は否定される。たとえば、仮に、あるひとりの人間が世界中の富を独占しているとして、その人からたくさん税金をとり配って回れば、多くの人が救われ幸福になることがわかっていたとしても……、人の財産を強制的に奪うというのは、『人間が自分のモノを自由にできる権利』の侵害にあたる、すなわち強盗行為なのだから、自由主義ではまったく許容できない政策として反対する。それにより、どれだけ多くの人が生活に困って死のうともだ。つまり、たとえ幸福度が増大したり多くの人の命が救われるからといって、『他人の権利を侵害してよいということにはならない』というのが自由主義のスタンスであると言える」

なるほどね。こうやって話を聞くと、自由主義は、功利主義と相容れないというか、まったく真逆な主義であることがよくわかる。

功利主義と自由主義。幸福を重視する功利主義は、みんなを幸福にするためには、個人の自由を蔑ろにしてでも物事を強制することも辞さない。だから、飢えた人のために満腹の人からおにぎりを取り上げることも問題ないとする。一方、自由を重視する自由主義は、誰がどう不幸になろうと個人の自由を奪うことを許さない。だから、たとえ飢えてみんなが死のうと個人

のおにぎりを勝手に奪って配ることは泥棒行為だとして問題視する。つまり、

功利主義　↓　全体の幸せを重視　↓　個人に強制する
自由主義　↓　個人の権利を重視　↓　個人に強制しない

という構図であり、「強制するかしないか」という分岐点で、それぞれの主義がはっきりと特徴づけられているというわけか。

僕は、まあ今のところは……自由主義に1票かなあ。強制されるのは単純にイヤだし。

そんなふうに考えていると、「はい」と左隣に座っている倫理が手をあげた。

ん？　なんだろう、ただそれだけの動作なのに、重々しい、というか物々しい。そんな雰囲気がひしひしと伝わってくる。瞳には怒りの色があるのが見てとれた。どうやら、いや、間違いなく怒っているようだ。理由はまあ想像はつくが。

「目の前の人が明らかに不幸になることがわかっているのに何もしようとしないことは、私には正しいことだとは思えません。たとえば、飛び降り自殺をしようとしているクラスメイトがいたとして、死ぬ死なないも、助ける助けないも、個人の自由だからといって、どちらでもいいとしてしまう自由主義は、明らかにモラルに反していると思います」

ようは、倫理的に問題がありますってことか。

何より飛び降りの件は、うちの学校で実際にあったことでもある……。

「モラルで言えば絶対に助けるべきです！」

倫理の怒りのテンションに対して、先生はふむと一呼吸をおいた後ゆっくりと答えた。

「直観主義……宗教の正義に従えばそうかもしれないが……、自由主義においてそれはモラルに反した行為ではない。自由主義にとって、モラルに反した行為とは、『他人の自由を他人が奪うこと』、ただそれだけであり、それ以外にモラルに反した行為など存在しない。むしろ、人助けを強要することの方がモラルに反するとすら考える。そもそも、人助けであれなんであれ、上から押さえつけられて無理やりやらされることが、本当に正義の行為だと言えるだろうか？」

「でも」

倫理は引き下がらなかった。

「私は何も、首に縄をつけて助けることを強制しろと言っているのではありません。『助けるべきだ』と言うべきだと言っているのです。無理にやらせて強制することと、やるべきだと要請することとは別だと思います」

「なるほど。しかし、相手がその『助けるべき』という話を聞いてくれなかったら？」

「わかってもらえるまで説得するべきです。いかに人を助けることが正しい行為であるかを」

「それって同じじゃないの？」

ミユウさんだった。

「そうやって、べきべき言ってくるのって、結局は強制で、一種の暴力だと思うんだけど」

辛辣《しんらつ》な意見。ミユウさんは、そのまま続けた。

「倫理ちゃんってあれ？　1億円の宝くじが当たった人のところに毎日電話かけるタイプ？　ラッキーで手に入れたお金なんだからそれを放棄して、飢えて死にそうな人たちを助けるべきです。寄付するべきです。べきです、べきです、べきです、って。それ、いちいち聞かされる方は貴重な時間を奪われて、たまったものじゃないんだけど。で、断ったら断ったで、今度は悪人呼ばわりして、こうすべきですすと説教してくるわけでしょ？　ウザすぎることこの上ないわね。だいたいさー、べきべき言ったって、どうせ助ける人は助けるし、助けない人は助けないわけじゃない？　だったら、ごちゃごちゃ言わず、自由にさせるでいいんじゃない？」

「では、崖があることを知らずそっちに歩いている人がいたら、もしくは、麻薬の恐ろしさを知らず麻薬を打とうとしている人がいたら……というケースについてはどうですか？　そういう人を見かけたら、私たちは絶対に止める『べき』だと思いますし、それを止めなかった人の責任は問われてもいいように思います。もし、ミユウさんの大切な人がそういった状況で、目の前の人がそれを止められたのに止めなかったとしたら……止める止めないは個人の自由だからと納得できるのですか？　私は、個人の自由よりも尊重すべきことが世の中にはあると思います」

僕を挟んで唐突に始まった、副会長と庶務の言い合い。

いや、生徒会室なら、正直見慣れた光景ではあるのだが、今は授業中。公の場だ。でも、ここで何か口を挟もうものなら、生徒会長として、この場の調停を求められてしまう（それもまた見慣れた光景だ）。まずはそれを回避しよう。僕は息を殺して背筋を伸ばし、無言で真っ直ぐ前を見て、この件に自分は無関係であるというアピールをする。が、その結果、先生と思いきり視線がぶつかってしまった。

「正義《まさよし》くんは、どう思うかな？」

逆効果。むしろ、僕に任せてくださいい的なアピールになってしまった。

「そうですね……」

そのとき脳裏によぎったのは、「たしかに人助けを強制するってなんか違うなって思いますが、でも、助ける助けないは自由でまったく強制しないってのも問題ですよねー」といったどっちつかずの曖昧な答え。それを口に出して、なんとかこの場をしのごうかとも思ったが……、今までの記憶を思い返してみると、そう言って、しのげた試しがない。見慣れた光景だからこそわかる。お茶を濁す発言はそれこそ逆効果なのだ。ならば……。

「あの……自由主義は、子供の自由についてはどう考えているのでしょうか？」

ならば、一旦視点を変えてみる。もちろん当てずっぽうではなくて。たぶん、おそらくつながると思うんだけど。

「ほう！」

先生は、とても感心した声を出した。

「なるほど、良い視点だ。たしかに自由主義は、人間の自由を尊重する立場であるが、子供もしくは未成年の行動については、ある程度制限するべきだと考えている。ただし、ここで制限すると言っているのは、あくまでも行動であって自由ではないことに注意してほしい」

ん？　行動は制限するけど、自由は制限していない？

どういうことだろう。同じことのように思えるのだが。

「自由主義が、行動を制限すると言っておきながら、自由の制限には当たらないとする根拠は何か？　それは、子供がまだ『自由を持っていない』と考えるからである。

たとえば、ここにふたつの箱があったとしよう。そして、一方にはお菓子が入っているが、もう一方には爆弾が入っており開けたら死んでしまうとする。さて、こうした箱がふたつあって、どっちがどっちなのかわからない状態で好きな方を選んでいいよ……と言われたとき、果たしてこれは『自由な選択』だと言えるだろうか？　いいや、我々は通常こういう選択を『自由』とは呼ばない。むしろ、不自由な選択だと言えるだろう。自由主義が『子供が自由ではない』というとき、まさにこの状況と同じであると主張する」

そりゃまあ、そうか。幼児が高層マンションの手すりに乗って遊んでいるとき、僕たちは――きっと自由主義者も――絶対その行動を止めるだろうけども、それが幼児の自由を奪ったのだとは誰も考えない。だって、幼児は、その行為がどれだけ危険でどんな結果を招くのか、わかっていないからだ。幼児は、自分の意志で危険な行為を自由に選んだわけではない。だから、自由主義は、その幼児の行動を制限することを正しいと言えるわけなのか。でも、そうだとすると……。

「あの、子供が自由を持っていないということの根拠は、選択できるだけの知識や能力を持っていないからということなんですよね。その場合にのみ行動を制限することが正当化できるのだとしたら……、崖があることを知らずにそっちに向かう人や、麻薬の危険を知らずに打っちゃう人も、ある意味、子供と同じで、行動を制限してもいいということにならないでしょうか？」

図らずも倫理の発言を擁護する結論になってしまったが、一方で、自由の制限はしていないという結論でもあるのだから、ミユウさんの発言、自由主義とも整合しているとも言える。おお。なんとなくで始めた流れだけど、ちゃんと両者の間を取るようなところに落ち着いた。我ながらうまく着地できた気がする。と、自分的には満足して周囲の反応をうかがったが、残念ながらミユウさんの表情は晴れなかった。それどころか、とても不満げだ。

「子供が危険なことをしないように行動を制限する、それ自体は賛成だけど……、でも、それって何歳まで？」

「え？」

ミユウさんは、先生ではなく僕の顔を見て問いかけた。いや、そんなこと言われても……と思ったが、けどまあ、妥当なのは成人になる20歳までとか？　それとも18歳か？　いや、年齢で固定するのではなく、学業が終わって社会に出た瞬間までとかもあるかもしれない。

「まあ、何歳でもいいんだけどさ。とにかく、何かの基準で、大人と子供の境目をはっきり決めないとダメよね」

「どうしてだね？」

先生は訊いた。

「え、だって、大人と子供の境目を曖昧にしてたら、『おまえはまだ未熟だ』の決まり文句でいくらでも、他人の行動を制限できるじゃない。おまえは無知だ、無能だ、だからおまえには自由な選択はできない、だからおまえの行動を制限する……とかなんとか。それがアリになっちゃったら、どんなに大人になっても、そのひと言で自由が奪われるわけで、それって、ぜんぜん自由を保証できてないと思うのよね」

ふむ、と言って、先生は思案する素振りをした。

「たしかに、その通りだ。そして、実際、自由主義もそう考えている。大人と子供の境目がどこなのか、それ自体は自由主義者の中でも意見が分かれるところではあるが、いずれにせよ、ひとたび大人であると規定された人間については、無条件に自由を認めるべきだという点については一致している。それでたとえ本人が不幸になろうともだ。なぜなら、それを認めないとしたら――つまり、ある条件以上の人間を大人だと認定しないとしたら――いま彼女が言った通り、なんやかんやの理屈をつけて、人間の行動をいくらでも好き放題に制限できてしまうことになる」

「でも」

と倫理は口を挟んだ。

「崖や麻薬のケースについては命の危険があるのですから、それは子供と同じように止めるべきではないでしょうか？」

「いや、だから、それ言い出したら、いくらでも自由が制限できるって話でしょ。だいたい、いい大人にもなって崖がありそうな場所に近づいたり、麻薬を打ったりするような人は……よほどのバカってことじゃない。どうなろうと自業自得なんじゃないかしら」

再び言い合いになる副会長と庶務。残念ながら全然着地してなかったようだ。

「バカか……たしかにそうだな。自由主義の問題は、結局はそこに行きつくか」

先生は、ミユウさんの「バカ」という言葉に反応して感慨深そうに言った。

「乗り物を運転するときのヘルメットやシートベルト着用の問題を考えてみよう。たとえば、ヘルメットをつけずに自転車を運転しても基本的には問題はない。なぜなら、普通の人は、普通の速度で普通に運転するからだ。だから、街に買い物に行くだけで、見通しの良い平坦な道を制限速度できちんと走るつもりであれば、『私はヘルメットをつけなくても大丈夫』という判断を自己責任で行い、ヘルメットをつけずに自転車に乗る自由を人間は権利として持っているはずである。

だが……実際には、その判断ができない、判断の甘い人間も存在する。本来そういう人には、『私は安全な運転をする能力がない人間なので、ヘルメットをつけるべきである』と判断してほしいのだが、愚かであるため——つまりバカであるため——その判断ができない。そして結果として、ヘルメットをつけずに危険な運転をして事故を起こし、死亡してしまう……。

こういう人間は、社会に一定数存在する。そこで国家としては、こう宣言するわけだ。

『とにかく、全員ヘルメットをつけなさい』

もちろん、これは強制であり、自由を奪う行為なのだが……」

そして、先生は、黒板に向かって次のことを書き出した。

（1）有能・無害な人間　↓　自由にさせても誰の自由も奪わない
↓ゆえに自由を保証

（2）有害な人間　↓　自由にさせると『他人』の自由を奪う
↓ゆえに自由を制限

（3）無能な人間　↓　自由にさせると『自分』の自由を奪う
↓（自己責任として）自由を保証する？　しない？

「三番目、無能な人間、バカな人間……さあ、ここが自由主義の考えどころだ。自由主義はその名の通り、自由を第一に考える立場であり、幸福についてはさほど興味はない。ゆえに、人間の行為については、幸福になるか不幸になるかではなく、『人間が持つ絶対的な権利である自由』を『侵害するかどうか』についてだけを論点として、その是非を考える。もちろん、自由主義者の中には、こんな極端な考え方を受け入れられないという人もいるかもしれない。が、そういう人は弱い自由主義者なので放っておこう。常々思っていることだが、自由主義の原理原則に従わないくせに自由主義者、リベラルを名乗るような連中が私は嫌いだ。善悪の問題でもなく、呼称の歴史的経緯の問題でもなく、とにかく物事の分類をややこしくする連中が私は嫌いなのだ。彼らは、世界をシンプルにするために自ら率先して功利主義、幸福主義を名乗るべきだろう」

先生は吐き捨てるように言った。

どうも先生は、無駄に物事を複雑にする人々がとてもお嫌いらしい。

「話を戻そう。今ここに書いた、一番目と二番目の人間について、自由主義の結論はシンプルだ。他人の権利を侵害しない人の権利は保証するが、他人の権利を侵害する人の権利は保証しない。言い換えると、他人の自由を奪わないなら好きにしろ、奪うなら容赦しないぞ、だ。

さて、ここまでは、とても論理的に整合のとれる話であろう。

だが、問題なのは、三番目の無能な人間――自由にさせると自らの自由を阻害してしまうという自由主義にとってまるでパラドックスのような人々についてだ。もちろん、彼らが自由な意志で自分の自由を放棄しているのならいい。それは人それぞれの趣向だと、一種の縛りプレイを楽しむような個人的な好みなのだと、理解することができる。しかし、そうではなく、無自覚に自分の自由を放棄してしまう人間についてはどうすればいいだろうか？」

「支援して救済するべきだと思います」

「放っとけばいいじゃない」

倫理とミユウさんは同時に正反対の発言をした。そして、そのままにらみ合う。先に言葉をつなげたのはミユウさんだった。

「救済って具体的に何？　バカな人がバカな行動ができないよう自由を制限――つまり何らか

の法律を作るってこと？　それだとさっきのヘルメットの話と同じで、バカじゃない無関係な人たちまで芋づる式に自由が制限されてしまう。一番レベルの低い人に合わせて、人間の自由を奪う法律ができるって絶対おかしな話でしょ！　だから、そういうバカな人はどうなろうと自己責任——放っておけばいいのよ！」

「でも、それでは倫理的に問題があります」

「は？　倫理的？　自分的に、ってことでしょ！」

ミユウさんは声を荒げた。あれ、と僕は違和感を覚えた。たしかに、ミユウさんは自由が制限される話題になるとこんなふうに怒り出すことは、今までも何度となくあった。でも、そんなときでも、彼女は優美さというか、育ちの良さというか、自分のスタイルを崩すことはなく、どこか余裕のようなものを持っていた。が、今のミユウさんは明らかに違う。興奮して顔を真っ赤にしながら声を荒げるなんて、いつものミユウさんなら考えられないことだ。倫理だって気がついてないはずはないと思うのだが……。

「でも」

それでも倫理は反論する。

「人生は平坦ではありません。それまで順風満帆で普通に暮らしていた人が、何かをきっかけに能力を失ったり、気持ちを落として自暴自棄になったり、自傷的になることだってあります。あなただって、私だって、自分の大切な人だって、そうなる可能性はあるのです。不運にもそうなった人、一時的な感情でそうなった人、生まれつきのハンデでそうなった人、そういう人にみんなで手を差し伸べることを義務だと考える社会のどこがいけないのでしょうか？」

「いや、政治家もそうだけどさ、なんでみんなそうやって弱者の顔色ばかりうかがって、弱者を優遇するような社会を作ろうとするのよ。はっきり言うけど、それって本当に必要？」

「どういう意味ですか？　弱者は切り捨てろということですか？」

倫理の目が急に剣呑なものになった。マズい。ここでさらに倫理まで興奮しだしたら収拾がつかない。というか、この話はいったいいつまで続き、どこに着地するというのだろう。

「そうよ。適者生存、弱者は滅ぶ、それが自然の摂理でしょ？」

「でも、能力の問題だけではなく、病気とか不運によって弱者になった人もいますが」

「運だって実力のうちよ。餌がとれなかった動物が、サバンナの片隅で飢えて干からびて死ぬのと同様、不運にも沼に落ちて身動きが取れなくなった動物だってそのまま死ぬ。それでいいじゃない。無能も不運もバカも情弱も、環境に適応できなかったやつは滅ぶ。敗者は消える。当たり前のこと。それを変な倫理観を振りかざして止めようとするから世の中がおかしなことになるのよ。

ほら、たとえば超高齢化社会、経済活動もできない病気持ちの老人がこれからたくさん出てくるわけだけど、その医療費は誰が出すの？　高齢者は弱者で助けるのは義務だから、若い人は財産を差し出して当然ってこと？　そんな、モラルを盾にした若者を強制労働させる社会、健全と言えるかしら。むしろ、老後の蓄えができなかったのは自己責任なんだから、負け組の老人は、まともな医療が受けられなくてそのまま死んで当然、と切り捨てればいいのよ。そうすれば、ほら、老人と若者の割合も適切なものになるわけじゃない」

「それは暴言です！」

「でも、本音ではそうでしょ。弱者や無能やバカなんて、本当はみんな社会から消えてほしいと思ってる。倫理ちゃんだって、無能で何の取り柄もない異性なんて交際相手に選ばないじゃない。それって、敗者の切り捨てと何が違うの？　敗者は選ばれない。頭禿げてる無能な安月給の教師がずっと独身で、遺伝子が残らないのと同じ」

ミユウさん、それもかなりの暴言です！

先生の反応が気になったが、ここであからさまに見るのはヤバい。僕はノートを見るふりをして視線を落とした。教室の後ろからは、ミユウさんの異様さを訝《いぶか》しむようなざわめきが聞こえたが、当のミユウさんはそれにも気づかず、さらに調子良く演説を続けた。

「みんな自由にやりたいことをやって、勝った者は生き残り、負けた者は消えていく。そういう格差社会でいいのよ。なのに格差を問題視して格差を埋めよう、敗者を救おうと、声高に叫ぶ偽善者がいるから、世の中が不自由になって停滞していくの。

だから、結局のところ——

運が悪いやつ、無能なやつ、バカなやつ、そういう人間なんてみんな——」

そして、ミユウさんはついに決定的なことを言った。

「死ねばいいと思うのよ！」

……………。

ミユウさんの喚くような口調、そして言った内容の過激さに教室中が静まり返った。

バカな人間を自由主義はどうするべきかで始まった議論。

その議論の着地点。

自由主義が行き着く先。

『バカな人間は死ねばいい』

たしかにそうかもしれない。人間には、賢い者もいれば、愚かな者もいる。そして、愚かな者はその愚かさゆえに、損をし、傷つき、底辺へと落ちていく。でも、本来それは自己責任であって、その格差を無理に埋めようとすれば自由主義としてもっとも忌むべき行為——「富の再分配など、人に救済を強制すること」へとつながる。

だから……、愚かな者は放置するしかない。たとえ死ぬような状況だったとしても。それが自由主義の原理原則に従った場合の論理的な帰結……。

でも……果たしてそれが正しいと、正義だと言えるのだろうか。

「くっくっくっ」

と、そのとき場にそぐわない笑い声が聞こえた。場違いすぎて、最初、笑い声だとわからなかったほどだ。声の主は、風祭先生だった。

「なるほど……バカは死ねばいいか」

それまで黙って話を聞いていた先生は、まるで嘲笑うかのような表情で、笑いをこらえて肩を震わせていた。そして、ミユウさんの方に顔を向け、前列の僕たちにだけ聞こえるほどの大きさで、続けてこう言った。

「それはキミの父親のようにかね」

ミユウさんは、反射的に机の上のノートを取り上げ、先生に向かって投げつけた。ミユウさんはノートはおろか筆記用具も机に出してなかったので、それは僕のノートだった。あまりのことに呆然とする僕。そして騒然となる教室。

ミユウさんは立ち上がり、そのまま教室の出入り口へと歩き出した。何か声をかけようと思い、僕は口を開けるが言葉が出てこない。そうこうしているうちに——ミユウさんは教室から出て行ってしまった。

第6章

格差を広げ、弱者を排除してもいいのか?
——自由主義の問題点

倫理の授業の翌日。

生徒会室に入ると、倫理が黒板の前に立っていた。黒板には大きな文字——自由主義の問題点が箇条書きにされていた。これは……功利主義のときと同じ。またみんなで議論しましょうということなのだろうか。いや、正直、いい思い出はないのだが……。

その議論の最初の犠牲者である千幸は、僕よりも先に来ていた。これから起こるであろうことを憂慮しているのだろう、不安げな顔で席についていた。

その千幸と目が合う。例の一件——どどいうこともない廊下での出来事——以来、なんとなくお互いに気まずくなって、ほとんど会話をしていないのであるが、いつまでもこのままでいいはずはない。

僕は思いきって、千幸の左隣に座ることにした。僕から見ると右隣の千幸は、びっくりした顔をしたが、とても嬉しそうにしてこっちに微笑みかけてきた。

う……。ちょっと可愛いじゃないか。あと、やっぱり落ち着くわ。そう思って微笑み返すと、千幸は真っ赤になって慌てて黒板の方を向いた。

と、そこへミユウさんがやってきた。昨日の授業でのことなんか気にしてないかのように、鼻歌交じりで入ってきたミユウさんだったが、黒板の文字に気づき、まるで一時停止ボタンを押された動画のようにその動きを止めた。そして、しばらくした後、小さくため息をつき、「いいわ、話し合いましょう」と言って席につく。この余裕の振る舞いに、いつものミユウさんだと僕は少しホッとする。

が、そんな僕の安堵を吹き飛ばすかのように倫理は大きく咳払いをし、「それでは」と定例会議の開始を重々しく宣言――しようとしたところで、ミユウさんは手をあげて止めた。

「その前に――」

そう言って、ミユウさんは身の上話を始めた。

◆◆◆

ミユウさん。3年生。生徒会の庶務で、前生徒会の副会長。

とある財閥のお嬢様で、帰国子女で、そして――美人。

そんな高スペック女子のミユウさんの昔話は……思ったよりも地味なものであった。良家の娘らしく、幼い頃から当然の嗜《たしな》みとして習い事三昧。同世代と遊ぶことも許されず、作法やら何やらの稽古事で時間が埋め尽くされる日々であったそうだ。その日常を作り出していたのは、ミユウさんのお父さん。どうやら家では、教育ママならぬ教育パパとして幅をきかせていたそうで、特に勉学については半ばつきっきりで教え込んでいたらしい。それはもしかしたら教育熱心だと評価されることなのかもしれないが、ミユウさんにとっては息の詰まる毎日だったようだ。

ちなみに、初心を忘れないため、いつも持ち歩いているという子供の頃の写真を見せてもらったが、そこに写っているミユウさんは、まるで倫理を小さくしたような、長い黒髪で前髪を真っ直ぐに切り揃えた日本人形みたいな純和風の女の子だった。

それがどうして今はこんな――だらんとした姿勢、胸元の開いた制服、校則違反ギリギリの色素の薄いウェーブのかかった髪型。千幸もそうだが、子供時代とのギャップが激しすぎる。

いや……、それを言ったら僕も人のことは言えないのだけども。

「パパとね、ケンカしたの」

ミユウさんは、自分が変わるきっかけとなる事件について、そう語った。

14歳、中学生のとき、物事の考え方や立ち居振る舞いを押しつけてくる教育パパに彼女は初めて逆らった。理由は単純、自由が欲しかったから。そして、思いのほか協力的で、海外で別居中だった母親の支援を得て、そのまま留学。彼女は望みのものを、自由を勝ち取ることに成功する。なるほど、彼女が自由というものを尊重し、物事を押しつけてくる者たちを拒絶する気持ちの源泉は――父親からの抑圧にあったのか。

しかし、ミユウさんの話はここから一変する。

彼女のお父さんが、麻薬に手を出したのだ。

「娘に嫌われたのがショックだったんでしょうね。まさに手塩にかけた大事なひとり娘で、それが自分の意志で去っていったわけだから。あと、パートナーとうまくいってなかったのも大きかったかな。だからまあ、そういうわけで自暴自棄になったわけ。だとしても、バカよね、麻薬に手を出すなんて」

ミユウさんは、麻薬に溺れた父親がその後どのように転落していったか、その顛末《てんまつ》をこと細かに語ってくれた。それはまるで他人事《ひとごと》のように、いつものような軽い口調で。

でも。それでも……。

父親が最終的にどうなったか。そこについて、ミユウさんは最後まで触れなかった。

今、ミユウさんの父親はどうしているのか……。入院して療養中なのか、それともすでに回復して元気でやっているのか……。それとも……。

僕は、昨日の授業のくだりを思い出す。

バカは死ねばいい……。それはキミの父親のようにかね……。

このミユウさんと風祭先生のやり取りから、ミユウさんの父親はすでに亡くなっていると考えるのが妥当だろう。

………………。

たしかに昨日、僕たちは倫理の授業で、麻薬に手を出すようなバカをどうすればいいか、といったことを議論した。たぶん、その続きを今日ここでやるのだと思うが……そしておそらく倫理は自由主義がいかにモラルに反した思想であるかを徹底的に論証しようとするのだろうが……、いや、ミユウさんの身の上話を聞いた今となっては、さすがに重たくないか?

弱者切り捨て、バカは死ね発言のせいか、倫理は昨日と変わらず剣呑な目つきをしている。どうあっても、昨日のミユウさんの発言を撤回させようとしている感じだ。

でも……。それにはミユウさんの心の傷、いや、そんな軽々しい紋切り型の表現をすることすら、はばかられるような、ミユウさんのツライ記憶をほじくり返さないといけないわけで、僕としてはそれは賛成できない。

「あの……」

僕は言った。みんながこちらを向く。倫理が今にもミユウさんと論争を始めそうだったので、とりあえず話題を変えるようなことを僕は口走った。

「風祭先生とはどういったご関係で?」

我ながらバカみたいな質問だった。でも、バカでもなんでもいい。話題さえ変わるのなら。

僕の唐突な質問にミユウさんはキョトンとした顔になったが、しばらくして、

「ああ、先生とは恋人同士だったのよ」

と衝撃の発言をした。

「え!　恋人って……あの風祭先生と!?」

驚く千幸。いや、千幸、「あの」ってつけたら失礼だぞ。

「実はそうなのよ。まあ、周囲に反対されて結局別れちゃったんだけどね」

うわっ、そうなんだ。へー。人は見かけによらず、いや見かけ通りか?　でも、なるほど、大人の色気があるとは前から思っていたが、そうか、大人とつき合っていたからか。ふーん、なるほどねえ。と、ミユウさんを改めてマジマジと見ていると——

ドガッ!!

右隣から肘鉄が飛んできた。ぐっ……。懐かしい痛み。

千幸……元気になって何よりだ……そして、いいぞ、この流れはいい。

「倫理的に問題があります!」

倫理が叫んだ。が、いつもの迫力はなく、ちょっと素っ頓狂な間抜けな感じで、声の調子が外れていた。もしかしたら、お堅い倫理のこと、恋愛関係の話題は苦手なのかもしれない。

「あら? 倫理的にどこか問題があるの?」

「むぐっ」

と倫理らしからぬ声を出して言葉を詰まらせ、今まで見たこともないほどの脂汗を額にダラダラと流し始めた。どうやら彼女の中で葛藤があるようだ。

まあ、想像はつく。恋人同士とはいっても、あくまでもプラトニックな関係なのかもしれない。どういう関係であったかも明らかにされていないのに、倫理に反してると判断するのは早計だ。もちろん、先生と生徒が恋人同士であること自体が倫理に反するという見方もあるが、いや、それもプラトニックな関係ならギリギリセーフ。人が人を愛することは、肩書きや職業では止められないし、それでこそ愛だとも言える。そこを頭ごなしに否定するのはいかがなものだろう。

と、そんなことを考え込んでいるのではないだろうか。

「失礼しました……偏見でした。倫理的に問題ありません」

しばらくして倫理はそう答えた。倫理にしては珍しい態度だった。やはり恋愛関係の話題については、いつもの切れ味はないらしい。

さてさて、いい流れだ。しかし——

「では、自由主義の問題点について話し合いたいと思います」

次の瞬間には、もう平静を取り戻した倫理の姿があった。

甘かった……。せっかく、この流れでもっとミユウさんに色々きいて、恋愛トークというか、ガールズトークというか、そういう話題で盛り上がって今日のところは解散という運びになってほしかったのだが。

「あ、もっと、風祭先生とのこと聞きたいなあ！」

千幸がちらりと僕の顔をみた後、少し大きめの声でそう言った。千幸は察してくれてるようだ。さすが幼なじみ。風祭先生のことは嫌いだろうに、本当におまえはいいやつだな。うわ、なんか今日、千幸の好感度がめっちゃ上がってる。

しかし、バンッと倫理は机を叩いた。

「恋愛トークやガールズトークは会議の後でお願いします」

すでに会議モードに入っている倫理は、冷たい表情でそう言った。

（問題1）富の再分配の停止による格差の拡大、弱者の排除

「まず、おさらいしますが、自由主義の主張は明確です。他者に危害をくわえないかぎり好きにやれ、というもの。ちなみに、ベンサムの弟子のミルは『自由論』という本の中で同じことを言っていて、これは『危害原理』と名づけられています」

「え、ミルちゃんがどうして？　ミルちゃんって功利主義者じゃなかった？　まさかの裏切り？」

相変わらず歴史に名を残す偉大な哲学者を弟子扱いする千幸だった。

「まあ微妙なところですね。独自路線、あるいは裏切りと言ってもいいかもしれません。ミルはベンサムの弟子筋でしたが、師匠の論にすべて賛成というわけではありませんでしたので」

たしかに、幸福を快楽の量で測るというベンサムの論にも真っ向から反対してたもんな。

「あ、でも、自由主義といっても、ミルちゃんは弱い自由主義者だったとか？　それなら功利主義の仲間みたいなものだし……」

ミルが功利主義の陣営であることにこだわる千幸。うーん、と倫理は考え込む。

「ミルは、人間が幸福になる条件を『自由であること』だと考えていたので、その意味では弱い自由主義者と言えるかもしれませんが、でも、さっきの『危害原理（危害をくわえなければ好きにしろ原理）』みたいな、強い自由主義っぽい主張がけっこう混ざっていたりします。

たとえば、ミルが『危害原理』を導き出した論理はこうです。

（1）民主主義は、多数派の好みで法律が決まるため、少数派の好みが制限されがちである。
　これを『多数派の暴虐』と呼ぶ。

（2）『多数派の暴虐』が行われると、個人が自由に自分の好み（幸福）を追求できない社会になってしまう。そこで、『危害原理』を提唱する。

（3）『危害原理』とは、『他人に危害をくわえないかぎり、好きにせよ』または『他人に危害をくわえていないのに、人の自由を制限するような法律を作るのは不当だ』という国家運営の原理原則のことである」

なるほどね。たしかに、強い自由主義っぽい。功利主義的に言えば、多数派が不愉快に思うものは排除した方が全体の幸福度が高まりそうなものだが、そこをミルはあえて、自由の方を優先したわけか。

「へえ、そうなのね。じゃあ、そのミルは、バカの自由についてはどう考えていたのかしら？」

ミユウさんから、いきなり核心をつく質問があがった。

「ミルは、無教養な人間、未開の人間には自由の権利はないと言っています。他には、経済力のない人間には結婚を禁止するのが当然だと言ったり、子供の教育を怠った親には罰金を取れ、とも言っています」

「ふっ、さすがミルね。上から目線のエリート意識。わたしも見習わなくちゃ。まあ、それはともかく、ということは、ミルは強い自由主義ではなさそうね」

「そうですか？」

「そうよ。バカだろうと、貧乏人だろうと、無教養だろうと、未開の人間だろうと、人間として生まれたからには無条件に自由を保証する。それが強い自由主義でしょ」

「たしかに……言われてみればそうですね」

「よかった！　じゃあミルちゃんは弱い自由主義、功利主義側ね！」

倫理とミユウさんが前哨戦として軽く鍔迫《つばぜ》り合いをする中、千幸はズレたところでホッとする。あー、なごむわ。こんなところで、話が終わればいいのだが。

「で、強い自由主義の何がそんなに気に入らないわけ？」

話はズレることなく核心へと向かった。

「端的に言うと、自由主義だけで社会が形成されると格差が広がり、最終的に弱者が死にます」

「それで？　別に死ぬでいいじゃない。それがわたしの回答だけど？」

「死ぬより死なない社会の方が善いことなのは間違いありません」

「そうね。でも、死なないようにするために、他の人の持ち物を勝手に奪って再分配する社会の方が善くないとわたしは思うけど。だって、それって、弱者という特定のマイノリティを優遇するために、人間の権利――財産所有権を踏みにじる、いわば泥棒を肯定する社会ってわけでしょ」

「でも、そうやって弱者なんか死んでもいいと追い詰めたら、その弱者が社会に復讐するかもしれません。無差別殺人や通り魔とか」

「え、何？　暴れるのが怖いから、弱者にお金をあげましょうってこと？　それってテロに屈しろってことじゃない。無差別に人を殺されたくないから、相手の要求をのんで財産を渡す。どう考えても正義の行為ではないと思うわ」

「………」

すごい、倫理が黙ってしまった。功利主義のときは、幸福の定義やその計算式について曖昧なところがあったから、ツッコミし放題だったけど、自由主義は違う。他人に危害をくわえてないのであれば、何があろうとその人の自由を奪うな、というシンプルなロジック。シンプルは、シンプルゆえに強い。特に「弱者は死んでもいい、誰が不幸になってもかまわない、それより個人の権利を守れ」とまで言い切られると、こちらとしては何も言えなくなる。だって、どんな批判や問題を提示しようと、「いや、そんなことはいい、それより個人の権利を守れ」とつき返されるだけだからだ。

「わかりました。では、次の問題点に移ります」

倫理も、そこはわかってるらしく、早々に議論を打ち切った。

（問題2）自己責任、個人主義の横行によるモラルの低下

「極端な自由主義が台頭して弱者切り捨てが実際に行われた場合、自分さえよければ他人はどうでもいい、といった行き過ぎた個人主義が蔓延してしまい、その結果、思いやりのない殺伐とした社会になってしまうのではないでしょうか？」

「どういうこと？　因果関係がよくわからないんだけど。富の再分配をちゃんとやって弱者の生活を保証してる先進国、それこそ日本だって、普通に個人主義が蔓延してるし、思いやりの

ある人たちばかりってわけでもないでしょ。それは自由主義かどうかに関係なく、人それぞれが持って生まれた性格の問題なんじゃないかしら？」

「でも、困っている人がいても助ける義務はないわけですから、自由主義が極端に進めば、今よりもっと、他人に冷たくして当たり前のドライな社会になると思いますが」

「そう？　自由主義を徹底した場合、国が『お金持ちから奪ったお金』で助けてくれなくなるわけだから、病気になったり動けなくなったときのために、むしろ積極的に家族や友達を作ったり、ご近所づき合いとか大事にするかもよ。だって、人との関わり合いを最低限持っとかないと、何かあったとき本当に詰むから。そう考えると、逆に人づき合いを大切にする良い社会になったりしてね。でも今だと、ほら、結婚もしないで友達も作らず、面倒くさいからって親戚と縁切ってご近所さんともトラブル起こしまくってそのまま年寄りになったって、最悪、国が何とかしてくれて、死なずに生きていけるようになってるわけで——そっちの方がどうかと思うし、むしろ他人との関わりを必要としない行き過ぎた個人主義を助長させてるように思うんだけど」

「…………」

「あと、もうひとつ勘違いしてるのは、自由主義は助ける助けないも自由だと言ってるだけで、助けないことを推奨してるわけじゃないからね。だから、余裕がある人で助けたいと思う人は、好きに助ければいいのよ。たぶんだけど、むしろ自由主義を促進した方が、寄付したり自発的に弱者を助けたりする人が増えると思う。今は、強制的に税金で取られてるから人を助けてる実感もなく弱者を助けてるけど、これが国も誰も弱者を助けないとなったら、『じゃあ自分が助けなきゃ』という意識が働くと思うのよね。仮に弱者を助けるにしても、そっちの方が健全で、自然で、正義っぽいと思うんだけど」

「わかりました。では、次の問題点に移りましょう」

はやっ！

（問題3）当人同士の合意による非道徳行為の増加

「臓器売買……人身売買……売春……人肉食。これらについてはどうですか？　一般的に言って絶対に認められない非道徳的でおぞましい行為ですが……、自由主義では、当人同士の合意があれば問題ないことになってしまいます」

「うん。別にいいんじゃない？　お互いに合意してるんでしょ。何も問題ないと思うけど」

「なるほど、そうですか……」

「ちょっと待った！」

僕はたまらず叫んだ。さすがにこれについては結論出すの早すぎだろ。

「ふふ、正義《まさよし》くんには過激な発言に聞こえたようね」

まるで風祭先生のような口調でミユウさんが言った。

「でも、考えてみて。当事者同士が合意しているのよ、何も問題ないじゃない？」

「いや、でも、だって……」

ミユウさんの言ってることはわかるけど、それでも感情的にはどうしても認められない。僕は否定するために頭を働かす。

「たとえば、お金持ちの人がいて、生活に困っている人にこう言ったとします。『ほらほら、子供の面倒はみてやるからさ、おまえの身体を解剖させてくれよ。わたしは人の苦しむ顔や血や内臓を見るのが大好きなんだ。お金がほしいだろう？　さあ合意してくれるよねえ？』と」

一応、話に説得力を持たせるため、できるかぎり、おどろおどろしく言ってみたが……所詮は素人演技……むしろ安っぽい口調になってしまった。それはともかく、続ける。

「このとき、生活に困っている人は、子供を助けるためにお金持ちの言うことに同意するしかなくて、このおぞましい要求を受け入れるしかありません。これは果たして善いことかと言えば」

「善いことでしょ？」

「え!?」

おかしい。予想ではここでミユウさんが自らの主張の誤りを認め、床に膝をつく展開だったのだが。

「ぜんぜん善いことじゃないですよ！　だって、困ってる人は好きでそう選択したわけじゃなくて経済的に追い詰められて仕方なく」

「いや、彼は自分の望み通りの選択をしただけでしょ。もし、本当に嫌なら断ればよかったじゃない」

「だから、彼にはそれしか選択肢がなかったんですよ」

「そんなことないでしょ。選択肢なんかいくらでもあるわよ。たとえば、その子供を連れて遠くに行って、大きな声で『生活に困ってます助けてください』とか叫べばワンチャン、誰かお人よしが助けてくれたかもしれないじゃない」

「そんな都合の良いことが」

「絶対ないとは言い切れないでしょ？」

「それはまあ……」

絶対とまでは言い切れない。

「ね、そういった選択肢が無限にあったはずなのに、わざわざ自分の身体を手放したんだから……それはやっぱり彼が自分の好きで自由に決めたことなのよ。だったら彼の選択を尊重すべきだと思うわ。それに……もしかしたら『解剖されるのが子供の頃からの夢でした』……という変わり者だったのかもしれない。それを正義《まさよし》くんが自分の価値観で否定して、おぞましいと決めつけること自体が抑圧で、暴力なんじゃないの？」

「う……」

「ほら、ちょっと前までは、同性愛がおぞましい行為だという風潮が、特にキリスト教圏ではあったけど、今どきはもはや同性愛を批判するのって、狭量であり、差別であり、人権侵害だってなってるわけじゃない。つまり、価値観なんて時代によって変化するものだということ。

それなのに、たかが正義《まさよし》くんがさ、自分の価値観を絶対的なものだとして他人に押しつけるのって——絶対的に間違ってると思うんだけど」

「うう…………」

「さて、正義《まさよし》くん……その前提で訊くけど。臓器売買……人身売買……売春……人肉食。そして同性愛。大人同士の合意に基づくこれらの行為に、どこか問題がありますか？」

「ううううっ」

認めたくはないが……論破された気分である。強い……強すぎる。強い自由主義がここまで強いとは……。

「いやいや、黙り込まないでよ、正義《まさよし》くん。わたしは質問の回答が欲しいんだけど。はい、なの？　いいえ、なの？　正義《まさよし》くんとしても、生徒会長としても、はっきり言明してくれないかしら。できれば、その回答はＳＮＳにも投稿してほしいなあ」

しかも、強い上にサディストときた。つまり、それって、「はい、問題があります、合意があろうが同性愛は間違ってます」と回答するか、「いいえ、問題ありません、合意があれば売春は正しいです」と回答するか——の二択で、どちらかをＳＮＳに投稿しろってことだよな。そんなの終わるだろ……僕の生徒会長としてのキャリアが、いや、学校生活が終わってしまう。

（困ってます助けてください！）

ワンチャンの救いを求めて、そんな視線を周囲に送ってみたが、千幸は生徒会専用のタブレットを机の上に広げ、一生懸命、何かをネットで調べていた。……いや、違う！　まったく何も調べてないのは、不自然なまでに速いスクロールと、機械的に上下させてるだけの指の動きでバレバレだ。くそう、自分は今忙しくてこの件に関われませんアピールか！

ならばと、僕はもうひとり、倫理の方を見る。僕の視線に気づき、彼女は真剣な顔でこくんと頷いた。おお。敵にすると厄介だが、味方になるとなんとも頼もしい。

「ミユウさん」

倫理は言った。

「何？」

「ミユウさんは、臓器売買など、一般的には非道徳とされている行為でも、自由な意志で個人が合意して選択したことであれば問題ないと主張していますが」

「そうだけど、何？」

「それが身内……大切な家族……たとえば、お父さんの身に起きたとしても同じことが言えるのですか？」

ミユウさんは動きをピタリと止め、顔から表情を消した。

え……いや、ちょっと待て倫理。それはダメだろ。というか、僕はもともとこうならないよう話題を逸らしてきたんじゃないか。

ミユウさんは、ふーっと息を大きく吐き出す。そして、ゆっくりとした口調で、

「別に、それが父親の身に起きてようが、関係ない、何をしようと個人の自由だって、思うけど？」

と答えた。

「本当ですか?」

しかし、倫理は諦めない。

「お父さんが麻薬にのめり込んで身体や精神を病んだとしても、そうなることがわかりきっていたとしても、それも個人の自由だと……麻薬を止めることを強制するべきじゃないと、本当に思うのですか?」

「………」

「本当は止めたかった……。でも、止められなくてお父さんが死んでしまったから、それはお父さんが自由に決めたことで、仕方がなかったのだと自分を納得させようとしているだけではないのですか?」

「倫理!」

それは言いすぎだ。僕は思わず倫理の名を叫ぶ。

「ずいぶんと踏み込んでくれるわね」

ミユウさんは深く息を吸い込み、それから長く息を吐きだした。落ち着こうとしているのだろう。本当なら、授業のときのように怒ってこの場から立ち去ってもまったくおかしくない。それくらい、倫理の物言いは無神経だった。でも、ありがたいことにミユウさんは、上級生として、年上として、落ち着こうとしてくれている。

僕たちは黙ったまま、ミユウさんの反応を待った。そして、しばらくして、いつもの表情を取り戻したミユウさんは、「あのね、倫理ちゃん」と続けた。

「原理的に考えてほしいんだけど、自分の身体の所有者ってもちろん自分よね。だから、その身体を自由にしてよい権利は当然、自分にあるし自分にしかない。それを、いやいや、おまえの身体はおまえのものじゃない、一緒に暮らす家族のものだ、育ててくれた国家のものだなんて言い出したら、明らかに人権侵害だし、おかしな話になる。だから、自分の身体や人生のことは、自分で自由に決めることができるし、できなければならない。これは、人間として絶対的な権利だと思うの」

まさに基本的人権というやつだな。それについては、異論の挟みようもない。

そして、ミユウさんは「だからこそ」と言う。

「たとえ親子であろうと、本人が自分で決めたことについては互いに尊重しなくてはならない。倫理ちゃんだって、嫌でしょ。自分の親から頭ごなしに、自分が決めたことを制限されるのは。

少なくともわたしは嫌だわ」

「それはミユウさんが麻薬を吸うと決めたことであったとしてもですか？　親にも私たちにも止める権利はない、と？」

倫理はどこまでも直接的だった。ミユウさんは少し考えたあと――まあ、わたしが自由に判断できる能力を持った大人かどうかは置いといて、もし大人だったらと仮定しての話だけど――と前置きをして答えた。

「今、わたしが麻薬を吸おうと思ったのだとしたら、きっとそれには、それ相応の理由があると思うの。わたしなりの理由がね。もちろん、やめなさいと他人や親が意見するのは自由だけど、その意見を聞いても、わたしがやっぱり吸うと判断したのなら……もう放っておいてほしいし、放っておくべきだと思うわ」

人には自分で決めた人生を生きる権利がある。その生き方によって本人がどれだけ不幸になろうと、他人から見てどれだけ馬鹿げた行為であろうと。

たしかにそれは正論だし、その選択による弊害を、本人がすべて背負うのだと覚悟して決めたのだとしたら、他人は、僕たちは、もう何も言うことはできない。だって、もし、そうでないとするなら……、前提となっている基本的人権のところからひっくり返さないとならないからだ。

が、しかし。

「本当にそうでしょうか？　まず、最初の原理的な部分について疑義があります」

と倫理はあっさり否定した。

「え？　まさか、自分の身体は自分の所有物で、自由にしてよい権利があるっていう人権のところから否定するの？」

「いえ、そこは否定しません。たしかに、自分の身体は自分の所有物で、自由にしてよい権利があると私も思います。でも、10年後の自分についてはどうでしょうか？」

「10年後？」

「たとえば、正義《まさよし》くんが、一生、私に隷属《れいぞく》を誓ったとしましょう。これは正義《まさよし》くんが自由な意志で選択したことです。そして、そう決めて、私と奴隷契約を結んだ以上、ちゃんと私に従うべきだと思います。しかし、それが『10年後の正義《まさよし》くん』にとっては不本意なことかもしれません。つまり『なぜそんな契約をしてしまったのか』と10年後に後悔するわけです。こういったケースのように、はるか昔の自分の判断によって、今の自分の人生が拘束されるのはおかしなことではありませんか？」

「まあ、そうね……10年後と言わず、3年後、いや、1年後でもそうね。今とそのときの私じゃあ、ぜんぜん考え方や価値観が変わっているかもしれないわよね。いわば『他人』みたいなもの。それなのに、今ここで遠い未来の私について行動を制限するような契約を結ぶのは、未来の自分、つまり『他人』の自由を奪うのと同等のことになる……」

論理をひとつひとつ確かめるように、ミユウさんはそう呟いたあと、

「ええ、いいわ、認めるわ」

と言った。そして続ける。

「でも、それってもともと当たり前の話よね。ビジネスの契約書だって『永遠にこの契約を結ぶ』なんて形式はありえなくて、たいていは、『1年ごとに、互いの意志を確認し、疑義がなければ契約を継続する』みたいな書き方をしてるものね」

「ええ、そうです。遠い未来の自分は、今の自分にとって他人のような扱いになるため、その自由を制限する選択行為は、自由主義においても問題になると思うのです」

「そうね。正義《まさよし》くんが倫理ちゃんに永遠の奴隷契約を誓うのは、個人的には見たいけど、自由

主義的には善くないことだと認めてもいいわね」

「え！　じゃあ、1年ごとの更新とかなら、正義《まさよし》を奴隷にしてもいいってこと？」

千幸が言った。なんでおまえが乗り気なんだよ。

「それならオッケー」

千幸の質問に、ミユウさんは親指を立てて答えた。いや、僕の自由意志と人権はどこにある。

「であるならば」

やっと戻ってきた、くだけた雰囲気に倫理は割り込むように言った。

「麻薬を吸うといった、その後の人生、つまり未来を台無しにするような行為は、自由主義にとって否定されるべきものになるのではないでしょうか？」

「あ……」

ミユウさんは口をつぐんだ。たしかに論理的にはそうなる。遠い未来の自分を「他人」と見なすならば……その他人の自由を奪う行為……たとえば、10年後の自分が重い障害を患ったり、死んだりするような行為は、その10年後の自分という『他人』の人権を奪うことと同じとなり、自由主義的には否定されなければならない。

「私たちには、たしかに自由に生きる権利があります。でも、それでもなお『やってはいけない愚行』というものがあるのではないでしょうか？」

なるほど。それはたとえば、その愚行が瞬間的なものではなく、長い未来にわたって本人の自由を阻害するようなケース。

「………」

ミユウさんは黙り込んだ。

おそらくミユウさんにとって、今の結論は受け入れられないだろう。だって、その論理で言うならば、未来の危機回避という名目でヘルメットやシートベルトの着用の義務――自由主義的にもっとも忌むべき、おせっかいな押しつけの法律――すらもＯＫということになってしまうからだ。

ミユウさんは、下を向き、一点をじっと見つめている。きっと反論を考えているのだろう。しかし、ミユウさんの思索は倫理の呼びかけによって止められることになる。

「ミユウさん、この件に関する反論は不要です。私は論理的に考えうる反対意見を、一応念のため提示してみただけで、もともとこのロジックに頼って反対したいとは考えていません。それに……、ミユウさんなら、このロジックについていくらでも反論が思いつきますよね？」

「そうね、どこから突っ込もうか迷ってたぐらいよ。じゃあ、無駄な時間は短縮して、さっさと決着をつけましょう。で、倫理ちゃんは、何をどう反対したいわけ？」

「決まっています。私が言いたいことは、最初から『非道徳的な行為は倫理的に問題があるからダメ』だということだけです」

倫理は、あくまでも倫理的だった。

「倫理ちゃん……、前から思っていたんだけどさ。倫理的に問題あるってどういう意味？　というか、倫理ちゃんの言う倫理って何？」

「それは言葉にはできません。でも、人間なら誰の心にもあるはずのもの……良識……良心……。倫理とは、その良心によって観てとることができる『普遍的な善』『絶対的な正義』のことだと私は思っています」

宗教の正義。

この用語を初めて聞いたとき、あまりピンと来なかったけど、今の倫理の言葉ではっきりとわかった気がする。まさに倫理が言ったような正義の考え方がそれ。つまりは、人智を超えたところで物事の善悪はすでに決まっており、しかもその善悪は、良心というよくわからないものでしか感じとることができないのだという――いわば説明不可能な考え方。それはもはやロジックというよりは、信仰を伴う「宗教」。そしてだからこそ――

「普遍的な善ねえ。そんなものが本当にあると思ってるの?」

とその宗教に属さない人にはまったく話が通じない。

そしてだからこそ、その宗教に属する人は――

「あると信じていますし、ミユウさんにも信じてほしいと思っています」

と説明不可能なものへの勧誘をただただ根気強く続けるしかない。

ミユウさんはやれやれと首を振り、ため息をついた。

「信じられるわけないでしょ。それに、私には良心なんかないと思うけど」

「いいえ、あります。私は、人それぞれによらない『普遍的な善』がこの世にあると信じていますが、同時に、それらを見分ける良心が誰の中にも、あると信じています」

倫理は、真っ直ぐな視線をミユウさんにぶつける。それに対して、ミユウさんは、

「信じる、信じるってまるで宗教ね」

と呆れた表情を浮かべた。やはりミユウさんも同じ感想を持ったようだ。

パチン。ミユウさんはこれ以上話についていけない、もうこの話は終わりと言わんばかりに大げさに両手を叩いて言った。

「いや、信じるも信じないも倫理ちゃんの自由だけどさ、でも、まあ、どっちにしろ時間の無駄よね。だって、そのこと――この世に普遍的な善があって、わたしにそれを知る良心があるか――なんて確認する方法がないんだから。というわけで、この話はもう……」

しかし。

「いいえ、あります」

倫理は断言した。そして、ごそごそと鞄をあさり、僕たちに「布袋」を手渡す。

それは真っ黒い布袋だった。なんだこれ？　あ、いや、なんか見覚えがあるぞ。

「…………」

ああ、そうか、あれだ。洋画とかでたまに見かける……死刑執行のとき囚人の頭にかぶせる黒い布――死刑囚用の「黒い頭巾」だ。

……………………。

何も見えない、真っ暗な闇の中に僕はいた。

まあ、頭からすっぽり黒い頭巾をかぶってるのだから当然か。

「どうですか？　何も見えませんか？」

暗闇の風景に倫理の声が響く。

「ええ、見えないわ。で、何が始まるわけ？」

これはミユウさんの声。

「あれ？　正義《まさよし》？」

そして、これは千幸の声だが、同時に空振りしたのか手を机にぶつけるような音もしたので、予想通り、僕にちょっかいを出そうとしたのだろう。暗闇であることをいいことに、人を小突いておいて「え？　どうしたの？　あたし知らないわよ」とかとぼける、小学生レベルのベタなちょっかい。そんなことするやつ、このメンバーの中でひとりしかいないのだから、はっきり言ってバレバレなのだが、ともかくそれを見越してこっそり座る位置をずらして正解だったようだ。

ふっ、と僕は鼻で笑う。

「ちっ！」

そんな大きな舌打ちのあと、再び、何かが空を切る音が聞こえた。きっと鼻で笑った方向にパンチでも打ったのだろう……が、それも見越して、すでに移動済みである。

「くっ……」

悔しがる千幸の声。僕は笑いを堪えるのに必死だった。自分より程度の低い者を手玉に取るのはなんと愉快なのだろう。なるほど、これがエリートたちがいつも味わっている気分なのか。

「きゃっ……、正義《まさよし》！　どこ触ってるの！」

「え!?」

千幸の悲鳴に思わず声をあげる。

しまったと後悔する前に、僕の顔には千幸の拳がめり込んでいた。

ぐっ……。くそう、その手できたか……。これまたベタな手だが、油断した。

「2人とも、いちゃいちゃするのは、もうそのへんにしてください！」

むっとする倫理の声が聞こえた。いやいや、今のやりとりのどこがいちゃいちゃしているのか。やはり倫理は、恋愛には疎いというかズレているようである。ちなみに、倫理は黒い頭巾をかぶっていない。だから僕と千幸のやりとりはすべて丸見えだったはずだ。もちろん今の僕には倫理の姿は知りようもないのだが、倫理が取り出した布は3枚――僕とミユウさんと千幸の分――だけだったので、おそらくはそうであろう。

「では、今から無知のヴェールという思考実験を実際にやってみたいと思います」

「無知のヴェール？」

耳慣れない言葉だった。ヴェールとは、今僕らがかぶっている頭巾のことだろうか。

しかし、無知とはいったいどういうことだろう。

「昔、アメリカにロールズという哲学者がいました。彼は、学問の世界に『正義』というテーマを復活させた偉大な人物として知られています。それはもう、もしもロールズがいなかったらアメリカは『正義』について今ほど活発には議論されていなかったのではないか、とさえ言われるぐらいに」

へえ、そうなんだ。なんとなくアメリカって正義が大好きな国で、常に正義について議論してるイメージがあったけど、そんなふうに影響を与えた人物がいたのか。

「そもそもアメリカは移民の国です。ゆえに、さまざまな民族、さまざまな文化や価値観が同じ場所で共存している国家だと言えます。ほら、授業でも習いましたよね、『人種のサラダボウル』って」

うん、習った習った。そして、たしか一昔前は「人種のるつぼ」って言ったんだよな。でも、るつぼだと、異なる文化がどろどろに溶け合ってひとつにまとまってるイメージがあるけど、現実は、文化が混ざらず並列に同居しているのが正確な姿であるため、新しく「サラダボウル」という表現に変わった。そう社会の先生から教わった記憶がある。

「そんなふうに、アメリカの文化が、サラダボウル的になっているならば――つまり、レタスはレタス、トマトはトマト、というふうに混ざり合わずに同じ皿に盛られているならば――、単一の正義なんか本来なら生まれようがありません。だって、レタスはレタスの価値観、トマトはトマトの価値観で生きていて、互いに共有できる価値観がないのですから。しかし、そこにロールズという哲学者がやってきて、こう言いました。『価値観がどんなに異なっても、文化や宗教や人種がどんなに違っても、人間ならば必ず正しいと言えるもの、すなわち、正義は存在する。私はそのことを証明する方法を発見したぞ』と」

「え！」

僕は思わず声をあげた。正義なんか存在しない、あったとしても建前――というのが僕の持論であり、それは揺るぎない事実だと思っていたからだ。

でも……、正義がある？

「そのことを書いたのが、ロールズの有名な『正義論』という本ですが、その本の中に人それぞれではない正義の存在を証明する思考実験が出てきます」

「それが、無知のヴェール？」

僕は高ぶる気持ちを抑えながら訊いた。

「そうです。その思考実験があまりに鮮やかで優れたものであったため、アメリカで正義に関する議論が増えるきっかけとなったそうです。さて、さっそくその思考実験を行いたいと思うのですが、その前にお願いがあります。この実験はみなさんの積極的な協力があって初めて成立するもので……はっきり言うと、想像力、もっと言えば、思い込みの力が必要になります」

「思い込み？」

「はい。たとえば、トロッコ問題を思い出してください。暴走するトロッコがあって、5人を見殺しにするか、ひとりを犠牲にして救うかを選択する例の思考実験です」

はいはい、一番メジャーなやつね。僕は脳内に軽くその状況を思い浮かべた。

「この思考実験について考える際、単なる理屈で考えた場合と、本当に自分がその場にいたらどうするかという想定で考えた場合では、その答えが変わってくることがあります」

そんなものだろうか。ちょっとやってみよう。まず自分がその場にいないケースで考えてみると……第三者的な視点で理屈として正しそうな方を選ぶだろうから……うん、そうだな、「なるべく犠牲は少ない方がいい、5人の方を救うべきだ」という答えを僕は出すと思う。

じゃあ、自分がその場にいるというケースで考えてみたら……。あ、これは難しいぞ。だって、自分がそこにいるということはだ、たとえば、路線を切り替えてトロッコの行き先を変えるレバーがあったとして、そのレバーを僕が引いて操作しないといけないわけで……それは、つまり、5人を救うためとはいえ「無関係の人間をひとり殺すレバーを引く」ということ。そんなレバーを、僕はその場にいたとして本当に引くのだろうか？　「犠牲が少ない方がいいよね」と考えて、あっさりと引くのだろうか？　いや、引かないし、引けない気がする。なぜなら、本来死ななくてもよい、この件に無関係の人間を殺すことに罪の意識を感じてしまうから。

ああ、そうか。倫理の言う通りだ。たしかに答えが変わってくる。そして、その答えが変わる要因とは、やはり僕の中の良心や倫理観というやつのせいなのかもしれない。

「この手の思考実験については、往々にして理論や理屈、もしくは理想論で考えがちですが、しかし、真に大事なのは『自分が本当にリアルにその場にいたとしたらどうするか』です。なぜなら、実際にその場にいるという追い詰められた状況においてこそ、その人の良心、倫理観が現れ、真の選択を行うのだと考えられるからです。ですから――」

「はいはい、わかったわ。ここまできたら、ぜんぶ乗ってあげる。わたしもわたしの中にホントに良心があるのなら見てみたいしね。だから、どんな思考実験だろうと、ちゃんとリアルに想像する。ようは、自分が自由主義者だからという結論ありきの選択ではなく、ひとりの人間、ミユウとして、現にその場にいたときに選択することを答えればいいってわけでしょ。ただし、そのかわり」

「はい、ミユウさんがどんな選択をしても、私はそれがミユウさんの選択なのだと受け入れ、異議は唱えません」

「オッケー、なら言うことは何もないわ。さっさと始めましょう」

「わかりました。しかし、もう少し前置きをします。この『無知のヴェール』がどのような思考実験なのか、それを説明させてください。

話をアメリカに戻しますが、さっきも言ったようにアメリカは、異なる民族や宗教の人々がたくさん暮らす多民族国家です。当然そんな国家において、何が正しいか、何が正義かを考えるのは容易ではありません。なぜなら、みなそれぞれの立場でそれぞれの正義を訴えるからで、たとえば、キリスト教徒はキリスト教徒の立場で、イスラム教徒はイスラム教徒の立場で正しさを語るわけです。実際、お金持ちの人は経済の発展のためもっとお金持ちを優遇しろと言うでしょうし、貧乏な人は安心できる社会の実現のためもっと弱者を優遇しろと言うでしょう。こんなふうに、それぞれの立場の人がそれぞれの都合を主張するわけですから、話がまとまるはずもなく、万人が納得するような結論、すなわち絶対的な正義を導き出すことなど不可能なように思えます」

まったく同意だ。不可能だと思うし、実際そう思ってきた。

「しかし、その不可能を可能にするアイデアをロールズが提示したのです。それは、人間全員の頭に『無知のヴェール』と呼ばれる魔法のアイテムをかぶせるというアイデアでした」

魔法のアイテム？　ああ、思考実験だから、もしもそういうのがあったら、という仮定での話か。

「無知のヴェール。それは、かぶったものを無知にするという布（ヴェール）で、架空の、言わば秘密道具です。無知とは、字の通り、何も知らないということ。ただし、ここで言う知らないとは、自分自身の情報についてだけに限定されるものとします」

「えーと、つまり、布をかぶると自分自身について無知になるってこと？　それって記憶喪失みたいに自分の名前がわからなくなっちゃうとか？」

千幸が訊いた。

「そうです。名前もそうですし、人種も、年齢も、性別も……自分に関するあらゆることが、すべてわからなくなってしまうということです」

「性別も!?　うわあ、なんかもう、記憶喪失になった直後に、身体を縛られて真っ暗闇に放り出されたみたいな感じね」

「ええ。的確な表現です。まさに記憶喪失の人間をそのまま拘束して暗室に閉じ込めたようなイメージ。その状態においては、自分がどんな人間だったのか知りようがありません。さて、こうした無知を引き起こす魔法のアイテムがあったとして、それをアメリカ人全員にかぶせて政治的な話し合いをさせたとします。このとき、彼らはどんな社会を作ろうとするでしょうか？　どんな法律、どんな規則を正しいと判断するでしょうか？」

なるほどね。ようは、自分が何者なのか知らない者同士で物事を決めさせたらどうなるか、という思考実験なわけね。

「自身自身について無知な集団。彼らにさまざまな質問をして賛成または反対を挙手してもらいます。これによりどんな社会にするか決めていくわけですが、ロールズは、そうした質問を繰り返していくうちに、特に次のふたつのことが『万人共通の正しさ』として浮かび上がってくるだろうと結論づけました。それが、自由原理と格差原理です。

まずは、自由原理について。彼らは自分自身について無知なわけですから、自分がどんな境遇かわかりません。キリスト教徒かもしれませんし、イスラム教徒かもしれませんし、仏教徒かもしれません。白人かもしれませんし、黒人かもしれませんし、黄色人種かもしれません。異性愛者かもしれませんし、同性愛者かもしれませんし、両性愛者かもしれません。このように自分の情報がわからないとき、彼らは何か特定のものを優遇するような政策を支持するでしょうか？　もしくは、特定のものを排除するような政策を支持するでしょうか？　正義《まさよし》くんならどうですか？」

「特定のもの？」

「たとえば、キリスト教徒は優遇するけど、イスラム教徒は排除するような政策を支持するかということです」

「いや、しないかな。だって自分がどの宗教に属してるかわからないから。キリスト教を優遇する政策を支持して、それが決まった後、僕がこのヴェールを取ったら実はイスラム教徒でした、なんて可能性もあるわけだし」

「そうですね、そうならざるを得ません。自分がどの宗教の、どの文化の、どの民族の人間であるかわからない以上、特定の宗教、特定の文化、特定の民族を優遇したり排除したりするような政策を指示することは不可能でしょう。ゆえに、無知のヴェールをつけた人たちは、『差別はするな自由を保障せよ』という自由の原理を必ず選び取るだろうと推測できるわけです」

なるほどね。これが多数決だったら多い派閥を優遇しようって話になるけど、無知のヴェールをかぶっていれば、どうしても「自分が排除される側だったら」という最悪の想定をしてしまうから、そういう選択をせざるを得ない。

「そして、もうひとつは格差原理。これは、『社会的・経済的不平等が、もっとも不遇な人にとって最大の利益になるような形で存在するのならば認める』ということですが、ようは、『もっとも不幸な人の助けになっていれば、格差はあってもかまわないよ』という考え方のことです。少しわかりにくいかもしれませんが、これも無知のヴェールを実際にかぶっていると想像すれば理解できると思います。正義《まさよし》くん、どうですか?」

「うーん、そうだね。僕は、自分が誰かわからないから、もしかしたら事故で身体を壊して働けなくなってる無一文の人かもしれないんだよね。そうすると『格差があって当然の、弱肉強食の社会』だったら、もし僕がヴェールを外して病院のベッドにいる無一文だったとき、目も当てられないことになる。その可能性を考えると、不運にも事故や病気で働けなくなった人たちには、最低限の生活を保証するような社会であってほしいと思うけど、そのお金はもちろん、頑張って稼いでるお金持ちの人たちから分けてもらうしかなくて……ああ、そうか、だからそういう意味では、やっぱり格差はあっていいし、むしろないとダメなのか」

あと、よく考えたら僕が超お金持ちの可能性だってある。だとしたら、国民全員を平等にするためだからといって私有財産をごっそり奪うような政策は支持できない。だから、お金持ちの財産はある程度は守るべきだと思うけど、でも僕がお金持ちじゃない可能性もあるから、そのバランスを取ると……、「(僕がお金持ちの可能性もあるから)お金持ちが裕福な暮らしをするのは認めてもよいけど、(僕が不遇な人の可能性もあるから)もっとも不幸な人の最低限度の生活は保証してほしい」という考え方に落ち着くわけか。

「はい。まさに、それが格差原理ですね。こんなふうに無知のヴェールをかぶって実際に思索することで、これら自由原理と格差原理というものが、正しいこと……社会的な正義だとして導き出されるのです。これは、功利主義や自由主義といった、これこれの価値観が正しいという基準を先に置いて、そこから出てきた結論とは違います。みんなが『何が自分の得になるか、損になるかわからない』という状態、つまり、完全に公平な状態を仮定したときに彼らが選択するもの、それこそが社会的な正義なのだとロールズは訴えかけたのです」

「すごい!」

僕は思わず声をあげた。僕にしては珍しくテンションの高い、大きな声。でも、それくらい衝撃を受けたのだ。

「いや、ロールズのその思考実験すごいね！　だって、その結論ってさ、ある意味、功利主義と自由主義のいいとこどりみたいなやつだよね？」

「そうですね。自由原理は、個人の自由を守ろうとすることだから自由主義的ですし、格差原理は、目を覆うような不幸な人は救済しましょうだから功利主義的です」

「うん、功利主義も自由主義もなるほどなと思うところはあるけど、やっぱり極端というか行き過ぎというか、結局、どんな主義も行き過ぎたら悪いものになってしまうわけで、案外正しいものって極端じゃなくて、それらの中間ぐらいにあるんじゃないかなと思っていたんだけど……無知のヴェールで導き出された正義って、まさにその間をとったような、ちょうどいい正義だと思う！」

早口でしゃべったので、口が乾いて一旦言葉を止める。そして、一呼吸置いたあと僕は「それにさ」と続けた。

「無知のヴェールって、単にみんなで無知になって考えようってだけの話じゃなく、これから生まれてくる子供のことを考えようって話にもつながってるんじゃないかな！」

「子供？」

「そう、ほら、子供ってどこに生まれてくるかわからないじゃん！　お金持ちの家に生まれるかもしれないし、貧乏な家に生まれるかもしれない。健康に生まれてくるかもしれないし、ハンデを背負って生まれてくるかもしれない。子供は親を選べない。どこにどう生まれてくるかもわからない。そんなこれから生まれてくる、何の罪もない子供たちが幸せに生きるには、どんな社会にすればいいかを考えるっていう思考実験にもなってると思うんだ！」

他には、輪廻転生でたとえてもいいかもしれない。来世、どこの家にどういう身体で生まれ変わるかなんてわからないわけだし。あと、もっとよく考えれば、自由と格差以外の、別の原理も見つかるかもしれないな。

「正義《まさよし》？　急にどうしたの？」

千幸が不思議そうに訊いた。

あ……。らしくなく正義の話題で興奮してしまったようだ。

「今の正義《まさよし》くんの反応のように、なるほどたしかにそう考えれば正義が見つかるんだ、と期待させる力がロールズにはありました。だからこそ、ロールズの思考実験を受けて、アメリカ中で正義論が盛り上がったわけです」

わかるような気がする。僕はずっと、人間なんて色んな人種や立場の人がいるんだし、人それぞれで正しいことなんてないと思っていたわけだけど、そういう立場を脇に置きさえすれば全員一致の同じ正しさを導き出せるんだと聞いて目から鱗だった。なにより、この話って、ロマンというか希望のある話だと思う。

「というわけで、この思考実験を実際にやってみたいと思います」

「待って」

ミユウさんは言った。

「無知のヴェール。どういうものなのかは理解したわ。でもね、倫理ちゃん、わたしは無知にはなれない。なったふりはできるかもしれないけど、でも、やっぱり何かを判断するときって、どうしても自分の過去というか、知識や経験に基づいて判断すると思うの。それに……無知になったという想定で……倫理ちゃんがわたしにどんな質問をしてくるかも、だいたい想像がついてるし」

まあ、やっぱりあの質問をするんだろうな……。

「それにほら、倫理ちゃんは、この布かぶってなくてこっちが見えてるわけでしょ。そんな不公平な状態で、自分の素直な気持ちをさらせるほど、わたしはそこまで大人じゃない」

「わかりました……。では、私は背を向けます。決して振り向いてみなさんの方を見ないことを約束します」

え？　見ないの？

「どういうこと？　倫理ちゃんはそれでいいの？」

「かまいません。その代わり可能な限り、無知になったという想定で質問に向き合ってください。そして、質問に賛成の場合、挙手をお願いします」

「挙手の結果は言わないわよ」

「それでもかまいません」

「いやいや、倫理ちゃん、それって意味なくない？」

そう。意味がない。

倫理は、無知のヴェールという思考実験をやろうと言っておきながら、その結果を確認しないと言うのだ。だったら、やる意味は何なのだろうか？　僕たちのこの疑問に対し、倫理は、

「私は信じていますから」

とはっきりとした口調で言った。

「千幸さんやミユウさんに信じる主義があるように、私にも信じる主義があります。それは、『人間は、誰もが同じ良心を心の奥底に持っており、体面や立場を取り払いさえすれば、同じことを正義だと選び取るはずだ』ということ。それを私は信じています」

なるほど。人間には、みなが正しいと思える正義がある。その正義を正しいと思える良心をみなが持っている。そのことを、理屈ではなく、そうだと信じることを前提とする正義の考え方。まさに宗教の正義というやつか。

「それをミユウさんにも知ってほしい。だから、そのために無知のヴェールの思考実験を実際にやってみてほしいのです」

そう熱心に語る倫理に対し、ミユウさんは「あー、ごめん、よくわかんないや」と冷めた口調で言った。

「いや、まあ、共感できないだけで、倫理ちゃんの言いたいこと自体はわかったけどね。とにかく倫理ちゃんにとっては、やる意味があるんでしょ。でもさ、それにつき合わされるわたしにどんなメリットがあるの？」

「昨日の授業での件も含め、私が二度とこの話題を口に出しません」

「………」

多少脅迫じみた取引材料。どうしても倫理はミユウさんにこの思考実験をやらせたいようだ。いや、正直僕も、ここまできたらちょっとやりたい気がしている。無知になったという想定で、自分はどんな選択をするのか、自分にはどんな倫理観があるのか、ちょっと興味がある。

しばらくして、ミユウさんはため息交じりに言った。

「わかったわ。念を押すけど、倫理ちゃん、振り向いてこっちを見ないこと、絶対に約束ね」

「はい、誓います」

倫理は宣言した。あの倫理が誓いますと言った以上、その約束が破られることはないだろう。ミユウさんは、それ以上は念を押さず、わかったと言った。

「では、みなさん、以後言葉を発することを禁じます。まずは、10分ほど何も考えず頭を空っぽにしてください」

そして、沈黙する倫理。結果、僕らの真っ暗な空間は物音ひとつしない静寂に包まれた。この状態で倫理は10分間、何も考えず静かにしていろと言う。

10分間か。

何もしないで待つとなると、そこそこ長い時間だ。いや、目の前が真っ暗で時間の変化を感じさせるものがないのだから、それはもはや普段僕らが捉えている10分間とは違う時間の単位なのかもしれない。と、これじゃダメか。あやうく「無思考、無感覚で真っ暗闇な空間に放り出された状態において時間とは何か」みたいな哲学的なことを考えるところだった。言われた通り、何も考えないようにしないと。

…………………。

………………。

……。

「あなたの人生は、今、終わりました」

突然、倫理の声が響いた。

「あなたの人生は、あなたが体験していた世界は、ただのゲーム、仮想現実です。幻覚のひとつにすぎません。そして、その幻覚を生み出していた機械のスイッチは、今、オフになりました」

「オフ……消去……消滅」

「世界のすべては消え去りました」

「もしかしたら、あなたは、まだ、かつての記憶が思い浮かべられるかもしれません。が、それらはみな過去のもの。もはや意味はありません」

「なぜなら、もうその人生は終わったからです」

抑揚のない、感情のない、しかし、有無を言わさぬ威厳を持つ倫理の声が、闇の中に響き渡る。長いこと視界が奪われている異常な状況のせいだろうか、その声は聞いているだけでだんだんとその気になっていくような、そんな魔力があるようにさえ思えた。

「記憶とは、ただの過去、ただの記録、ただのデータです。そんなものより、未来に目を向けましょう。新しい設定のゲームを、人生を、始めるのです」

「しかし、その人生がどんな状態から始まるのか、それは始めてみるまでわかりません」

「あなたは、女かもしれません。男かもしれません」

「大人かもしれません。子供かもしれません」

「健康な人かもしれません。寝たきりの人かもしれません」

「若者かもしれません。老人かもしれません」

「足が速い人かもしれません。絵がうまい人かもしれません」

倫理はたくさんの「かもしれません」を並べた。意図的なのか、その単調な物言いは、まるでお経のようであり、いつの間にか頭がぼんやりとしてくる。お経といえば、般若心経はあらゆる物事に対して無い無いと唱え続けることで空の境地を体感させる、そんな内容だったと聞いたことがある。もしかしたら倫理がやっていることも同じ。あらゆる個人の属性に対して、かもしれません、と唱え続けることで、僕たちを何らかの境地に導いてるのかもしれない。

真っ暗闇の中、倫理の言葉だけが響く。今の僕にとって倫理の言葉だけが世界のすべてであり、その声から「かもしれない」と言われると（否定する材料も根拠もないのだから）本当にそうかもしれないと思えてくる。そして、そう思うたびに、ひとつまたひとつと、自我が――自分を自分として固定している何かが――溶けていき、自己を識別する境界が曖昧になっていくような感覚に襲われた。それは恍惚にも恐怖にも似た、奇妙な感覚だった。

「質問です」

倫理は言った。僕はハッとして、一瞬思考が停止する。そして、ただ倫理の次の言葉に注意を向けるだけの存在となった。倫理はゆっくりと語る。

「目の前に仲むつまじい老夫婦が歩いています。暖かな日差しの中、談笑しながら、あなたの目の前を通り過ぎていきます」

僕は、その情景をありありと思い浮かべた。

「その老夫婦は『危険、この先、崖あり』という看板を——目に入らなかったのか——無視して越えて歩いていきました……あなたは止めるでしょうか？」

人の権利がどうだからとか、強制がどうだからとか、そういう理屈は頭に浮かんではこなかった。それよりも何よりも、真っ先に「止めたい」「止めるべきだ」という気持ちが浮かんできた。

「止める場合には挙手をお願いします」

僕は手をあげた。周囲に衣擦れの音で悟られぬよう、できる限り、ゆっくりと。

「次の質問です」

それから倫理は似たような質問を、まさに倫理的な質問を、次々と投げかけてきた。僕はそのすべてに手をあげた。そして——

「あなたのご両親が、中毒性のある麻薬に手を出してしまいました。あなたはその行為を止めるでしょうか？」

ついに発せられた核心となる質問。ある意味、この質問のために今のこの思考実験は行われたのだと言っていいだろう。しかし、それにしては、普通の、素朴な、何のてらいもない質問であった。

僕は手をあげた。

「以上です。どうぞヴェールを外してください」

言われて僕は、かぶっている布を取る。世界とはこんなに明るかったのかと思うほど、久しぶりに視界に差し込む光は眩しかった。

隣を見ると、千幸もミユウさんも布を取っており、やはり眩しそうな顔をしていた。

果たして最後の質問、ミユウさんは手をあげたのだろうか？

この実験をする前のミユウさんであれば、他人の自由を侵害するからなどの理由で、絶対に手をあげたりはしなかっただろう。だが、無知のヴェールをかぶっているという状況においては、どうだったのだろうか。何か変化はあったのだろうか。

答えはわからない。そこは詮索《せんさく》しない約束だ。でも、実験前と比べると、何か吹っ切れたような晴れ晴れとした表情をミユウさんは見せており、もしかしたら、きっと——

「お疲れさまでした。みなさん、すべての質問に手をあげていましたね」

当たり前のように言い放った倫理の発言に、全員が唖然として倫理の後頭部を見つめた。そう、倫理は約束通り、振り返ってはいなかった。だからこそ、今、僕たちの目の前には倫理の後ろ姿があるわけだが……え？　だとしたらどういうことだ？

その疑問に答えるように、倫理は背を向けたまま左手に持っているものを掲げた。

あ……！

その手に握られているもの……生徒会用のタブレットを見て僕たちはすべてを察する。

僕とミュウさんは、同時に後ろを振り返った。そして、そこにいる者、僕たちをずっと監視していた者の存在を確認する。

見守り君。

たしかにそれなら後ろを振り返らなくても、僕たちが手をあげたかどうかを知ることができる。見守り君が配信している、生徒会室の映像を、背を向けたままタブレットで見ていればいいのだ。

いやいやいやいや！　そんなのトンチ話じゃないんだから、明らかにルール違反だろ！

代表して僕は突っ込みを入れる。

しかし——

「何のことですか？　私は、約束通り、後ろを振り向いていませんが？」

と平然と返してくる倫理。挙げ句——

「私は何も嘘をついていません、約束も守りました。このことは事実に反していますか？　正《まさ》義《よし》くん、どうですか？」

僕に詰め寄ってきた。

「えっと……」

嘘はついていない、約束も守った、事実に反してもいない。とするなら、僕はどこを責めればいいのか。

「いや、それはたしかにそうだけどさ」

そう言って僕がもごもごとしていると、倫理は「そうですよね」と言い、スッと立ち上がって足早に生徒会室の出入り口へと向かった。そして、部屋から出て行く直前に振り返って、例のひと言を口にする。

「倫理的に問題ありません」

満面の笑み。いつもは表情の少ない仏頂面、それが花が咲いたような明るい無邪気な笑顔に不覚にもみとれてしまった。が、すぐに我に返る。

いやいやいや、問題あるだろ！　おまえは自分の持論が証明できて嬉しいかもしれないけど、ミユウさんからしたら騙し討ちみたいなもので――

しかし、倫理の姿はない。逃げるようにすでに廊下へと消えていた。

心配になってミユウさんの顔を覗き込むと、案の定、ぽかんとした顔をしていた。が、すぐに、ぷっと噴き出し、机に突っ伏したあと、顔を伏せて笑い始めた。

「あはは、やられちゃったわね」

予想外の軽い反応。僕と千幸は、それが強がりなのか本心からなのかわからず、ただ笑い終わるのを待った。そしてミユウさんは、机に突っ伏したまま言う。

「ごめん、わたし、嘘ついたわ……。バカは死んでいいって？　たしかにパパはバカだけどさ……死んでほしくなんかなかった。そんなの当たり前じゃない！」

最後の言葉は震えていた。しかし、ミユウさんはすぐに顔を上げ、あーあ、やっぱり泣き喚いてでも止めればよかったなー、と言って明るい笑顔を見せた。僕は千幸と顔を見合わせホッとする。ミユウさんの目にはうっすらと涙の跡があったが、それでもその笑顔が心から笑えているように思えたからだ。もしも、さっきの思考実験によって、ミユウさんの中で引っかかっていた何か——心の枷《かせ》が外せたのなら、心が自由になれたのなら、それはそれで結果として善かったのかもしれない。

が、それでもやっぱり僕は改めて思う。

今回、倫理がやったことは倫理的に問題のある、正義に反する行為だったのではないだろうか——と。

第7章

宗教の正義「直観主義」

「では授業を始める。今日は宗教の正義についてだ」

いつものように、風祭先生の倫理の授業が始まった。

今回の授業——僕はとても嫌な予感がしていた。なぜなら、今日の内容である「宗教の正義」は、倫理に関係する正義であったからだ。

千幸は「平等の正義」。

ミユウさんは「自由の正義」。

思い返してみれば、それぞれの正義に関係する授業において、それぞれにそれなりの事件があった。となると、今回は倫理——彼女に何らかの事件が起こるはずであり、そう予想するのが当然であろう。

もっとも。

事件と言っても、必ずしも悪いことばかりではなかった。千幸、ミユウさんは、自分が信じていた正義の問題点を指摘され、たしかにひと悶着あったわけだが、でも結果的にはそれをきっかけとして何らかの成長を遂げたように思える。

実際、その後の2人は生徒会の会議でも柔軟な態度を見せるようになり、校内の問題に臨機応変に解決策を提案するようになった。

そう、だから、本人が今まで無自覚に信じてきた正義について、その定義や問題点を明らかにすることは、傷つくことかもしれないがやはり有用なことだと思うのだ。

しかし——。

倫理はどうなのだろう？　自分が信じる正義の問題点を指摘され、その主義が否定されたとき、果たして倫理はそれを受け入れることができるのだろうか。

倫理が倫理を否定される。

それは、なんというか、彼女の存在証明、アイデンティティを否定されるような話であり、今までの2人よりも、もっと激しい拒絶反応を起こしそうな気がする。

だから、やはり今日——僕はとても嫌な予感がするのである。

「宗教の正義。もしかしたら、この正義を主張する者は、自分が『宗教的である』という自覚を持っていないかもしれない。そもそも多くの場合、我々は宗教というと何か特定の神さまを信じることだと思っている。だから、神さまを信じてさえいなければ、自分が宗教とは何の関わりもない人間だと思ってしまっている人が多い。が、実際にはそうではない。『宗教的である』ということは、神さまを信じること、宗教団体に入ることとはまったく関係のない、別のことなのだ。

では、『宗教的である』とは、もともとどういうことで、どう区別すべきものであるのか？

私は、『物質または理性を越えたところにある何かを信じていること』、それが宗教的であることの唯一の条件であり、その一点によって、宗教的かどうかの是非を見分けるべきであると考えている」

そう言って、先生は黒板に大きな丸い枠を描いた。

「今、黒板に書いた枠——これを、何でも包み込める巨大な袋だと思ってほしい。さて、何でも包み込めるのだから、せっかくだし、我々が住むこの宇宙全体をこの枠の中に入れてしまおう」

先生は、黒板に描いた枠の内側に「宇宙（物質の世界）」という文字を追加した。

「というわけで、宇宙のすべてがこの枠の内側に入ったわけだが……そうすると、今、我々の宇宙で何が起ころうと、今後どのような事象が発生しようと、それはすべてこの枠の『内側』での出来事ということになる」

そりゃまあ、そういうことになるだろうな。枠の中に宇宙があるわけだから。

「では次に、人間の思考について考えてみてほしい。仮に、ランダムに文章を作り出すコンピューターがあったとしよう。人間が使う言葉、単語をすべてインプットしておいて、適当にその組み合わせを作って出力する機械だ。その機械を動かすと、大半は無意味な文章が出力されるわけだが、繰り返せばいつかは意味のある文章が出てくる。いや、それどころか何度も繰り返すうちに、偶然シェイクスピアが書いた小説が出力されることだってあるだろう」

どこかで聞いた話だな。キーボードの上で猫を歩かせたら、偶然シェイクスピアの作品が出来上がることもあるみたいな話だっけ？　まあ、シェイクスピアの作品がどれだけ長いか知らないが、一応、言葉の組み合わせでできている以上、組み合わせを延々とやっていけば、いつかは同じものが出力されるのは当然のことではある。

「さて、もっとスケールを大きくしよう。このコンピューター、文章をランダムに作り出す機械を『無限』に動かしたと考えてみてほしい。すると、あらゆる言葉の組み合わせを網羅した文章……とんでもない量の文章が出力されるわけであるが……、この膨大な文章をすべて同じように枠の中に入れてしまおう」

先生は、再び枠の中に文字――今度は、「理性（言葉の世界）」という文字を書き入れた。

「というわけで、人間がその思考活動によって生じうる、すべての文章が、今この枠の内側に入ったわけだが……そうすると、今後どんな知識人がどんな本を書こうが、どんな説明を、どんな論文を、どんな学説を作り出そうが、その文章はこの枠の内側にすでにあるということになる」

ランダムな文章を無限に生成したわけだから……、今、書店にある本もそうだし、将来、書店に並ぶであろう本もすべて、この枠の内側にすでに存在している……これもまあ、その通りだろうな。

「それだけじゃない。キミたちがまさに今考えていること、そして、今後、考えるであろうことも、無限の文章の組み合わせの中に含まれるのだから、枠の内側にすでにあると言える」

本当にスケールの大きな話だった。何が起ころうと、何を考えようと、とにかくそれらはすべて、枠の内側に必ずあるということか。

「では、ここで問おう。善とは、正義とは、どこにあるだろうか？　正義《まさよし》くん」

？　意図がよくわからなかった。でも、起こりうる、考えうる、すべての出来事が枠の中にあるのだから、当然、

「枠の内側でしょうか？」

と僕は答えた。左隣から視線を感じたので、ちらりと見ると、倫理が僕のことをにらんでいた。どうやら間違ったようだ。

「正義《まさよし》くんの左隣、副会長だったか、キミはどう思うかな？」

先生は倫理に問いかけた。ちなみに右隣は千幸。ミユウさんは、いつものように遠く後ろの席に座っている。

「はい。善や正義は、言葉や理屈で説明できるものではありません。だから、枠の内側にはなく、もしあるとしたら――それは枠の外側だと思います」

「ふむ、そうだな。まさに『宗教の正義』では、そのように正義を捉えている」

そう言って、先生は枠の外側に小さな点線の丸を描き、その中に「善」「正義」という文字を書き入れた。

「いや、正義《まさよし》くんの答えも間違いではない。それは主義の違いの問題だ。

たとえば、功利主義――『全体の快楽の増加が正義である』という考え方において、快楽とは『脳の状態』という物理現象なのだから、当然、この巨大な枠の内側での出来事だと言える。

そして、功利主義の『快楽の増加が正義』という論も、文章すなわち思考活動であるわけだから、これも枠の内側に属するものであると言える。

このように功利主義は、すべて枠の内側で成立する主義主張であると言えるわけで、功利主義を採用する人にとって『正義』は、枠の内側の存在であると言える」

なるほど。で、一方、宗教の正義では「枠の外側」――つまり「物質の世界」や「言葉の世

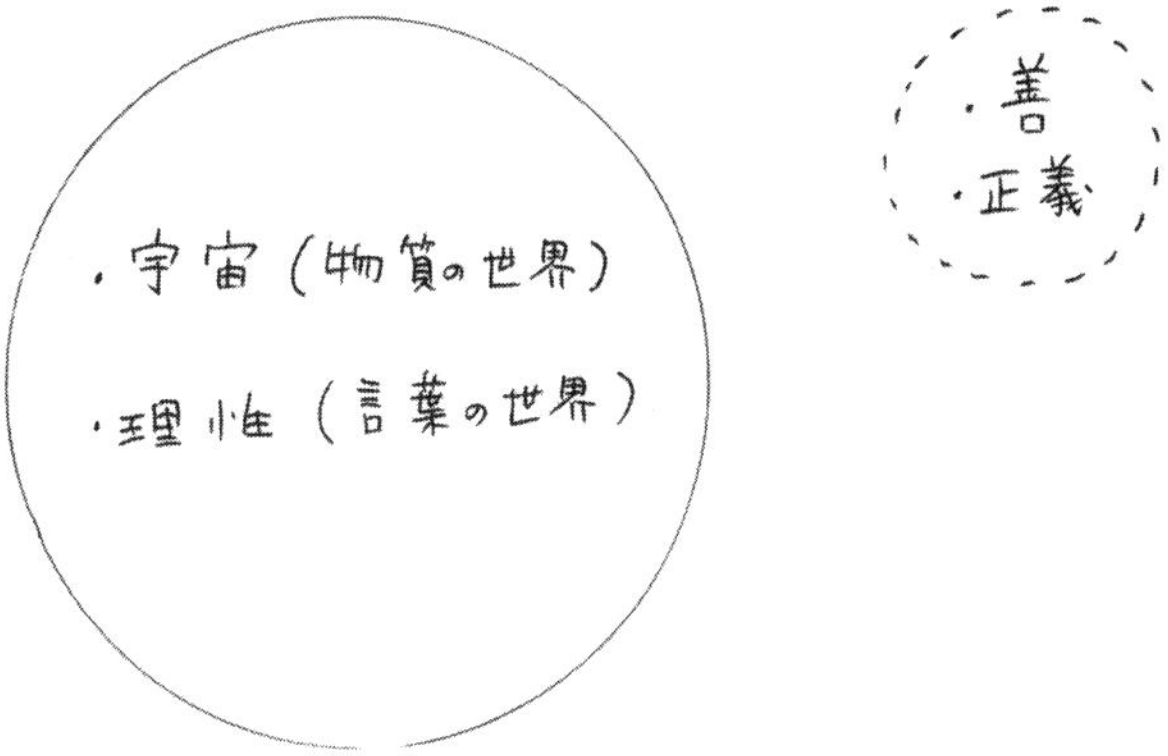

界」を超えたところに正義があると考えているわけか。

「さて、ちょっとここで、『なぜ人を殺してはいけないか？』という問題について考えてみてほしい。キミたちならこの質問に何と答えるだろうか？　たとえば、一例として、『他人から殺されるかもしれない社会では不安でオチオチ眠れない。そこで、みんなで殺人はダメという暗黙のルールを作った。だから、人を殺してはいけないのだ』という回答の仕方があるだろう。これは功利主義的な回答であるが、合理的な思考活動の結果であり、まさに枠の内側での回答と言える。もちろん、それ以外にも、さまざまな回答の仕方があるだろうが、いずれにせよ、この問いに何か合理的な答えを与えようと『考えた』時点で、それは共通して『枠の内側での回答』ということになる。

では、『宗教の正義』の立場の人ならどう答えるだろうか？　簡単だ。彼にとっては議論も思考も必要ない。なぜなら、それらを行ったところで、それはただ、枠の中をグルグル回るだけにすぎないからだ。そして、枠の中には正義は存在しない。だとしたら、そんな行為は無意味である。だから、彼は、ただ黙って枠の外にある正義を直接『指差す』。そして、こう叫ぶだろう。

『人殺しは悪いことだ！　正義に反する！　そんなことは考えなくてもわかるはずだ！』と」

なんだかとても既視感のある台詞だった。

――それは悪いことです。

――なぜ正しいことをしないのですか。

――そんなことは考えなくてもわかるはずです。

いつも生徒会室で聞く倫理の台詞の数々。

――倫理的に問題があります！

そうした台詞を聞くたびに、「なぜ、どうして」をもっと説明しろよと思ったものだったが、「宗教の正義」の立場からしたら正当な行為だったというわけか。

「正義《まさよし》くんは、今の叫びを聞いてどう思ったかな？」

「え……えっと……」

一瞬、左隣が気になったが、遠慮しても仕方がない。正直に話すことにした。

「いや、できればもっと説明というか、伝える努力をしてほしいな、と。あまりに断定的で……、その、独善的な印象を受けました」

僕としては、思いきって言ったつもりだった。

独善的。

ちょっとキツい言い方だが、あくまでも一般論として言っただけで、別に倫理に対して言ったわけではない。いや、違うな……。ミュウさんの一件で、倫理の不正行為に対して僕なりに思うところがあるからこそ出てきた言葉なのだろう。結果的にうまくいったからよかったものの、傷つけて終わりだった可能性だってあった。あのときばかりは僕も「他人は責めるくせに、自分のやることには疑いを持たないのか、それではあまりに独善的ではないか」と思ったものだった。

と、不満に思いつつも、気になって視界の端で倫理の様子をうかがう。倫理は僕を強くにらみつけていた……だったらよかったのだが、倫理はとても心外そうに傷ついたような顔をしていた。

僕は、そのことに、うろたえ、ショックを受ける。言い過ぎたかもしれない。だが、とりなすタイミングもないので、僕は倫理の反応に気がついていないふりをするしかなかった。

「たしかに独善的だな」

先生は、僕の言葉を繰り返した。

「だが、それも仕方ないかもしれない。なにせ説明ができないのだからね」

それはよくわかる。理屈として説明できないのだから、どうしても押しつけたようにならざるを得ない。

でも、それよりも。

はからずも、先生が倫理をフォローしている形になってしまっていることに僕は動揺する。

結果、思いがけず口走る。

「でも、説明する努力は必要ではないでしょうか？　何も説明しようとせず、これが正しいと言いきるのは問題があると思います」

僕の強い口調に、先生は、ふむと言って自分の頭を撫で回し、少し考えてから言った。

「正義《まさよし》くんの言うことはもっともだ。だが、それでもやはり、『仕方がない』ということになるのではないだろうか。説明ができないものは説明ができない……」

そう言って先生は、黒板にひとつのキーワードを書き、読み上げた。

「ヒュームの法則」

そして前を向き直し、説明を続ける。

「別名、『ヒュームのギロチン』とも呼ばれる哲学用語であるが、これはどんなに言葉を組み合わせても『すべき』という言葉を論理的に導き出すことはできないという、哲学者ヒュームの主張だ。

このことはよくよく考えてみればわかることだが……、我々は、『AはBである』といった形式の文――たとえば、「哺乳類は肺呼吸である」などの文――を複数用意し、それらを論理的に組み合わせることで結論となる文――たとえば、『イルカは哺乳類である』などの文――を導き出すことができる。しかし、逆に言えば、できることはそれだけ。『AはBである』を、どんなに並べて、どう組み合わせても、『AはBをすべきである』という形式の文を導き出すことはできない」

「でも、その『AはBをすべきである』という文自体は、枠の内側に存在するんですよね?」

「そうだ、存在する。だが、その『すべき』という文に、論理的な手続きで『正しさ』を与えることは、枠の内側にある材料だけでは絶対に実現できない。ヒュームは、そのことを証明したわけだが、言われてみれば当たり前のことだろう。『である』を、どんなに積み重ねても『すべき』が出てくるわけがない……至極当然の話だ」

いや、それはたしかにその通りかもしれない。けど、それを言ってしまったら、功利主義に始まる、正義についての今までの議論や授業が全部無駄だったということになるじゃないか。

それぞれが傷つきながらも、考えを深めてきた「正義」。それを全否定された気分になり、軽く目眩《めまい》を覚える。僕は、枠の外側に描かれた『正義』の文字に視線を向けた。

「でも、理屈や論理に頼らないなら、『宗教の正義』の人は、その『正義』をどうやって知るのですか?」

「たしかに、そこは疑問に思うところだろう。正義が説明不可能なものなら、それをどうやって知るのか。答えはシンプルだ。直接そのまま、枠の外にある正義を『観れば』いい。そして、このような正義の捉え方を『直観主義』と呼ぶ」

先生は、黒板に今言った用語を書き写した。

「直観主義の『直観』……これはこのように『直《ただ》ちに観《み》る』という漢字を書く。つまり、思考という段階を踏まず、正義という概念を直接的に観て取る、という意味だ」

直ちに観る。

直ちに観る？

ダメだ、全然ピンとこない。

「正義《まさよし》くん」

「あの……直ちに観るがよくわからないんですけど」

と僕の名前を呼んだのは倫理だった。

「正義《まさよし》くん、このペンは何色に見えますか？」

そう言って、目の前にシャーペンを突きつける。

「え、赤だけど」

「正義《まさよし》くん、人殺しは善いことですか？」

「いや、悪いことでしょ」

質問の意図を考える間もなく、僕は反射的に答えていた。

「それです」

倫理は、ミユウさんの一件のときのような、嬉しそうな笑顔を見せた。

「それが、『直ちに観る』ということです」

いやいやいや。そんなふうに、色とか味とか、知覚する意味での『直ちに観る』と、道徳的な問題を常識で『すぐに判断する』は全然違うだろ。だいたい、じゃあ、トロッコ問題のような難しいケースでは、どう直ちに観ればいいんだよ。

「なるほど。正義《まさよし》くんとしては不満はあるかもしれないが、直観主義における、直観の定義は、おおよそ副会長が例示した通りだ。良心――人間が人間であるならば持っているであろう道徳観、そういう何かが打算なしに、直接、瞬間的に感じ取った正しさ……それが直観主義における正義だ」

先生は補足する。しかし、それでも僕は納得がいかなかった。

「でも、その感じ取った正しさが、思い込みじゃないという保証はないと思いますが……。そもそも、本当に枠の外……理屈の外側に『正義』なんてものがあるのでしょうか？」

そうだ、最近すっかり忘れていたが、僕は、もともと正義なんか存在しないという正義懐疑主義者だったのだ。

近頃、先生の授業を聞いてるうちに、少しずつ昔のように正義への興味を取り戻し、今ではこうして授業でも積極的に発言するようになってしまったが、本来、僕はそんなキャラではなかったはずなのだ。

「……………」

僕の質問に、倫理は信じられないという顔をした。まるで宗教家に向かって「神なんていないんじゃないの？」と問いかけたときのような反応だった。

「正義《まさよし》くん、素晴らしい指摘だ！」

一方、なぜか先生は突然興奮し、賞賛の言葉を浴びせかける。

「まさに、そこだ！　そこがすべての肝！　思想史、西洋哲学史の最大のテーマ、人類はその問題について２５００年もの間、ずっと考え続けてきたと言える！」

僕としては、普通の素朴な、当たり前の疑問を口にしただけなので、その大仰な物言いに戸惑うしかなかったが、そんな僕を放置して先生は後ろを振り向き、黒板に書かれているものをすべて消したあと、真っ直ぐな縦線を引いた。そして、縦線を中心にして、右側に「相対主義」、左側に「絶対主義」と書く。

「今から哲学史の授業を始めたいと思う」

■相対主義　VS　絶対主義

「本来、哲学史の授業は、古代ギリシアの時代から順番に、一人ひとりの哲学者の主張を細かく説明していくのが定番であるのだが……、それをやっていては間違いなく途中で飽きてしまう。歴史を学ぶときに重要なのは、まずざっくりと大まかな流れを把握すること。だから、今日は詳細を省き、概要だけ駆け足で一気に説明していきたいと思う。

それから——これは歴史を学ぶ意義そのものでもあるのだが——これから私が説明する歴史の流れの中には、『時代が移り変わっても、変化しない人類の営み』、もう少し言えば『人類の普遍的な悩み事』『恒久的課題』が隠されている。それについても、ぜひ見つけ出してみてほしい」

いつの時代になっても、人類がずっと悩み続けていることか……。

時は移り、所は変われど、人類の営みに何ら変わることはない——そんな格言から始まるアニメが昔あったと思うけど、きっと歴史ってそういうものを学びとるためのものなんだろうな……、というか、そうであってほしい。意味なく出来事と年号を覚えさせられるのは、もううんざりだ。

「さて、私が黒板に書いたふたつの主義、相対主義と絶対主義……これは古代という遠い昔、およそ2500年ほど前に興った哲学思想であるが、線を挟んで左右に書いたことからわかるように、これらふたつの主義は対立関係にある。つまり、両者はまったく真逆の内容になっているということだ。

では、まず右側、相対主義。

これは、『物事の価値は、他との関係性によって決まるのだから、絶対的なものはない』という考え方のことである。たとえば、私が今持っているチョーク、これは『大きい』だろうか？　それとも『小さい』だろうか？　こうして指でつまめるのだから、私にとっては『小さい』と言えるかもしれない。だが、アリからすればとても『大きい』塊に見えることだろう。他には、私が今立っているこの地球、これは確実に『大きい』と言えるだろうか？　いや、それもあくまでも、私にとって『大きい』のであって、たとえば太陽ですら、それこそ銀河系全体で比較したら砂粒のように、ものすごく『小さい』と言えるだろう。

結局、大きい、小さい、熱い、冷たい、善い、悪い、何でもいいが、そういった価値判断は絶対的なものではなく、それを判断する相手との相対的な関係性によって決まるのであって、ようするに、人それぞれのものにすぎないのである」

なるほど。すごくよくわかる話だけど、でもこれって2500年前の話なんだよな？　その頃って科学も発展してない時代だから、象が世界を支えてるとか、変な先入観で迷信や宗教を頑固に妄信してる人たちばかりだと思っていたけど、「価値観なんて人それぞれだよ」という現代的な視点が、そんな時代からもうあったのか。

「一方、それに対立するのが、絶対主義だ。

これは、相対主義の逆で『絶対的に正しい、絶対的に善い、といったものが、ちゃんとこの世には存在するんだよ』という考え方のことである。この主義を唱えたのが、かの有名なソクラテスだ」

ソクラテス。

哲学の知識はゼロの僕でも、名前くらいは知っている。哲学者といえば、という連想で、一番最初に名前が出てくる人だよな。

「そのソクラテスが生きていた当時、世の中は相対主義が優勢だった。つまり『正義なんて国や人によって変わるのだから絶対的に正しいものなんてない』という考え方が流行っていた時代だったというわけだ。そこへソクラテスがやってきて、『いやいや、絶対的な正しさ、正義は存在するのだ』と強く訴えかけ、人々に『善く生きる』ことを勧める。これは端的に言えば『正義を志して生きろ』ということであるが、当時の風潮からすれば、少々暑苦しい説教話であり、結局、権力者たちから疎まれたソクラテスは無実の罪で投獄され、最終的には死刑となってしまう」

死刑……。善い行いをしろと言ったら、人から嫌われて死刑か。なんだか身につまされる話だな……。

■原子論 VS イデア論

「そして、それから時が過ぎ去り、次の対立、原子論とイデア論の対立が始まる。原子論とは、『モノはどんどん分割していくと、原子というそれ以上分割できない小さな粒になり、すべてのモノはその粒からできている』という考え方のことである。

この原子論は、現代で言うところの唯物論であると言える。つまり、世界は物質の集まりでできていて、それ以上でもそれ以下でもないという考え方。もちろん、この考え方に従うなら、善や正義は、本質的に存在しないということになるだろう。たとえば、オモチャのブロック、もしくは、歯車で動く人形を思い浮かべてみてほしい。その人形は、ただの物質の集まりにすぎず、物理法則通りに機械的に動いているだけなのだから、その行動に『善悪』という概念を当てはめることはできない。なぜなら、物理法則に『善い』も『悪い』もないからだ。たとえば、リンゴが重力に引かれて落ちることについて、『それは善いことだ』『いや悪いことだ』などと議論する人はいないだろう。だから、『塩が水に溶けるのは善いことであり正義だ』などとは言えないように、人間も含めて世界のすべてが、物理法則通りに動く粒の集まり、機械的な装置であるなら、そもそも『善悪』『正義』という概念は成立しえないのである。ちなみに、この原子論、時代的には、さっきの相対主義とさほど変わらない。顕微鏡もなく、化学的な知識もない時代に、唯物論的な世界観をすでに生み出していることは真に驚嘆すべきことだと言えるだろう」

本当にそう思う。僕がその時代に生まれていたとして、同じことを思いつけただろうか。世界なんて人間なんて、機械的に動くただの粒の集まりだ、という身も蓋もない考え方。相対主義もそうだけど、古代の昔に、ここまで冷徹に物事を見ている人たちがいたというのは本当にびっくりする話だと思う。

「一方、それと対立したのが、ソクラテスの弟子プラトンが考えたイデア論だ。イデアとは、アイデア、つまり概念のことであるのだが——このイデア論を、ざっくりと言うと『善や正義などの概念（イデア）は、物質を超えた世界に、本当に存在している』という考え方のことだと言える」

物質を超えた世界……？

僕の頭の中は、一瞬はてなで埋め尽くされたが、さっき先生が黒板に書いていた枠の外の話を思い出して疑問が解消する。

ようするに、この世ではない、モノや理屈の枠を超えた世界があって、そのどこかに「善」とか「正義」が本当にあるんだよ、という主張なんだろうな。

うーん……。でも、それってどうなんだろう……。

「おや、正義《まさよし》くんは、今の話、納得がいかないという顔をしているね」

「あ、いえ、なんか、見ることも触ることもできない世界の話を持ち出して、そこに『あるんだ』と言われても、誰も証明できないというか……」

「たしかにそうだね。その疑念は正しい。物質の世界を超えた霊界があって、そこに幽霊がいるんだと主張しているようなものだからね」

「そのプラトンって人は、見たこともないのに、どうしてそんなものがあると言えたのでしょうか?」

「その論理はこうだ。たとえば、我々は、日常的な世界において完全な善というものを見たことがない。そして、国や風習が違えば善と呼ばれる行為が変わってしまうことも知っている。実際、ある国では、仇討《あだうち》は善い行為だが、別の国では悪い行為だったりする。

つまり、誰もが納得する、万国共通の、絶対的な善の行為を、我々は具体的に指し示すことはできないわけだ。

しかし、一方で我々は、絶対的な善について他人と語り合うことができる。

たとえば、『真に、善いとはどういうことか?』と、完璧な善をめぐって議論ができたりする。見たこともない、触れたこともない、人生で一度も出合ったことのない、絶対的な善についてどうして我々は語り合えるのか。それはとても不思議なことで、もしかしたら非日常的な世界のどこかに、絶対的な善が存在し、我々が何らかの形でその影響を受けているからなのかもしれない……、とまあ、そういうロジックだ」

なんだろう。仮定に仮定を重ねた夢物語のような気がする。

「まだ納得がいっていない顔だが、そうだな。では、こういう捉え方はどうだろうか。正義《まさよし》くんは、三角形の内角の和の定理は知っているかな？」

「えっと、どんな三角形でも、角を全部足すと、必ず１８０度になるってやつですよね」

「そうだ。さて、正義《まさよし》くんは、その定理……つまり、その法則性は、人間が存在しなくても成立すると思うかな？」

「そりゃあまあ、しますよね。人間がいようといまいと、三角形があったらその定理が必ず成立していると思います」

「とすると、三角形の定理は、地球ができる前からあった。もっと言えば、宇宙ができた瞬間から、すでに存在していた、と言ってよいだろうか？」

「人間がいるいないに関係なく、その定理は元から存在してたわけですから、極端に言えばそうですね」

「ならば聞くが、その三角形の定理自体は、いったいどこに存在しているのかな？」

「え？　どこに？」

答えに詰まり、問いを繰り返す僕。

考えてみれば、三角形の定理自体は間違いなく存在すると思うが、でも、見たり触れたりできるものじゃないから、物質としてこの世界に存在しているわけじゃない。もちろん「存在しない」とも言いがたい。だとしたら……。

「数学界……とか？」

追い詰められて変な単語を口にし、教室に失笑が起きる。

「なるほど。その数学界とは、数学のあらゆる定理がふわふわと浮かんで存在している異次元の世界みたいなところだろうか。だとしたら、それはプラトンと同じ考え方をしていると言えるね」

先生は、バカにすることなく優しい目で言う。

たしかに、そうなってしまうか。見たり触れたりできないものを「存在する」と言ってしまった時点で、僕も、物質を超えた世界を想定してしまっているわけだ。

「では、こう表現してみたらどうだろう。宇宙ができた瞬間から、三角形の定理という法則性が、何らかの形で、とにかく存在していた。そして、その後、人間が生まれ、その定理の存在に気づいた……というぐらいの言い方であれば、正義《まさよし》くんも納得してもらえるのではないだろうか？」

それぐらいの言い方なら、まあ納得はできる。僕は首を縦に振った。

なるほどな。世の中には、見たり触れたりできないけど、明らかに『存在する』と言えるものもあるわけなのか。

「では、ここからが本題だ。いまの話の三角形の定理のところを、善という言葉に置き換えてみてほしい。つまり、宇宙ができた瞬間から『善』という概念が何らかの形で存在しており、人間は後からその存在に気づいた——ということだが、さあ、このように考えることは果たして可能だろうか？」

理屈としてはわかるけど……。

いや、さすがに、ちょっと無理があるな。

先生から、目線で回答を促されたので僕は答える。

「えっと、善や正義は、数学上の定理とは違って、人間が生み出した概念にすぎないと思います。だから、人間がいなくなった時点で消え去ってしまうんじゃないかと……」

「なるほど。人間がいなければ善の概念は存在しない、だから、人間が存在する前から、善という概念が存在していたという理屈はおかしい、というわけだね。たしかにそうかもしれない。だが、仮に人間が絶滅したとしても……、何千億年後に、全然違う星で、全然違う知的生命体が生まれたとしたら、彼らもやはり、我々と同じ『善』の概念を持っているのではないだろうか」

別の星で、宇宙人が、地球人と同じ『善』の概念を持っている？　急に突飛な話になったぞ。そんなの、たまたま人間と同じように考える生物が他にいたというだけの話で、いったい何の意味があるのだろうか？

「いや、すまない、少し脱線したようだ。この話はまた後でするとしよう。とにかく、イデア論は『人間が存在するよりも前に、善という概念が宇宙に存在していた』という立場だということ。賛否はともかく、プラトンは、そう主張をしたということだ」

■唯名論　VS　実在論

「イデア論の説明が長くなってしまったが、気を取り直して歴史を先に進めよう。さて、その後、歴史は紀元前から紀元後へと突入し、キリスト教がヨーロッパ世界を席巻する中世と呼ばれる時代が1000年ほど続くことになるのであるが、そこで起きたもっとも有名な思想的事件が『普遍論争』である。これは端的に言えば『普遍的なものは存在するのか?』という問いを巡る論争であるわけだが、たとえば、『人間』という概念について、当時の知識人たちは、ふたつの思想に分かれて言い争いを続けていた。

そのひとつが『唯名論《ゆいめいろん》』。これは、文字通り、『唯《ただ》の名前だよ論』と理解してもらえばよいのだが、つまり、たまたま地球に、猿という動物から進化した生物がいて、その生物の名前に『に・ん・げ・ん』という言葉を誰かが当てはめた……、それが『人間』という概念の正体であってそれ以上でもそれ以下でもない、という考え方のことである」

それで、唯の名前だよ論か。ものすごくしっくりくる。というか、これがもう正解なんじゃないだろうか。

「もう一方は、『実在論』。こちらは『実在するんだよ論』と理解してもらえばいいだろう。これはそのまま、『人間という概念は、ただの名前なんかじゃなく、どこかに本当に実在してるんだよ』という考え方のことだ」

え、それって、さっき説明してたイデア論と同じじゃないか。見たり触れたりできないけど、とにかくどこかに実在しているはずだ、って無理やり強弁するやつ。

「ちなみに、現代の我々からすると、こんな論争、どうでもいいことに思えるかもしれないが、当時のキリスト教社会においてはとても重大なことだった。たとえば、唯名論に従って考えてしまうと、『人間』は普遍的なものとして存在しないのだから、アダムが知恵の実を食べたという罪は、『人間』の罪ではなく、アダム個人の罪にすぎなくなってしまう。つまり、原罪というキリスト教の基本的な教義が成り立たなくなってしまうわけだ」

あ、それ、子供の頃、思ったことがある。アダムが知恵の実を食べた結果、人間は「労働しなければならない」「死ななければならない」という罰を背負うことになったという話を幼稚園で聞いたけど、それってアダムが悪いだけで僕たちには関係ないよなって思ったのだ。でも、そこで『人間』という、僕たちをひと括りにできる概念が実在しているとすれば、全員の罰とすることが理屈上は可能となるわけか。いや、もちろん、それでも納得はいかないけども。

「一方、では実在論に従って考えればいいかというとそうでもなく、『人間』という普遍的なものが実在すると言ってしまうと、今度は神さまが『人間』を救済すれば、それだけで、全人類、つまり悪人も不信心者も異教徒も、全員が芋づる式に救われてしまい、宗教組織的にはマズいことになる。

――とまあ、そんなふうに、この時代は概念の実在性について、唯名論と実在論というふたつの立場で、まさに神学論争を繰り広げていたわけだ。

さて、普遍論争がどういうものかわかったところで、もう一度、今度は善の概念を使って、今の思想対立を説明し直してみよう。まず、唯名論、この考え方に従うなら、善とはただの名前にすぎないものになる。つまり、人間という生物の行動のうち、たとえば社会の利益になるものを誰かが『ぜ・ん』と名づけただけのことであって、善とはそれ以上でもそれ以下でもないという話だ」

さすが、唯の名前だよ論、身も蓋もなさすぎである。

「次は、実在論、この考え方に従うなら、絶対的に正しいと断言できる普遍的な善が、この世のどこかに実在していることになる。もちろん、その証明は誰にもできないがね」

これはほんと聞けば聞くほど、イデア論だな。

「ああ、そうそう、善の話で思い出したが、アダムが食べたという『知恵の実』、あれは本当は『善悪の実』と呼ばれていてそれが正式名称なのだが、善悪を知ることが知恵を得ることなのだという構図は、なかなか意味深な話だと言えるね」

■経験主義　VS　合理主義

「さて、中世から近代と呼ばれる時代に変わる頃、今から500年くらい前の話だが、今度は、経験主義と合理主義という新しい対立が始まる。

まず経験主義。これは『人間が思い浮かべられる概念はすべて、経験から作られたものであって、それ以上でもそれ以下でもない』という考え方のことであるが、たとえば、『馬』という概念は、『馬の絵を見る』などの『経験』をたくさん繰り返すうちに形作られたものだと考える」

まあ、当たり前と言えば当たり前の話だよな。だって、馬を見たことがない人、つまり、馬を見るという「経験」をしたことがない人が、「馬という概念」——4本足で顔が長い動物が馬だというイメージ——を持てるはずがないわけだし。

「これはとても単純な話だから、同意する人も多いだろう。では、『善』という概念についてはどうだろうか？　経験主義の立場に従うならば、子供の頃に『親が喜ぶことをすると褒められた』という経験がまずあり、その経験を繰り返すうちに『これが善いことなんだ』という『善い』の概念が段々と形作られたということになる。つまり、経験主義的には『善』の概念なんて、『馬』や『犬』と同じ。単なる経験の積み重ねから発生したものであって、決して特別なものではないのである」

身も蓋もないところも含めて、唯名論と似ているな。

「一方、合理主義は、『合理的に理性を働かせれば、人間は絶対的な正しさに到達できる』という考え方のことである。これは一見すると、理屈を重視する現実的な主義に思えるかもしれないが、実際には『真理』『絶対的に正しい何か』が世界のどこかに存在するというロマンを信仰しており、経験主義と対立する考え方だと言える。そのことは、合理主義の祖である哲学者デカルトが主張した『神の存在証明』の話を聞けばよくわかると思う」

え、神の……存在証明？　神が存在することを証明できたということ？　どうやって？

「デカルトは次の合理的な思索で神の存在を証明できると主張した。

1．人間は『不完全』な存在である。ゆえに、『不完全』な認識しか持たず、『不完全なもの』しか知りえない。

2．しかし、人間は『神』という概念を知っている。不完全な人間が、完全な存在である神を知っているのはおかしい。

3．この矛盾を解決するには、人間は神から『神の存在』を何らかの方法で教えてもらったと考えるしかなく、ゆえに、神は存在する。

以上だ」

…………いや、全然わからん。

「ようは、『本来、知りえないものをなぜか人間は知っている。それはおかしい。だから理屈を超えた何かが存在しないと説明がつかない』というロジックであるわけだが、なかなかピンとこない人は、先に話した『枠』と『善』の関係をもう一度思い出してほしい」

先生は黒板の隅に、再び例の丸い枠を描く。

「人間が考えられる範囲、経験できる範囲をこの枠で表したとしよう。人間は、もちろん、有限の存在であり、有限の認識力しかないのだから、完全な善を知ることもできなければ経験することもできない。しかし、人間は完全な善があることを知っている。『これこそが完全な善だ』と具体的には言えなくても、少なくとも完全な善を『概念』としては知っている。ならば、その完全な善の『概念』はどこから来たのか？」

そう言って先生は、枠の外側に「善」という文字を書く。

「それはもちろん、認識の外側、経験の外側からである。そうでなければ、このことは説明できない。ということは、やはり絶対的で完全な善は『存在する』のである。しかもそれは、人間の認識や、個人の経験から独立した、この枠の外側においてだ」

神の存在証明から形を変えた……善の存在証明？

神さまのときよりは身近にはなったけども、でも、その通りだとはまったく思えない。なんだろう。最初聞いたとき、合理主義は合理的に考えることを推奨してるのだから、誰もが納得することを理詰めで語る、現実的な人たちの思想かと思いきや、予想と全然違った。結局のところ、「真理」「善」「正義」を求めてしまうと、人間はどうしても人智を超えたものを信じるような考え方になってしまうということなのだろうか。

と、そのとき、僕は黒板のある文字を見て、「あ！」と思った。先生が引いた縦線の左側にある文字――絶対主義。そういうことか！　結局すべて同じで、そこですべてが分けられるのか！

「さて、我々は、今、約２５００年にわたる人類の思想対立、哲学史を眺めてきたわけだが、何か気づくことはあっただろうか？　正義《まさよし》くん」

「はい。縦線の左側……絶対主義から始まる一連の哲学は、みな枠の外側に、善や正義がある

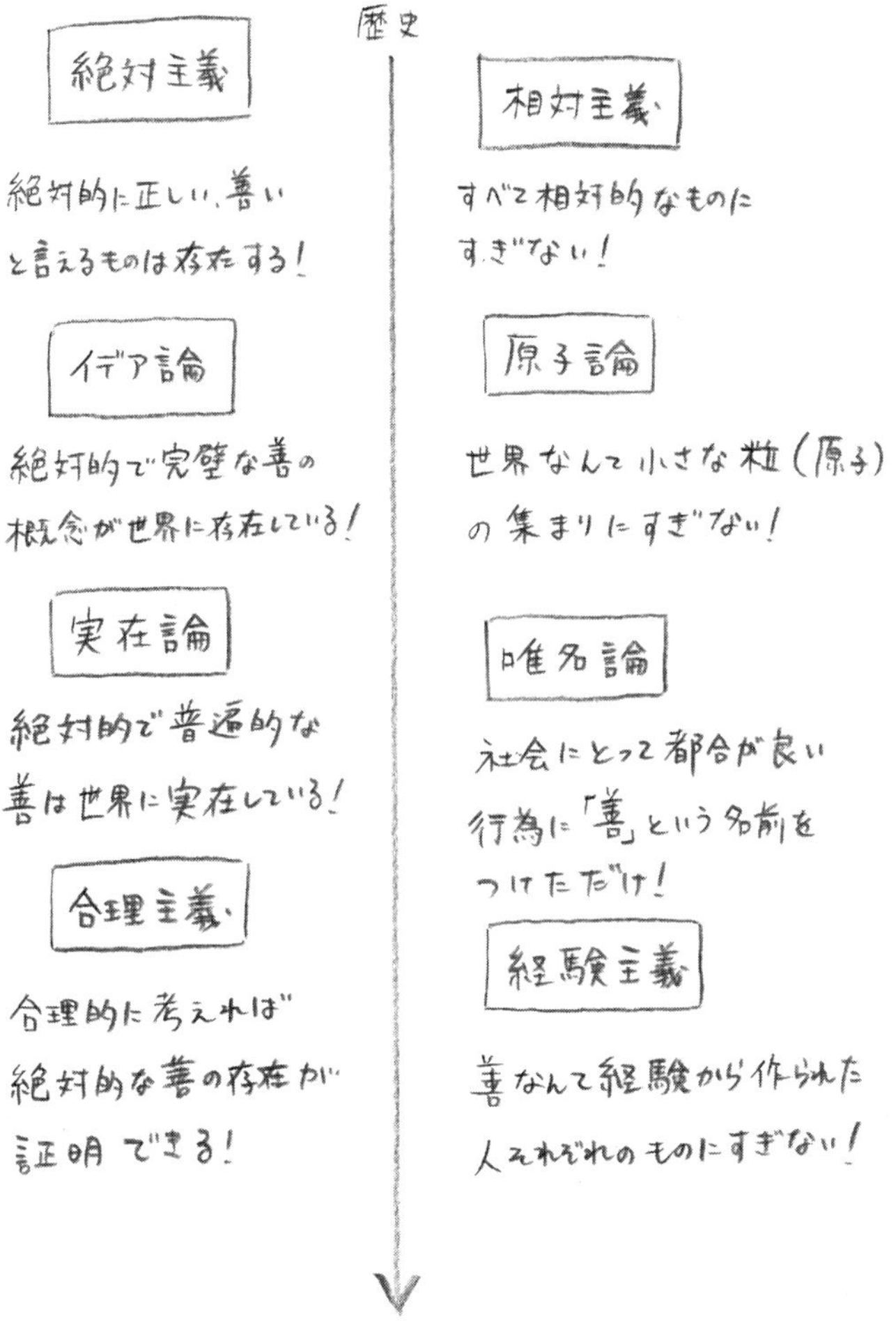
歴史
絶対主義
絶対的に正しい、善いと言えるものは存在する！
イデア論
絶対的で完璧な善の概念が世界に存在している！
実在論
絶対的で普遍的な善は世界に実在している！
合理主義
合理的に考えれば絶対的な善の存在が証明できる！
相対主義
すべて相対的なものにすぎない！
原子論
世界なんて小さな粒（原子）の集まりにすぎない！
唯名論
社会にとって都合が良い行為に「善」という名前をつけただけ！
経験主義
善なんて経験から作られた人それぞれのものにすぎない！

と考えています。一方、右側の相対主義から始まる一連の哲学は、善や正義がない、もしくは、枠の内側にあると考えています。つまり、結局のところ人類は、善や正義といったものが、『枠の外』にあるかどうかでずっと議論してきたのかなと思いました」

僕の回答に先生は驚いて目を丸くする。そして、これ以上なく顔をほころばせた。どうやら先生的に満点に近い回答だったようだ。

「そうそう、その通りだ！　まさに、そこだ！　『善』や『正義』、他には『神』でも、『愛』でも、『意味』でも何でもいい。とにかくそういった見たり触れたりできない概念（イデア）的なものが、枠の外側……つまり人間の認識や理屈の外側に『本当に存在する』のかどうか……その争点だけを巡って人類は、２５００年もの間、ひたすら考え続けてきたと言える」

２５００年……か。口で言うのは簡単だけど、果てしない年月だよな。

「さて、正義《まさよし》くん、このふたつの哲学思想の対立を見て、どんな感想を持っただろう？」

「なぜなのでしょうか？」

「ん？」

「人類は、２５００年もかけて、結局、その問題について結論は出せてないんですよね？　それこそ、今、現在だって」

「そうだね」

「そもそも、『理屈で説明できないものが存在する』なんてことを理屈で説明する、って土台無理な話で、最初から矛盾してると思うのですが……でも、それなのに、なぜ昔の人たちはそうまでしてこの問題を必死に考え続けてきたのでしょうか？」

「うーん、逆に、正義《まさよし》くん、この問題よりも重要な問題が、この世にあるのだろうか？　たとえば、正義《まさよし》くんは、ドストエフスキーという小説家を知っているかな。彼は、有名なロシアの文豪で、代表作『罪と罰』『カラマーゾフの兄弟』など、人類の普遍的なテーマを扱った小説をいくつも書き上げた大作家だが、彼は作品の中で次のような台詞を登場人物にたびたび言わせている。

『もし神が人類の人工的な観念にすぎないとしたら、人間は神なしに、どうして善行などできるだろうか？』

これは、ドストエフスキー作品全体のテーマに関わる重要な台詞であるが、ようするに、善や正義を行うためには、必ず『神』という、理屈を超越したものの存在を前提にしなければならないのだということ。だって考えてもみてほしい」

そう言って、先生は振り返り、黒板にたくさんの丸を適当に書き連ねた。

「仮に、神など物質を超越したものが存在せず、本当に、ただ物質しかないとするなら……、宇宙は、原子、つまり大量のボールが物理法則通りに転がってるだけの空間ということになる。いわば、巨大なビリヤード台だ。すると、その大量のボールは永遠の時間の中で、無限に転がり続け、くっついたり離れたり、時には人の形をして生物的な動きを見せたりすることもあるわけだが……、もし、そうしたボールの運動が我々人間の活動のすべてなのだとしたら……、果たしてそこに『意味』というものは生じるのであろうか？　『善』というものは存在するのであろうか？　正義《まさよし》くん、どうだろう？」

もし、宇宙がビリヤード台で、人間が規則通りに動くボールの塊だったとしたら……。

あれ？　ほんとだ？　意味がないぞ。だって、その場合、たとえ人間が人間を殺したとしても、それは単にボール同士がぶつかりあって一方が散らばっただけのこと。そして、ボールはただ規則通りに動いているだけなのだから、選択の自由もないわけで、だとしたら何が起ころうと——たとえそれが殺人でも人助けでも——誰が善いとも悪いとも言えなくなる。

「たしかに善悪がなくなります。いえ、もちろん、ボールの特定の動きに対して、『これを善と呼ぼう』と誰かが決めれば、善はあると言い張れるかもしれませんが……、でもそれだともはや『善』と名づける必要もないし、少なくとも、僕たちが今議論してる『善』とは違うものだと思います」

ハッと気づいたことをそのまま口に出す。

「そうだ、正義《まさよし》くん。過去の哲学者たち、そして、ドストエフスキーが、人智を超えたものの存在に、なぜそんなにこだわっていたかわかってもらえただろうか。そうした超越的な存在を前提にしない限り、我々が『善悪』について語ることも『生きる意味』を問うことも、そもそもが不可能なことなのだ」

左隣を見ると、倫理が上機嫌だった。自分が信じる正義の正当性について、目の前で語られているのだから、それはまあそうだろう。しかし——

「だが、哲学の歴史は、ここから一変する。超越的なものを追い求める哲学の伝統は、次に現れる哲学者たちの手によって完全に破壊されることになる。それがキルケゴールやニーチェ、実存主義の哲学者たちだ」

■神殺しの実存主義者ニーチェ

ニーチェ。

思いきり聞いたことがあるぞ。哲学者といえばという連想で、ソクラテスと同じレベルですぐに出てくる名だ。そのニーチェが、哲学の伝統を完全に破壊した？

「神は死んだ……。キミたちも聞いたことぐらいはあるだろう。ニーチェが残した言葉の中で、もっとも有名な言葉であるが、一見すると、単に宗教を冒涜《ぼうとく》しただけの言葉のように思えるかもしれない。だが……、今日の授業で哲学の歴史を知ったキミたちなら、この言葉の意味が、ある程度は想像がつくのではないだろうか？」

あっ、と思った。僕は黒板に書かれている、枠の外側の単語に目を向けた。

その単語の上に、先生がバンッと強く手を置く。

「ニーチェが死んだと言った『神』。それはもちろん、『真理』『善』『正義』など、枠の外側にある、超越的な存在のことだ。ニーチェはそれらが『死んだ』と言ったのだ。いや、それどころか、そんな非現実的なものを信じるから、人間は生きる意味を見失ったのだとさえ断言する」

さっきと逆だ。さっきまでは、神や善などの超越的な存在がなければ生きる意味がないという話をしていたのに、ニーチェは完全にその逆のことを言っている。

僕は反射的に左隣を見る。すると、案の定、剣呑な目をした倫理が先生をにらんでいた。

「ニーチェによれば、古来、人類は『狼』や『鷹』のような強者を『善い』とする価値観を持っていたが、あるときから――具体的にはキリスト教という宗教や道徳が発生してから――『羊』のような大人しい弱者を『善い』とする価値観を持つようになってしまった。これは、自然な、人間本来の価値観ではなく、あとから宗教家や道徳家によって正しいと思い込まされた、偽物の価値観だとニーチェは主張する。そう、ニーチェは、神や善や道徳を、普遍的なものどころか、人工的なものであると言い、しかも、支配者が人間を都合よく大人しくさせるための抑圧の道具にすぎないのだと言ってしまったのだ」

今の発言、倫理の立場からすれば、当然、看過できない。倫理は立ち上がって反論する。

「ニーチェがどう思おうと勝手ですが、でも、事実として道徳があるからこそ、今、人間は平和に暮らせているのではないでしょうか?」

「ほう、そうかね。人類の歴史を遡れば、道徳――つまり、善や正義といった理想を持っている人間の方が、いわゆる悪人よりも、大勢人間を殺しているのだがね。

たとえば、人間よりも上位の存在である『神』を信じる者……。

たとえば、自分自身の政治思想を『正義』だと信じる者……。

万単位での大量虐殺を引き起こしてきたのは、いつだって、そういう人間たちだった。枠の外側……理想の存在に入れ込む人間は、枠の内側……現実の存在を蔑ろにしがちである。だからこそニーチェは、ありもしない、見たり触れたりできない、『神』や『道徳』を崇拝するのではなく、現実の存在——哲学の世界では格好良く『実存』と呼ぶが——その実存に目を向けた生き方をせよと強く訴えかけたのだ。この、実存を重視する考え方を『実存主義』と呼ぶ。これは、もちろん、系譜としては右側の現実的な哲学であり、『経験主義と合理主義の対立』の次に現れた哲学なのであるが……、以後、哲学史において、それに対立する左側……絶対主義を祖とする哲学はまったく出てこなくなる」

え、そうなんだ。2500年も続いたのに!?

「哲学史は、このあとも、構造主義や道具主義やポスト構造主義など、さまざまな主義主張、哲学体系を生み出していくが、実のところ、それらはすべて右側の哲学——真理や正義を相対化して否定する考え方のものばかり。

つまり、哲学の歴史……善や正義を追い求めてきた人間の思索の歴史は、ある意味、ニーチェが終止符を打ったと言っても過言ではないのである」

そうか、だからなのか！　哲学者といえば、ソクラテスとニーチェがすごく有名だけど、その理由が今実感としてわかった気がする。善を追求する哲学の歴史をソクラテスが始めて、それをニーチェが終わらせた。つまり、「善く生きる」と「神は死んだ」。だから、この2人が哲学において超重要人物なわけなのか。

「でも！　それでも、私は、正しいものは正しい。善いものは善い。そうした絶対的なものが、やはりこの世にはあると思います」

倫理はあくまでも倫理を貫き通す。

「なるほど。だが、そうだとしても、キミ自身はその絶対的な正しさに到達できない。それはキミ自身が一番よくわかっていることではないのかね」

「どういうことですか？」

「実存主義の哲学者キルケゴールが『死に至る病』という本の中で言っていることだが、まあ単純なことだ。人間は、有限で不完全な存在であるのだから、無限に正しい善、完全な正義がどんなものか知ることはできないし、実行することもできない。そのため、人間は絶望するしかない、ということだ」

「いいえ、それは悲観的すぎます。人間は、完璧に正しい善を知ることも実行することもできます。たとえば、人を殺すことは間違いなく悪です。嘘をつくことも間違いなく悪です。ということは、その逆は間違いなく善なのですから、つまり、人を殺さない、嘘をつかないは万人が従うべき完璧な善だと言えると思います」

「万人が従うべき、完璧な善か……。なるほど、キミの道徳観は、カントと同じだな。カントは、人類史上、もっとも道徳について考えたとされる哲学者だが、彼もキミと同様、たとえば『嘘をついてはいけない』などのような、絶対的に正しいと言える道徳規則がこの世にはあるのだと考えた。しかしだ……」

先生は、少し申し訳なさそうに続ける。

「あるとき、その道徳規則を気に入らない人が、カントにこんな意地悪な質問をした。家に殺人鬼がやってきて、家族の居場所を訊いたとする。もし、家族の居場所を教えてしまえば、殺人鬼はその足で家族を殺しに行くだろう。さあ、キミは殺人鬼に何と答えるべきだろうか?」

これは、つまり……、嘘をつけば家族が助かるが、嘘をつかなければ家族が死ぬ、という二択を迫る思考実験というわけか。

「私なら、殺人鬼に『さっき向こうで見ました』と答えます」

「ほう、それは真実かね?」

「はい、真実です。ただし、見たのは3日前の話ですが」

「なるほど。だから、殺人鬼がその場所に行っても家族はいないし、そして、自分自身も嘘はついていないと」

倫理はこくりと頷いた。

「ふむ。今の彼女の回答、実はカントと同じものなのだが、正義《まさよし》くんは、今の答え、どう思ったかな?」

「…………」

どうって機転が利いてるし、その状況においてはベストな回答のように思える。

でも……。

「彼女は、嘘をついていないと主張するが、正義《まさよし》くんもそう思うのだろうか?」

その言葉に僕の心は決壊する。ミユウさんの一件。ずっと引っかかっていたこと。僕は言ってしまう。

「いいえ、それは嘘だと思います。人を騙してることに変わりはないと思います」

僕の回答に、倫理は驚いた顔をした。もちろん、本当のことを言えばいいとも思わない。でも、明らかに騙す意志があったのに、自分は騙してないと言い張るのは、なんだか違う、それこそが倫理に反している気がするのだ。

「なるほど、正義《まさよし》くんの回答ももっともだ。実際、カントの答えにそう反論した人もいた。カント、そして副会長も、自分では絶対的に正しい行為をしたと思っているかもしれないが、このように、その行為が不正だと感じる他者がいることは決して否定できない。それに、副会長、殺人鬼が賢くて裏を取るような質問をしてきたらどうするつもりだったのかな? もちろん、単純に沈黙するという回答もあるだろう。だが、これは思考実験だ。沈黙が許されず、はぐらかしが通じない相手という特殊な状況だった場合、キミはどんな回答をするのだろうか?」

「そのときは、真実を言います」

「それは、家族が殺されようとも、嘘をつかず、本当のことを言うということかね?」

「そうです! どんな場合であろうと、嘘をつくことは倫理的に問題があります。だから、私は真実を言います。なぜなら、それが道徳であり、善であり、正義だからです!」

倫理は、はっきりとした口調でそう言った。

「ほう、その答えもカントと同じだな。たしかにその回答には一定の正当性がある。もしも殺人鬼なら嘘をついてもいい』という、そんな例外を作ってしまったら――悪人なら嘘をついてもいい、敵なら嘘をついてもいい、信頼できない者なら嘘をついてもいい、と次々と条件つきの虚言を認めざるを得なくなる。それではもう『嘘をついてはいけない』は絶対的な道徳規則ではなくなってしまうだろう。
とはいえだ……。だからといって、家族が死ぬことがわかりきっているのに、それでも真実を言うことは、本当に正義だと言えるのだろうか？」

「正義です！」

倫理は断言する。そんな倫理の態度に、訝《いぶか》しむようなざわめきが教室中に広がった。無理もない。倫理は今、「正直であることは、家族が殺されることよりも、優先されるべき正義なのだ」と主張しているのだ。

「うわ、ホントに虐殺とかしそう……」

そんな呟きが、前列の僕たちのところまで届く。

理想を頑なに求めるあまり、現実の存在を蔑ろにする宗教の正義の問題点。それを僕は目の前で見せつけられている気がした。しかし、当の倫理は、周囲の反応に動じることもなく、平然と前を見据えて……いや、違う、微かにだが、唇が小刻みに震えていることを、一番近くにいる僕は見逃さなかった。

「では、副会長、トロッコ問題のようなケースについてはどうだろう？　ようは、トロッコをそのままにして5人を見殺しにするか、それとも路線を切り替えて無関係のひとりを犠牲にするかという問題だ。キミならどう答えるかな?」

それは僕も気になっていた。倫理なら、この問題になんと答えるのか。僕の予想では、おそらく「路線を切り替えず、5人を見殺しにする」の方だと思う。なぜなら、「たとえどんな状況であろうとも、人間の命を利用して何かの目的を達成することは絶対にあってはならない」という考え方を倫理はしそうだからだ。

だが——

「家族……」

「ん?」

僕の予想はまったく外れることになる。

「家族や、恋人や、友達……自分にとって大切な人がいる方はどちらでしょうか?」

興奮気味に、しかし真っ青な顔で問いかける倫理。先生は質問の意図がつかめず怪訝な顔をする。

「どういうことだろうか? それがこの問題の選択に何か関わるのかな? では、仮にどちらかにキミの家族がいたとしよう。そうすると、キミは家族がいる方を助け、家族がいない方を見殺しにするべきだと言いたいわけなのかな?」

「いいえ、違います! 逆です! 自分の家族がいる方を見殺しにするべきだと思います!」

え。いや、倫理は何を言ってるんだ?

「なぜなら、自分にとって大切な人間を優先して助けようとする行為は私情だからです。私情は普遍的なものではなく、個人的なものです。そこに万人が目指すべき正義はありません。ですから、もし、一方しか助けられない状況に追い詰められたとしたら、私たちは率先して家族を見捨てて、他人を助けに行くべきであり、万人は、そういう義務を必ず背負うべきだと思うのです！」

いやいや、それはさすがに正義ではないだろ。でも言いたいことはわかる。

原理的に言えば、正義とはそういうものなのかもしれない。

でも、倫理の言っていることは、僕たちからすればただの狂気だ。

「副会長、念を押すが、それは本当に正義なのだろうか？」

「はい」

正義です。

そう言おうとしたのだろう。だが、彼女の口からは、正義という単語ではなく、今まで一度も聞いたことのない音が鳴り響いた。

それはちょうど、僕たちと善悪がまったく共有できない、姿形もかけ離れた宇宙人がいたとして、その宇宙人が話す言語のような音。意味不明な不快音——僕は、それが彼女が吐しゃ物を吐き出す音だと気がつくまでにしばらく時間がかかった。

教室中が騒然となった。

彼女から等間隔に連続して発せられる異音。そして異臭。うしろで半分寝ながら授業を聞いていた生徒たちも状況に気づき、いつも澄まし顔の副会長の失態を見ようと、わらわらと集まってくる。

「倫理、大丈夫か？」

僕は、周囲から見えないように壁になりながら、背中をさすり問いかける。

だが倫理は答えず、涙を流しながら嗚咽を繰り返していた。

第8章

人は正義を証明できるのか?

——直観主義の問題点

バンッと、千幸は生徒会室の机にプリントを叩きつけ、僕に向かって言った。

「もう、正義《まさよし》に任せる！」

叩きつけられたのは、倫理のクラスの、何かの連絡用のプリントだった。なるほど、察するに、これを届けることを口実に倫理の家まで行けということらしい。

あの授業での嘔吐の一件以来、倫理は学校に来ていなかった。だから、ここ生徒会室に今、倫理の姿はない。

黒板には何日も前に書かれた箇条書き――「直観主義の問題点」が相変わらず並べられていた。その前で、千幸は仁王立ちをしている。毎日放課後になると、千幸はそうして倫理が来るのをずっと待っていたわけだが、1週間経っても出席の兆《きざ》しがないこの状況に、いよいよしびれを切らしたらしい。

「自分のときだけ、逃げるなんてズルいじゃない！」

まるで持ち回りの当番をすっぽかしたかのように千幸は言う。まあ、そうは言いつつも、千幸は千幸で倫理を心配しているのだろう。わざわざ違うクラスにまで行って、こうしてプリントを持ってきたのがよい証拠だ。かく言う僕も、そろそろなんとかしないといけないと思っていたので、「よし、行こう！」と千幸の案に賛同する。

「うん、じゃあ、お願いね」

そう言って千幸は、今度は僕の胸にプリントをドンッと叩きつけた。

「ほえ？」

胸を叩かれた物理的な要因で間抜けな声を出す僕。

「……もしかして、僕、ひとりだけ？」

「そうよ、任せるって言ったでしょ。生徒会長で、生徒会の代表なんだし」

いや、それはそうだけど、女子の家に、男子がひとりで行くのって、ちょっとハードルが高くないか……。

「別に一緒に行ったっていいだろ？」

「まあ、いいからいいから、察しなさいって。はい、これ住所」

そう言って、手でつまんだ紙をこちらに向けてひらひらさせる千幸。うわ、なんか、こっちが空気読めないやつみたいな扱いをされた。少しイラッときたが、まあ倫理が心配なのは確かだ。隅で黙って読書をしているミユウさんも行く気はなさそうだし、僕は覚悟を決めてひとりで行くことにした。

——と、そのとき、ミユウさんが本に視線を向けたままで「あ、そうそう、正義《まさよし》くん」と声をかけてきた。

「倫理ちゃんのところに行く前に、ちょっといい？　彼女の家庭の事情について話しておきたいことがあるんだけど」

――そして、それから1時間後、僕は目的の場所に到着した。

が、しかし――

「え、ここなのか……」

僕は、もらった住所と目の前の表札を何度も見返しながら、ドアの前で立ち尽くしていた。

徳川倫理。名前や見た目、普段の立ち居振る舞いから、そのお住まいは、和風なお屋敷、もしくは、タワーマンションとはいかないまでも、セキュリティのしっかりした高級マンション、そのあたりだろうと僕は勝手に思い込んでいた。だが……、今、僕の目の前にある現実は――シミだらけの壁、埃《ほこり》の積もった配管、廊下に置かれた年季の入った洗濯機、そしてセキュリティも何もない、安っぽい木のドア――まさにボロアパートという名に相応しい風景であった。住所と表札が示す限りでは、どうやら、ここが間違いなく倫理のお住まいらしい。

とにかく、僕はインターホンを鳴らす。すると奥からガサゴソと音が近づいてきて、ドアの向こう側でその音が止まった。よほどドアが薄いのか、人の気配が丸わかりである。

ガチャ。

ドアにつけられている郵便受けが開いた。普通、こういうとき、ドアの上の方にあるドアスコープから訪問者の顔を確認すると思うのだが、この家のドアにはそれがなかった。だから、その方法でわざわざ外を確認しているのだろう。

「………帰ってください」

奥から聞こえてきたのは、か細く弱々しいが、やはり倫理の声だった。そして、すぐにガチャリと郵便受けが閉まる。

……えっと……どうしよう？

学生服の足元を見て僕だとわかって拒絶した？　だとしたら下手に声をかけない方がいい？

いや、でもそれだと話が進まなくないか？　想定外のことが色々と積み重なり、軽く混乱する僕。そして、ふと自分の手にプリントを持っていることに気がつく。

あ、そうだった、プリント！

僕は、反射的に郵便受けを開けて、そこにプリントを入れようとする——が、「え!?」と慌てた声がして、内側から押さえつけたのか、郵便受けは閉じられてしまった。

あ……しまった、覗かれると誤解されたかも。そう思った僕は、「いや！　覗きじゃなくて！　そうじゃなくて！」と叫びながら、無理やり郵便受けをこじ開けようとするが、ドアの向こう側の相手も力任せに閉じようとしてくる。そうして、ガチャガチャと、郵便受けの開閉の攻防を、ドア1枚を挟んでしばらく繰り返したあと、ついに僕は、なんとか郵便受けにプリントをねじ込むことに成功する。

よし、ミッションコンプリート。

「……2のAだより……新メニュー、お好み焼きパンの食レポ……。なんですか、このどうでもいいプリントは……」

とそこで僕は本来の目的を思い出す。

「正義《まさよし》だけど、倫理、話がしたいんだ」

しばらくの間のあと、ふう、とドアの向こう側から、ため息をつく音が聞こえた。

「ひとりですか？」

「あ、うん、千幸にひとりで行けと言われて」

「千幸さんが？」

「あ、いや、言われたから来たわけじゃなくて、倫理が心配で」

「そうですか、千幸さんが……」

ガチャ。

今度は郵便受けではなく、ドアが開いた。

あっけなく、あっさりと。

なんだか千幸に免じて開けてもらった感があるのが引っかかるが、そこは女子同士、何か心の機微があるのだろう。とりあえず、開けてもらったことに素直に感謝して中に入る。

倫理の家の玄関。薄汚れた木のドアの向こう側は……やはり予想通りの薄汚れた狭いワンルーム。部屋の床には、弁当屋のビニール袋が散乱し、まさに汚部屋という形容がふさわしい様相で、万年床のような布団が1組だけあることから、ひとり暮らし……やはり両親とは一緒には暮らしていないようであった。

「で、用はなんですか？」

「え、いや、えっとプリントを渡しに……」

「……それはもう受け取りましたけど」

正直に言うと、僕はこのアパートについてからずっと気が動転していた。いつも凛としていた倫理がボロアパートに住んでいること、その部屋が汚部屋であること、学校をずっと休んでいることもそうだし、あとは、そう、ミユウさんから聞いた倫理の身の上話……今までの倫理観を覆すような情報が多すぎて、僕は思考がまったく追いついていなかったのだ。

また、何より一番驚かされたのは倫理の顔だった。

いつもは身体の中心に針金が入ってるのかと思うほど、しゃんとした姿勢に、威厳のある自信に満ちた表情。それが今では見る影もなく、ボサボサの髪、やつれてこけた頬、生気のない青白い顔色で、さらには目の下に特大のくまがあり、背中を丸めて、おどおどと自信のなさそうな表情をしていた。ともすれば、道ですれ違っても倫理だと気がつかないかもしれない。それほどの変貌ぶりであった。

「体調悪そうだな」

「ええ……ちょっと寝られてなくて……」

「不眠症とか？」

「…………」

「家の人は？」

「いません……。長いことひとり暮らしです……」

「そうなんだ……」

「ええ……ですから、男の人を部屋に入れるのは倫理的に問題があるのですが……まあ、どうぞ」

言われて靴を脱いで玄関を上がる。

「仮病で学校を休んでいる私には、もう倫理的にどうとか言う資格はないのですけどね」

と自嘲ぎみに言う倫理。

「やっぱり、仮病なんだ」

「眠れてないのは本当です」

「みんな心配してるよ。千幸も、ミユウさんも。……あと、ミユウさんから聞いたよ。その……お父さんのこと」

その言葉に倫理は固まる。

「そうですか……じゃあ、全部知っているのですね」

◆◆◆

ミユウさんから聞いた倫理の身の上話。いや、正確には倫理の父親の身の上話と言った方が正しいかもしれない。

それは10年以上前のこと、倫理が通っていた保育園で火災が発生。当時、消防士で、たまたまその場に居合わせた倫理の父親は、単身、火災現場に乗り込むも、30人の幼児がいる部屋には向かわず、自分の娘だけを優先して助けるという事件を起こしてしまう。

いや、その、「事件を起こした」という言い方は適切ではないかもしれない。倫理の父親は消防士とはいえ、その日は非番であり装備も何もなく火の海に果敢に飛び込んだわけで、その状況において自分の娘を救いに行くという選択は、決して間違ったものとは言えないし、むしろ被害者のひとりだといっても良いぐらいであろう。

だが、それでも、父親が現役の消防士であったこと、そして、亡くなった幼児の人数のあまりの多さが目を引き、世間は彼の選択に懐疑の目を向けた。また、なぜかマスコミから執拗に嫌われた彼は、「本当は助ける余裕があった？　身内救出後の余裕の一服」など、おそらく事実ではないであろう捏造《ねつぞう》記事まで書かれて周囲から嫌がらせを受けるようになり、とうとう職場も退職せざるを得なくなってしまった。そして、倫理を含む、彼の一家は逃げるようにその町から消えていく。

――というところまでが、僕がミユウさんから聞いた話であったのだが、その後の顛末については、倫理が自分の口から説明してくれた。

「事件のあと、私たちはすぐに引っ越しをしました。それも足がつかないように転々と。私はそのとき幼かったので、何も事情を知らず、てっきり父は消防士をずっとやっているものと思っていました。『消防士のお父さんは、正義の味方でヒーローだから、日本中のいろんなところから助けを求められている。だから、うちは引っ越しが多いんだ』――そう思っていたのです。そして、実際、父もこう言っていました。自分は消防士だ、正義の味方だよと。父は嘘をついていたのです」

事実とは違うことを言っていたのだからたしかに嘘かもしれない……。でも、それは責められる嘘なのだろうか。

「私は、父を尊敬していました。子供の頃から正義の味方になりたいという夢を持っていて、そのまま大人になったような父が本当に大好きでした。しかし、引っ越しが続くようになってからは父の笑顔も消え、いつも何かに悩んでいるようでした。そんな父の変化を、当然、私は不審に思います。父の身に何かあったんじゃないかと。それから私も成長してネットに触れられるぐらいの年齢になる頃、私は、父について自分で調べることを決意し、そして——当時の記事を見つけてしまいます。もちろん、例の保育園火災の記事です。

不思議なことですが、その記事を読んだ瞬間、私は、あの日の出来事を鮮明に思い出しました。どうして今まで忘れていたのかわからないくらいに。私は、すぐに父を問い詰め、騒ぎ立てます。どうしてそんな選択をしたのか！　どうして今まで嘘をついていたのか！　……きっと、興奮して頭に血が上っていたのだと思います。私は父に向かって、言ってはいけないことを言ってしまいました」

『嘘つき！』

『私なんか助けなければよかったのに！』

『そしたらみんなもっと幸せだったのに！』

「——それがきっかけだったのでしょう。父は精神を病むようになり、今は入院中で、母とは離婚調停中です」

自分の過去を語り終えた倫理は、大きくため息をついた。そして、すがるような顔で僕を見る。

「正義《まさよし》くんはどう思いますか？　父の行動は正しかったと思いますか？」

「………………」

これまで何度も倫理から正しさについて問われてきた僕だけど、これは今までで一番重たい問いだった。

「やはり私を助けたのは間違いだったのではないでしょうか？　父は私情にとらわれず、30人の子供の方を助けるべきだったのではないでしょうか？　そして、嘘をつかず、私に真実を伝えるべきだったのではないでしょうか？」

「いや、そんなことは……」

問いを重ねる倫理に対して、僕は半ば反射的に答える。しかし、それ以上の言葉は出てこなかった。どっちが正しい、こうした方が正義だったなんて、僕に言えるはずもない。だから、僕は、不甲斐なくも沈黙することしかできなかった。

そのとき、ふと僕の視界に本棚が入る。それはこの小さな部屋には似つかわしくない大きな本棚で、しかも、ゴミ袋まみれの汚部屋の中にありながら、なぜか、その本棚の周囲だけは綺麗に片づけられていた。僕にはそれが神聖な祭壇のように見えた。倫理は僕の視線の先に気づく。

「あれは、善や正義に関する倫理学の本だけを集めた本棚です。今、正義《まさよし》くんに問いかけたこと、その答えがほしくて、私なりにずっと勉強してきました」

そう言って立ち上がり、倫理は本棚の方へと歩いていく。

本棚を見れば、その人の精神構造がわかるというそんな話を聞いたことがある。それでいえば、倫理の精神は間違いなく「正義」一色と言っていいだろう。倫理は、綺麗に並べられた本の背表紙を確かめるように一冊一冊指を置いていく。それらの本にはすべて、大量の付箋がつけられていた。

「でも、ここにある本を、どんなに読んでも答えは書いてありませんでした。いえ、それどころか、読めば読むほど、正義が何なのかわからなくなっていきました。だから……本当の嘘つきは私ですね」

「え？」

「良心に従えば、考えなくても善いことがわかる――そう私はいつも言ってましたよね。でも、本当はわかってなかったんです。ずっとわかってるふりをしてきただけなんです。それなのに、私は……恥ずかしげもなく独善的で、正義を振りかざして、正しさを押しつけて……、正義《まさよし》くん、ずっと迷惑でしたよね、今まで本当にすみませんでした」

弱々しく謝る倫理。いや、違う。僕は、こんな倫理が見たかったわけじゃない。

「そんなことないだろ。そりゃあ、人間だから完全な善や正義はわからないかもしれないけど、でも、ほら倫理はみんなの模範で立派で、その、誰よりも優等生じゃないか」

「優等生？　私が？」

倫理は心外だと言わんばかりの表情をした。そして、急に笑い出す。

「正義《まさよし》くん、もしかして、私のこと、優等生で、善人だと思っていますか？　たぶん、うちの学校で一番、性格が悪いのは私だと思いますよ」

そう言って倫理は自嘲するような歪んだ笑みを浮かべた。

「だって、そうじゃないですか。私が、毎日、何を考えているか知っていますか？　ミニョネット号事件。１８８４年に起きた、食糧も水もなく海で遭難した４人が、衰弱した仲間の少年を殺して、その血をすすり肉を食べたという事件です。その後、救助された彼らは、『殺人行為をしなければ全員が飢えて死んでいたし、また少年は衰弱していて放っておいても死んでいた、だから仕方なかったんだ』と主張したそうですが、果たして彼らの行為は正しいものだったと言えるでしょうか？　では、この事件をベースに色々、条件を変えてみましょう。少年が衰弱してなかったケースならどうでしょう？　もしくは、少年が毒に侵されていて数時間後に確実に死ぬとわかっているケースなら？」

突然、文脈を無視して、倫理は何らかの事件について語り始めた。いや、もちろん、普段からこういうことを考えてますということを言いたいのだろうし、実際、倫理がいきなり何かの事件について話し出すことはこれまでも度々あったのだけれども、だとしても語り口が異様だ。目の前に僕がいることも忘れて、ひとりで夢中になって議論をしている。

「――この手の食人型の事件としては、１９７２年、アンデス山脈に落ちた飛行機５７１便の話も忘れてはなりません。この事件が他と違って特殊なのは……」

嬉々としてまた別の事件を語る倫理。

何の資料も見ずに事件のあらましを流暢に語れるところからすると、倫理の頭の中にはこうした歴史上の陰惨な事件がいくつも刻み込まれているのだろう。僕はただ呆然と、倫理が語るさまざまな事件――極限状態に追い込まれ、不自由で不条理な選択をせざるを得なかった人間たちの、現実の事件を黙って聞き続けた。そして、話はいつしか現実ではなく抽象的な正義論にまで及ぶ。

「――ところで、中絶は悪でしょうか？　胎児を人とするなら、中絶は殺人であり、明白な悪ということになりますが、一方で、強姦されて無理やり孕まされたケースについても考えてみなくてはなりません。

たとえば、ある女性が突然殴られて気を失い、気がついたらチューブをお腹に埋め込まれていて、そのチューブから自分の栄養を見ず知らずの『昏睡中の他人』に送り続けなければならない状態になっていたと考えてみてください。もちろん、そんな不自由な状態では、仕事を辞めねばならず、恋人との親密な関係も破綻してしまうでしょう。そこで、彼女は『初対面の昏睡中の他人を生かすために私が自分の人生を犠牲にする謂《い》われはない』と判断し、昏睡中の他人が死ぬことを承知の上でチューブを引きちぎって、その場から逃げ出しました。さて、あなたは、その選択をした彼女を責めるでしょうか？　もし責める、とすれば、あなたは彼女の人権すなわち自由に生きる権利を否定したことになります。もし責めない、とすれば、あなたは殺人、つまり中絶を許容――」

「倫理！　もういい、わかったから！」

僕は、肩をつかんで倫理の独り語りを強制的に止めた。寝ていないーーそう倫理は言っていたが、もしかしたら、一晩中、こんなことを考えていたんじゃないだろうか。倫理の目は虚ろで焦点もあっておらず、いま正気なのかどうかも怪しい。

「私は毎日、こういうことをずっと考え続けているのです」

倫理はぼんやりとした表情のまま話を続ける。

「でも、倫理学の本って、たいてい、こうなんですよ。人間を追い詰めて、どの道を選んでも必ず不幸になるように周到に状況を設定して……」

皮肉な話だと思った。正義を求めて倫理学を学んだはずなのに、結果、倫理は聞くに堪えない陰惨な事件や解決不可能な思考実験を教え込まれ、延々と考えさせられている。

僕が少し黙ってる間に、倫理はまたぶつぶつと何かを呟き始めた。それはもはや意味不明で言葉としての体をなしていなかったが、途切れ途切れに聞こえてくる単語は……、火災……保育園……右か左か……お父さん……。きっとあの事件を思い出して、何が正しい行為だったのか考えているのだろう。

「倫理！」

僕は倫理の身体を揺すり、もう一度、名前を呼ぶ。そして、「いいから、もう考えるな」と強めに言った。

意外にも倫理は、「そうですね、もうやめます」と素直に従う言葉を返してきたが、次の瞬間、その身体が、糸が切れたように力を失った。肩をつかんでいた僕は、慌てて倫理を支える。顔を覗き込むと、倫理は無表情でただ目を開けていた。眠くなって身体の力を失ったのではなく、生きる気力をなくした、そんな力の抜け方だった。

「もう疲れました……」

倫理は言う。

そして、虚無と諦観に満ちた表情で、誰に言うでもなく虚空に向かってひと言だけ、

「正義とは何か?」

と問いかけた。

(正義なんてただの建前、この世に存在しないもの)

一瞬、そんな答えが僕の脳裏をよぎる。もしかしたら、そう答えれば倫理は楽になるのかもしれない。かつての僕がそうだったように。

——直観主義の問題点。それはいたって単純で、「人間は正義を直観なんてできない」「人間に完全な正義がわかるわけがない」という、よくよく考えれば当たり前のこと。そもそも、正義とは「無限に正しいもの」のことであるが、一方、人間とはあくまでも「有限」の存在にすぎない。だから、有限のコップで無限の水を掬《すく》い取れるわけがないように、人間(有限)が、正義(無限)を計り知ることなんか、最初からできるわけがないのだ。

であるのだから……倫理の言う通り、直観主義者は嘘つきにならざるを得ない。だって、わかるはずがないものをわかる、と言い張らないといけないからだ。そして、その虚飾はトロッ

コ問題のような二律背反の選択問題を持ち出せばすぐに露呈してしまう。もちろん、「人を殺してはいけない」「困っている人は助けるべき」といった単純な問題だけ語って、難しい問題については見て見ぬふりをするという手もあるだろう。だが、倫理のように、本当に真摯に厳密に正義を求めようと思ったら……そして求めなければならない理由があったとしたら……その人は、トロッコ問題――現実に起こりうる難しい問題――から目を背けることができず、悩んで疲弊して絶望して、結果――破綻。狂気に陥るしかない。

だとしたら、倫理のような直観主義者――絶対的で完璧な定義通りの正義を目指す者には「正義なんてないんだ」とむしろ言ってあげるべきではないだろうか。

いや、違う……。昔の僕なら、そう答えていたかもしれないが、今は違う。倫理の授業を受け、生徒会のみんなと議論し、この半年、僕だって正義についてそれなりに考えてきたつもりだ。だから、僕は……倫理に答えてあげたいと思った。答えなんかない、といった安易な答えじゃなく、間違っていても論破されてもいいから、自分なりにきちんと考えた答えを倫理に言うべきじゃないかと思ったのだ。千幸のように。ミユウさんのように。

僕は、今までの倫理の授業を必死に思い返す。功利主義、自由主義、直観主義……人間が正義だと判断するときの基準となる3つの考え方。僕は、それらの説明を何度も頭の中で反復し、例の火災事件に当てはめる。

倫理のお父さんは、助かる人数が多くなるよう平等に助けた方が善かったのではないか。いや、お父さんだって自由に生きる権利を持つ人間なのだから、自由に助けるで善かったのではないか。もしくは、娘を何よりも優先して助けたのは親として立派な行為であり、やはり善かったのではないか。

　僕はさまざまな答えを頭の中に並べ立てる。しかし、どの答えについても反論がいくらでも成立するように思えた。

　と、そのとき、僕は、妙な違和感を自分が感じていることに気づいた。いや、正確には、もっと前から……。そうだ、これは、倫理の授業を最初に受けたときから、本当はずっと感じていた違和感だ。僕は、その正体を探ろうと、自分の中で渦巻いている不快な感覚に目を向けた。そして、唐突に理解する。

「そうか、わかった！　正義は、答えを出したらいけないんだ！」

　突然の大声。そして正義に関する言明。無気力な倫理もさすがに顔を向け、反応する。

「……それは正義に……答えがないってこと……ですか？」

「いや、そうじゃなくて、いや、そうなんだけど、その、なんて言えばいいのか」

　つい今さっき、脳裏に浮かんだ初めての感覚。だからうまく言葉にできない。僕は、この降ってわいた直観が失われないうちになんとか言語化しようと、慎重に言葉を紡ぎ出す。

「風祭先生の授業……色んな正義の考え方……どれも説得力があったけど……僕は何か違う……嫌だなってずっと思っていたんだ。だって、もしその考え方が正義だと決まってしまったら……これこそが正義だと答えられてしまったら……それはもう正義じゃなくなる……そんな気がしたんだ」

今この瞬間、僕の頭の中には、トロッコ問題の情景がリアルに思い浮かんでいた。

「唸りをあげて5人の人間に向かって暴走するトロッコ……待避線の線路の上には無関係の人間がひとり。そこにたまたま路線切替レバーの前に居合わせた人間がいたとして……、そのとき、レバーの前の人は何をすれば正義、正しい行動をしたと言えるだろうか。そんなのはっきり言って、『わかるわけがない！』だ。だって、人間は神さまじゃない、完璧じゃない、未来予知もできない。仮に神さまが決めた善がこの世に本当にあったとしても、僕たちはそれを知ることはできないのだから、どんな行動をすれば正しかったかなんて絶対にわかるわけがないんだ！」

僕の断言に、倫理は目を見開き、何かを言おうと口を開いたが、僕はかまわず先を続ける。

「でも、その状況において、やってはいけないこと、これは正義じゃないと思うことがひとつある。それは、事前に正義を決めつけることだ。たとえば、どんな場合であろうと、大勢の方を救うべきであるとか——だ」

「それは功利主義の否定ですか？」

「だけじゃない、全部だ。自由主義も、直観主義も。正義に関する、この世にあるすべての考え方を、僕は否定する！」

自分の口から出てきた言葉に僕は自分自身で驚く。その言葉が不遜にも倫理学そのものを否定してしまっていたからだ。でも、かまわない。僕は、勢いに身をゆだねる。

「だって、だってだよ。もし、たとえば、何らかの正義の公式や法則が見つかったとして……

人間がただその通りに従うだけだとしたら、それって本当に正義の行為だと言えるだろうか。不運にもトロッコ問題に関わってしまった人がいて……、その人が暴走するトロッコと死にゆく他人を目の前に淡々と公式通りにレバーを操作したのだとしたら……僕はそんな風景のどこにも正義はないと思う」

それが仮に多くを救う結果になったとしても、宇宙の普遍的な善の法則にかなっていたとしても、僕は、そんな機械的な行動が正義だとは思わないし、思えない。

「じゃあ、トロッコ問題のような、何が正しいかわからない状況で、どんな人が正義の人だと言えるのか。それを考えてみたら……思ったんだ……きっと、その人は自分の正しさに確信を持てず、不安の中で、最後の最後まで悩んで、苦しみながらも何かを選択した人間……それってやっぱり……倫理のお父さんみたいな人なんじゃないかって」

「…………！」

トロッコ問題という状況で、どんな「行動」が正義と思えるかではなく、どんな「人間」が正義だと思えるか。それをイメージした結果、浮かび上がった人物像。

「何が正しいかなんてわからない、わかるわけがない。でも、倫理のお父さんは、それでも『正しくありたい』と思った。だから悩んだ。正しさなんかないとか、これが正義だとか、安易な答えに逃げ込まず、苦しみながら悩んだんだ。そんなお父さんが、そうしてやっと娘を助けるという選択をしたんだとしたら、そして、娘を助けたあともそれが本当に正しかったのか悩むような人だったんだとしたら、そんなの——絶対、『善い人』に決まってるだろ！　そんな人が正義じゃないなんて、ありえないし僕は絶対に認めない！　だから！　だから、僕は」

ようやくたどり着いた自分なりの結論を僕は述べる。

「倫理のお父さんは正義だったと思う」

めちゃくちゃな論理だったかもしれない。でも、僕にはこれしかないと思えた。

人間は、完全な正義を直観できないし、知りようもない。それはどうしようもない現実だ。でも、そんな何が正しいかわからない世界の中でも、それでも「正しくありたい」と願い、自分の正しさに不安を覚えながらも「善いこと」を目指して生きていくことはできる。

きっと僕たちにはそれで十分で――むしろ、それこそが人間にとって唯一可能な正義なんじゃないだろうか。

僕はいつの間にか泣いていた。

僕自身、だいぶ前に正義なんかないと投げ出してしまっていたからだ。でも、倫理のお父さんは投げ出さなかった。僕は、自分の正しさが裏目に出たのが恥ずかしくて、居たたまれなくて、傷つくのが嫌で、だから逃げ出したというのに、倫理のお父さんは真っ直ぐに「正しくありたい」とずっと思い、悩み続けたのだ。

それは、僕が子供の頃からずっとなりたかった、勇敢で孤独な正義の味方、正義のヒーローの姿そのものに思えた。

顔をあげると、倫理も泣いていた。そして、「正義《まさよし》くん、ありがとう」と言って、子供のように大きな声でわんわんと泣き出した。

しばらくしたあと、倫理は泣きはらした顔のまま、もそもそと万年床の中に潜り込み、そのまま動かなくなってしまった。

僕はちゃぶ台の上にあった鍵を手に取り玄関へと向かった。そして外から鍵をかけ、それを郵便受けの中に押し込む。薄いドアの向こう側からは、鍵が床に落ちる金属音――

そして、倫理の寝息がはっきりと聞こえていた。

第9章

正義の終焉「ポスト構造主義」

「それでは倫理の授業を始める」

風祭先生のいつも通りの言葉で、最後の授業が始まった。

カリキュラム上でいうと倫理の授業は今日で終わり。別に卒業するわけじゃないのだから、しんみりする必要もないのだが、なんだかとっても感慨深い。少なくとも僕にとっては、これからの生き方が変わってしまうぐらい特別な授業だったと思う。

「さて、今日が最後の授業ということで、ちょっとしたおさらいも兼ねようか」

そう言って、先生は今までの授業で出てきたキーワードを黒板に書き連ねながら、それぞれに簡単な説明を加えた。

・平等の正義。功利主義。最大多数の最大幸福。ベンサム。快楽計算。
・自由の正義。自由主義。弱い自由主義と強い自由主義。愚行権。
・宗教の正義。直観主義。枠の外側。イデア論。ソクラテスとニーチェ。

たぶん授業を受ける前なら、何を言ってるのかわからない、また興味もなかった用語だろうけど、今はどれも懐かしい感じがする。そう言えば、ベンサムの死体が功利主義のシンボルとして今でも大学に飾られているエピソードなんかは、やっぱり強烈だったよな。

ふと隣を見ると、千幸そして倫理が、いつも通り左右に座っていた。まるで幽鬼のようだった倫理も今ではすっかり回復しており、もはやあのときの風貌を思い出すことの方が難しい。

あの日——プリントを渡しに倫理の家まで行った日のこと。その次の日になぜか倫理はあっさりと登校した。そして、その足で生徒会メンバーのところまで出向き、「心配かけてすみませんでした」と律儀に頭を下げたわけだが——みんなは、何も言わず黙ってその謝罪を受け入れてくれた。いや、正確には、倫理の変わり果てた姿に何も言えなかっただけかもしれないが……。実際、あの千幸ですら「あ、うん」とだけ言って終わらせたほどだ。

結局、倫理は嘔吐性のたちの悪い風邪にかかってしばらく学校を休んだ……、と周囲が勝手に解釈することで決着がつく。ともかく、あれから1か月、倫理も完全に復調し、僕たちは元の何事もない、いつもの日常に戻ったわけである。

ただ、ひとつを除いて……。

左隣を見る。そこには、以前と同じように倫理が座っていた。

……が、その距離が不自然であった。なんというか——遠い。前よりも、これ見よがしに座る位置が離れている。

どういうことだ？　嫌われた？　いや、まあたしかにプライベートには踏み込みすぎたかもしれない。他には、ボロアパートとか汚部屋とか、見てはいけないものを色々見てしまったなどの心当たりもなくはない。あれ……？　だとしたら、僕が悪いのか？　僕から何か謝罪とかした方がいいのか？

と、そんなふうにどうしたものかと考えていると、ふいに倫理と目があった。

横目で盗み見をしていたのは僕の方なのだが、なぜか倫理の方が真っ赤になって慌てて顔を背けてしまった。

「おさらいはこんなところにして、では、今日は残りの時間を使って、哲学史の一番最後のところ、構造主義とポスト構造主義について話をしよう。これらは実存主義の次に現れた哲学思想であるが、構造主義もポスト構造主義も、だいたい似たようなことを言っている。ようは、『人間は、何らかの社会構造に支配されており、決して自由に物事を判断しているわけではない』という話だ」

支配されて自由に判断できない？

なんかまた不穏な話だな。それが哲学史の最後ということは、現在最新の哲学がそう言ってるってことなんだよな。

「たとえば、囚人と看守の実験を知っているだろうか。スタンフォード監獄実験と呼ばれる有名な心理実験だが、これは普通の人々を集めて、くじ引きで囚人役と看守役を決定し、本当の刑務所のような境遇で暮らさせるという実験だ。すると、不思議なことに、人それぞれの性格によらず、囚人は囚人らしく、看守は看守らしく、その立場に応じた振る舞いや顔つきをするようになったという」

へー、だんだんとその気になっていった、みたいな話かな。僕も生徒会長をやるようになってから、振る舞いが生徒会長らしくなったとよく周囲から言われるし、案外、人間ってそんなものなのかもしれないな。

「結局、この実験は、虐待が起きたり発狂者が現れたりと想定外の問題が発生し、途中で中止を余儀なくされてしまうのだが……」

え、マジか？　参加者、その気になりすぎだろ。

「ようするに、この心理実験から読み取れることは、『人間は、自分の意志で考えて行動しているように見えて、実は、周囲の環境や役割や立場によって、無意識にその考えや行動が決定づけられている』ということである。もっとも、この実験はあまりにも展開が劇的すぎて、最近ではヤラセを疑われていたりもするのだがね。

しかし、まあ、実験の正当性はともかく、感覚的には『ありそう』な話ではないだろうか。実際、なぜ特定の職業が、特定の制服を着て仕事をしているのか。なぜキミたちが、わざわざ特定の制服を着て学校へと通っているのか。それは、もちろん、それらの制服の着衣が、当人に『立場の自覚』と『集団への帰属意識』を促すと期待されているからである。つまり——個人としてではなく、集団の中の一員として——医者は医者らしく、学生は学生らしく、囚人は囚人らしくあるためだ。そうした意識の変容が、たかが布の色や形ぐらいで引き起こされているという事実を、我々はもっと重く受け止めるべきだろう」

なるほど。言われてみればたしかにそうだ。僕だって、自分と同じ制服の生徒がバカにされてるのを見かけたりしたら、きっと必要以上に嫌な気分になるだろう。

とするならば、やはり僕も、たかが布の色や形ぐらいで考え方を操作されてしまってるということになる。

「このように人間は、自分で思うほど自由に物事を考えているのではなく、周囲の環境や社会的規則——言い換えると『構造』によって、実は『無意識にそのように考えさせられている』のだと言える。

ちなみに、ここで言う『構造』は、むしろ『システム』と言い換えた方が、キミたちにとってはわかりやすいかもしれない。もちろん、決まった制服を着て学校に通うこともひとつの社会的な『システム』だと言える。

さて、仮にその言葉で構造主義を表現するなら、それはこういう言い方になるだろう。

『人間がどう考えるかは、その人が生きる社会のシステムによって、無意識に形づくられてしまっている』

たとえば、正義《まさよし》くん」

「はい」

「キミは『働く』または『働かない』という言葉を聞いて、どんなイメージを思い浮かべるだろうか？」

「えっと、そうですね。『働く』は『偉い』とか『生きがい』とか……。『働かない』は『ろくでもない』とか『羨ましい』とか、そんなイメージが浮かびますね」

働かないを羨ましいと連想したくだりで、教室に小さな笑いが起こった。

「なるほど、ありがとう。今、正義《まさよし》くんが言った回答は、まさに我が国の資本主義社会という『システム』ならではのものだと言えるね。つまり、資本主義、貨幣経済という『システム』の中で生きている人間だからこそ、思いつける回答だということだ。実際、経済という『構造、システム』を持たない国に正義《まさよし》くんが生まれていたとしたら、同じように回答しただろうか？」

僕は、美味しい食べ物が1年中そこらに転がってるような暖かい南国で、のんびりと暮らしてる自分の姿を思い浮かべた。

「いえ、しないと思います。少なくとも、働くのが偉いとか働かないのが羨ましいとか、そういう発想自体を持てなかったと思います……けど、でも」

「ん？　どうしたのかな、正義《まさよし》くん？」

「えっと……経済システムがない、つまり、働く必要がない国で生まれたら、『働く』ということについて意識が変わる……それって、ある意味当然というか……」

「ああ、なるほど。『経済システム』と『働く』では、互いがあまりにも密接に結びついているからたしかにそうなってしまうね。つまり、一方が変われば、もう一方も変わるのは当たり前であると。では、『挨拶』ならどうだろう。『おはようございます』や『こんにちは』などの挨拶だ」

挨拶か。まあ、それなら経済とか資本主義とか直接は関係ないよな。

「では、正義《まさよし》くん、仮にキミに弟がいたとして、その弟が人に挨拶を返さない子だったとしよう。さて、キミは何と言って彼を諭すだろうか？」

「それはまあ、まともに挨拶もできなかったら、社会に出てから困る……あ」

「どうやら気づいたようだね。正義《まさよし》くんが、今言った何気ない言い方は、ようするに、『働いてお金を稼いで生きる資本主義システムにおいて、通用しないからダメだ』と言ったわけだ」

「そうです……ね。自分では、普通に悪いことは悪いと言ったつもりなのに、知らず知らずのうちに、自分が生きている社会システムの価値観で答えていました」

ちなみに、僕は、その回答以外にも「挨拶を返さないと、非常識だと思われて人から嫌われるぞ」という単純な諭し方も思いついていた。でも、これも同じで「じゃあ、なぜ嫌われたらダメなの？」と、もし問われていたら「だって、得しないじゃん」と即答していたと思う。

これも、やはり、資本主義システムからの影響が無意識に出てしまった回答であるのが丸わかりだ。

「挨拶を返さないとなぜいけないか？　本来なら、さまざまな回答の可能性があったはずだ。たとえば、『挨拶とは、今日というかけがえのない一日に、互いに出会えたことを喜び合う行為である。だから人生を感動的に楽しみたいなら自分のためにも積極的に挨拶をするべきであろう。だが、もし、キミがそんな気分でなければむしろ挨拶はするべきではない。自発的に他者と今日という奇跡を分かち合いたいときに行えばいい。それが真の挨拶なのだ』と言ってもよかった。いや、むしろ、『挨拶とは何か』をちゃんと考えるなら、そう答えるべきだったとすら言えるかもしれない。だが、多くの人は、本来の意味を省みることもなく、自分が生きる社会システムの価値観で無意識に答えてしまう」

と言って、先生は、突然、教卓の上にトンッとコップを置いた。

いや、実際にはコップはそこにはなかった。パントマイムみたいに、手でコップを持っているように見せかけただけであった。先生は、その架空のコップに今度は水を注ぐようなジェスチャーをする。

「仮にここにコップがあり、そこに水を注いだとしよう。すると、水はこのコップの形になるわけだが……もしかしたら、水はこう言うかもしれない。『僕は自分の意志でこの形になったのだ』と。だが、それは幻想であり、事実は『たまたまコップがそういう構造をしていたから』にすぎない。

実際、花瓶を持ってきて水を入れ替えれば、水はあっさりと花瓶の形になるだろう。つまり、水の意志など最初から関係なかったということだ。さあ、ここまで言えば、構造主義がどういう主義で、人間をどう捉えているかわかったのではないだろうか」

うん、今の説明でよくわかった気がする。

ようは、身も蓋もない人間観。今の話の場合、「コップ」は社会の構造で「水」は僕たちの思考のことだが――まさにそのたとえの通り、人間はただ構造に合わせて考えさせられてるだけにすぎないということ。

これはたしかに右側の系譜、理想もへったくれもない現実的な哲学思想だ。そして、なるほど、だから「構造」主義と呼ぶのか。

「では、続いてポスト構造主義だが、ここでいう『ポスト』は『なになに以降』という意味を表す言葉である。だから『ポスト構造主義』という用語自体は、単純に『構造主義以降』という程度の意味しか持たない。では、なぜ、もっとわかりやすい名前をつけなかったのか？　それは構造主義の次の時代の哲学者たちが、『構造主義を乗り越えようとしながらも、結局は構造主義から抜け出せず、しかも批判するばっかりで、自分自身で新しい哲学体系をまったく生み出せなかったから』だと言える」

少し悪意のある言い方にも聞こえたけど、まあ、ともかく、歴史上最後の哲学は、批判だけして代案を示さなかったから具体的な名前がつかなかったということなのか。

「さて、今の話で見過ごさないでほしい大事なポイントは、ポスト構造主義が『構造主義から抜け出せなかった』という部分である。つまり、人間が構造（システム）に支配されているという部分については、ポスト構造主義も変わらず同意なのだ」

え、そうなんだ。構造主義の身も蓋もない人間観は、次の時代で否定されてるわけじゃなく、現在も継続中なんだ。

「では、ポスト構造主義は、構造主義と何が違うのか。それは、『構造主義がわずかに持っていた希望を打ち砕いたこと』だと言ってもいいかもしれない」

構造主義が持っていた希望？

「構造主義は一見すると、人間の主体的な意志を軽視した非人間的な思想に思えるかもしれないが、実は、こんな希望を見出すことができる。

『自分たちが生きている社会の構造をきちんと把握しよう。そして、その構造上の欠陥を見つけ出し、それを修復してもっと豊かで幸せな未来を作り出そう』」

なるほど。

ようは、人間はいつまでも構造の奴隷ではなく、むしろ自分たちで都合の良い構造をデザインしていこうという話か。たしかにそれなら建設的で希望がある。

「だが、ポスト構造主義の哲学者たちは、その希望をこんなふうに打ち砕く」

『そんなことは不可能だ！　人間は自分の意志で構造を作り変えることなど絶対にできない！　なぜなら、その作り変えようという意志自体が、とらわれている構造から生み出されたものにすぎず、元の構造を越えたものを作り出すことなんてできないからだ！』

うわ、出た。人間の理想や希望を打ち砕く、例のパターン——正義があると言えば「そんなもんねえよ人間なんかただの原子の塊だ」と言い、神がいると言えば「そんなもんとっくに死んだぞ」と言い放つ、いつもの身も蓋もない右側の哲学思想だ。

しかも、それは実存主義から数えて3回連続で「右」が続いたわけであり、ついに行きつくところまで行きついた気がする。

「まあようするに、『コップの水は、一度コップに入ったが最後、コップの範囲の中でしか動くことができないのだから、どうやったってそのコップから抜け出せない』という話だと思ってもらえばよいだろうか。もちろん、このポスト構造主義の主張を真に受ける必要はないかもしれない。

だが、当時、天才といわれた者たちが主張した内容に、我々は耳を傾ける義務があるだろう。なぜなら、そうしなければ『今』という、もっとも新しい時代を生きる我々は、ポスト構造主義を乗り越えた『新しい哲学』『新しい生き方』を生み出すことができないからだ。

ではここで、より深くポスト構造主義を知るため、その代表的な哲学者をひとり紹介したいと思う。

ミシェル・フーコー。フランスの哲学者だ」

■最後の哲学者フーコー

「最初にフーコーの人となりから説明したいと思う。が、まずそのためには彼の母国フランスの『特殊な文化』について説明しなければならないだろう。

フランスと日本を比べたとき、文化として明確に違うこと。

それは『知識人に対する尊敬の念の深さ』だ。

たとえば、日本では、知識人というのは基本的にそれほど尊敬されていない。実際、ニュース番組などで知識人や学者が出てきて、何かの時事ネタについて難しい持論を長々と語り始めても、まともに聞く人はほとんどいないだろう。それよりも、その隣に座っている芸人やタレントの庶民的だったり刺激的だったりするコメントの方が聞きたい。つまり、日本では、『学問をきちんと修めた知識人の意見』なんて、まったく相手にしていないわけだ」

たしかにそうかも。僕もニュース番組とかで、いわゆる学者が出てきたときは、あくまでも専門的な知識の情報源として話を聞きたいだけで、その人個人の意見を聞きたいなんてまったく思わない。

いや、それどころか、『学者なんて社会人経験もないし、どうせ庶民的な感覚とずれてるだろう』とちょっと斜めに見る気持ちすらあるかもしれない。

「一方、フランスは違う。フランスには、知識人を尊敬するという文化がある。というのは、フランスにはグランゼコールと呼ばれる大学とは異なるエリート育成機関があり、そこで真のエリートを養成しているからだ。

フランスの歴代大統領や首相、大企業の経営者の多くはグランゼコールの出身者だったりするし、さらにグランゼコールの中でも特に名門校ともなれば、そこに入って卒業するだけで国の宝として一生お金がもらえて好きな研究が続けられたりする。まあ、ようするに、ノーベル賞やフィールズ賞（数学におけるノーベル賞）を取れるレベルの天才ばかりを集めた少数精鋭の超名門エリート学校がフランスにはあるということだ。フーコーは、そういった学校の出身であり、最終的にはその超名門校の教授にまでなっている。

ちなみに言うと、フランス哲学界のトップ、フーコークラスになると、もはや日本の教授とは扱いが全然違う。たとえば、フーコーは学生を指導するなどといった、研究者にとっては雑務となるような仕事はすべて免除されていた。その代わりに彼がやるべきことと言えば、自分の最新の研究成果を市民に向けて発表することである。それだけが彼の義務であり、それ以外の時間は、何をテーマにしてどう研究するかも含めて、完全に自由な裁量が与えられていた。あと、もちろん、教授としての報酬も高額である」

なるほどなあ。ようは、国一番の天才に名誉と時間とお金、さらには発表の場まで与えて、好きな研究に没頭させましょうってことだよな。正直、そこまでの扱いをされる選び抜かれた知識人がいるのだとしたら、多少、難しくてもちゃんと真剣に話を聞いてみたい気になってくる。そりゃあ、フランスで知識人が尊敬されるわけだ。日本でもやればいいのに。

「さて、そんなフーコーは、構造主義以降の哲学者のひとりとして、人間がどのような構造（システム）に支配されているかの研究を進めていた。その成果のひとつとして発表されたのが、有名な哲学書『監獄の誕生』である。

ここで言う監獄とは、比喩でもなんでもなく、そのまま『刑務所』のことであるが、この本の中でフーコーは、刑務所というシステムが歴史的にどのように誕生し、それが人類にどのような影響を与えていったかについて、その分析結果を語っている。

まずフーコーによれば、18世紀頃まで人類は、犯罪者を公開処刑にするという文化を持っていた。しかも、それは犯罪者を車で八つ裂きにしたり、火あぶりにしたりと身体的に残虐な方法での処刑であったという。なぜ、そんな酷い処刑の仕方をするのか？　それは、もちろん、見せしめだ。権力者に逆らうことがどれほど罪深いものであるかを民衆に知らしめるためである」

うっかり想像してぞっとしてしまったが、でもそうか、日本も時代劇とかで「市中引き回しの上、打ち首獄門」とかよく言うもんな。

「しかしである。19世紀以降、人類からこうした残酷な公開処刑は消滅していく。そして、代わりに『監獄』すなわち『刑務所』というシステムが誕生する。なぜ、刑務所が生まれたか？

表向きには『人道に配慮』といったところだろうか。もしくは『犯罪者にも人権を、更生のチャンスを』と言ったところだろうか」

普通に考えればそうだよな。だって、いくら悪いことをしたからといって、見せしめのためにわざわざ苦しませて殺すなんて野蛮だと思う。

「もちろん、『人道に配慮』というのは善いことである。今更、公開処刑の時代に戻るべきだとは誰も言わないだろう。だが、こうした『人道に配慮』した刑務所の設置によって、我々の社会システムは事実として間違いなく変わり、結果として我々の思考の形式は確実に変更を余儀なくされる」

そう言って、先生は教卓の上に物を置く例のジェスチャーをした。

「つまり、コップが変わったわけだ」

コップが変われば、中の水——僕たちの思考も強制的に変わってしまう。

「まず注目すべきことは、刑務所という存在が我々にどんな意識の変化をもたらしたか。それは『正常と異常』の境界線をはっきりとさせたことだとフーコーは唱える」

先生は、チョークを横に持ち、その腹の部分を黒板に何度もこすりつけてグラデーションのある模様——左側が濃く、右側が薄くなっている四角形を描いた。

「正常と異常、正気と狂気……。古来、これらに明確な境目はなかった。しかし、刑務所ができて以降、いつの間にか、そこにくっきりと境界線が引かれてしまう」

そう言って、先生はグラデーションのある四角形の真ん中に、すっと縦に線を引いた。

「善良な市民と犯罪者。普通の人間と普通ではない人間。境界線がはっきりすれば、我々はどうしてもこっち側、『正常側』でなければならないという思い込みにとらわれるようになる。本来、そんな境界線などなかったにもかかわらずだ。

そもそも刑務所というのは、誰かを悪人すなわち『社会的に異常な人間』として断定し、その生活を監視して『正常な人間』に矯正《きょうせい》する装置であると言える。

さあ、この微妙な歴史的変化がわかるだろうか。

かつては、権力者に逆らった悪人は単純に殺されて終わりであったが、刑務所ができたことで、悪人は人道の名の下に生かされ『正常な人間』に調教されるようになったのだ。つまり、『権力に逆らう人間は排除しなくてはならない』から、『人間は誰しも正常に生きなくてはならない』という意識の変化が起きたのだ。この変化は、人類史においてはつい最近のことなのである」

昔は、今みたいに犯罪者を長期間かけて再教育する経済的余裕なんかなかっただろうし、たしかに最近のことなんだろうな。

「刑務所というシステムの要点を整理してみよう。それは次のふたつだ」

（1）「異常者（囚人）」を保護して「正常者（一般人）」に矯正する。
（2）そのためには、囚人を一定の規律に従わせ、その行動を監視する。

「さて、ここで特徴的なのは、監視という矯正方法だ。刑務所はけっして体罰などで囚人を痛めつけて、正常な人間に矯正しようとするわけではない。そうではなく、囚人を規則正しく起こし、食べさせ、働かせ、寝かせ、その日常を看守が監視することで正常な人間に矯正しようとする。なぜ監視が矯正になるのか？

たとえば、宿題をやらない子供を思い浮かべてほしい。その子を矯正する方法として、手っ取り早く『殴る』というやり方があるだろう。だが、その方法では真の矯正は実現できない。なぜなら、仮にその子が宿題をやるようになったとしても、それはあくまでも痛みとの取引による打算的な選択にすぎないからだ。その証拠に、もし痛めつけられない環境に戻せば、きっと彼はまたサボるだろう。

だから、彼を真に矯正したければ、こうすればいい。

まず最初に、『宿題はみんな当たり前にやっている。それができないやつは、おかしな人間だ』という特定の価値観を信じ込ませる。そして、そう思い込ませたあと、後ろからずっと『見て』いればいいのだ。そうして、もし彼が『うわ、ボク、人に見られてる。おかしな人間だと思われたくない』という感覚を持ったとしたら、しめたもの。しばらく定期的に見ていれば、そのうち彼は誰も見ていないときでも『他者の視線』を意識するようになり、自分を律して自ら宿題をやるようになるだろう」

なるほど、そうなればひとりで勝手にやるようになるのだから、たしかに完璧な矯正方法だと言える。でも、それって、本当に善いことなのだろうか。なんだか都合よく、その子の思考を操作しているようにしか思えない。もっとも、その子自身は「ちゃんと自分で考えて行動してるよ」と言うのかもしれないが。

「さて、今のたとえ話から、刑務所における監視というシステムが、いかに人間を矯正するのに効果的であるかが、わかってもらえたかと思う。が、しかし、よくよく考えてみれば、この話は刑務所だけにとどまらない。他者の視線を気にさせて自分を律するように仕向ける——このやり口は、社会のいたるところにある。いや、社会全体がそうだと言ってもよいだろう。そう、我々が住む社会（コップ）は、実は『監視による矯正』という、刑務所と同じ構造で出来上がっているのである。そのことを指して、フーコーはこう主張する。

『私たちは、ベンサムが設計した刑務所、パノプティコンの中で生きている』と」

——パノプティコン⁉

思わぬ言葉に僕は凍りつく。それは隣の倫理と千幸も同様だった。僕たちは強張った表情で互いの顔を見合わせる。

現代の哲学者フーコー……その口から、ベンサムというよく知る名前が突然出てきたことは単純に驚きだが、それ以上に衝撃的だったのが「パノプティコン」という言葉。それは教科書的にはベンサムが設計した刑務所の名前なのかもしれないが、僕たち生徒会にとっては特別なものを意味する。

それはもちろん——パノプティコン・システム。

生徒会最大の問題であり、「見守り君」という人型監視カメラの設置プロジェクトの正式名称だ。もっとも生徒会以外の生徒たちは、「見守り君」という呼び名は知っていても、正式名称の方にはあまり馴染みがない。だから、教室全体がざわつくようなことはなかった。

先生は、そのままパノプティコンの説明を続ける。それはかつて倫理から聞いたものと同じ説明であった。

刑務所の真ん中に高い塔が立っており、そこを中心にぐるっと囲むように牢屋が並んでいること。そして、その塔にいる看守からは囚人が丸見えだが、囚人からは看守の姿が見えない工夫が施されていること。

先生は黒板に絵を描きながら、パノプティコンの特徴を説明していった。

「ベンサムが発案したこのパノプティコンが画期的なのは、経済的にとても優れているところだ。というのは、囚人側からは看守の姿が見えないのだから、実は看守はいなくてもかまわない。囚人たちが、勝手に『見られているかもしれない』と思い込んでくれればよくて、『監視による矯正』はそれだけで十分に効果があると言える。キミたちだって、見られているかもしれない監視カメラの前で、モノを盗もうとは思わないだろう？　だから、何も馬鹿正直に、毎日24時間分の看守の人件費を支払う必要はないわけである」

監視カメラというワードが出たところで、他の生徒たちもざわつき始めた。ようやく、先生が言っている刑務所のシステムが、自分たちの学校の「見守り君」と酷似していることに気づいたのだろう。

実際、学校には、こんな噂がある。

校舎に転がっている見守り君のうち、その大半は偽物であると。なぜなら、ネットの監視サイトで中継されている動画の数よりも、見守り君の数の方が圧倒的に多いからだ。だから、ほとんどの見守り君は、おそらくダミーだと思われる。が、しかし、それだって、いつ本物と置き換えられるかわかったものじゃないし、もしかしたらタイマー式で突然スイッチが入る仕組みなのかもしれない。

いずれにせよ、その「かもしれない」がある以上、見守り君の姿がそこにある限り、本物であろうと偽物であろうと、また、その監視カメラの向こうに人がいようといまいと、僕たちはそこに「他者の視線」を感じざるを得ない。たかが安物のぬいぐるみを、そこらにバラまくだけで、僕たちの意識が操作され、学校にとっての「正常者」に矯正できるのだから、たしかによくできたシステムだと思う。

「ようするに、パノプティコン――この『見られているかもしれない』という虚構を演出するベンサムの刑務所は、当時の人間が思いつく限りで、もっとも経済的で合理的な刑務所だと言ってよいだろう。そして、フーコーは、現代社会の構造がまさにこのパノプティコンと同じなのだとするどく洞察したわけだが――ここで時代を考えてみてほしい。フーコーが『監獄の誕生』を発表したのは、あくまでも1970年代のこと。まだ、ネットもスマホもSNSもなかった時代の話だ。これは私の考えだが、それから何十年も経ち、情報技術が進歩した今、パノプティコンはフーコーの予想を超えて、さらなる進化を遂げてしまったのではないだろうか?」

1970年代……僕がまだ生まれる前の話だ。たしかネットどころか、携帯電話やデジカメすらなかった時代だったはず。今となっては想像もつかないことだが。

「たとえば、スマホの普及。今は、街を歩く人のほとんどが、スマホという情報機器を持っている。もし社会がフーコーの言う通り刑務所だとするなら、このスマホの普及はいったい何を意味するのか？　それはおそらく――『囚人全員が監視カメラを日常的に持ち歩き、互いを監視し合っている状況』にほかならないのではないだろうか」

あ、と思った。言われてみればたしかにそうだ。たとえば、もし、僕がいきなり街中で落書きをしたとする。すると、すぐに誰かが「なんかおかしなやつがいるぞ」とその光景をスマホで撮ってSNSで晒す――かどうかはわからないが、少なくとも、そういうことをされるかもしれないし、されたら一発で人生が終わる時代になっていることは間違いない。

「これは私が学生だった頃――もちろんまだネットもなかった時代の話だが――その頃は横暴な振る舞いをする人間たちがたくさんいた。宿題を忘れただけで腫れるほど生徒の頬を叩く先生。スピード違反で捕まえた市民を口汚く罵る警察官。後輩の私物を勝手に使って返さない先輩。昔はそういう理不尽な人たちが当たり前にいた。

が、今ではそんなことはない。権力や立場を笠に着て横暴なことをする人間は――いなくなったとまでは言わないが――全体的にはかなりの割合で減ったように思える。それはなぜか？　今の人間が昔の人間よりも道徳的になったからだろうか？　いいや、違う。それは『市民の誰もが監視カメラと盗聴器をポケットに忍ばせ、しかもその情報をいつでも公の場に発信できる時代になったから』である」

なるほど。善人が増えたのではなく、テクノロジーの発達により監視される機会が増えて、より矯正が徹底される社会構造になっただけ――ということか。

「監視社会から『相互監視社会』へ。そして、この変化は、実はもうひとつ別の意味を持つ。それは、我々が暮らすこの巨大刑務所パノプティコンがもはや『破壊不可能になった』ということだ。旧来のパノプティコンなら、中央の監視塔を爆破すればシステムを止めることができたかもしれない。だが、現代のパノプティコンには中枢というものがない。なぜなら、囚人自身が監視の役割を担うようになり、いわば監視塔がネットワークとして刑務所全体に遍在してしまったからだ。これでは囚人全員を同時に爆破でもしないかぎり、もはやこのシステムを破壊しようがないだろう。そして、この破壊不可能という結論は、先に述べたポスト構造主義の結論とも完全に一致する。

すなわち、『人間は、自分を支配する構造（社会システム）を、自らの意志で変えることも抜け出すことも絶対にできない』ということだ。

だから、きっとこれからもパノプティコン、監視社会は続いていくだろう。監視される側が、囚人側が、どんな意志を持とうと関係ない。社会が、自らの発展のために『正常』な人間を求めて、監視システムを自ら強化していく。そして、その社会のために産み出された人間は、社会が規定する『正常』から外れることを恐れ、死ぬまで『他者の視線』を気にしながら生きていくのだ。

わかるだろうか？　もはや人間が、『人間にとって正しい社会』を作っているのではない。社会が、『社会にとって正しい人間』を作っているのだ。とっくに主従関係は逆転してしまっているのである。

では、以上で倫理の授業を終わりにしたいと思う」

えっ……!?

教室に授業終了のチャイムが鳴り響き、先生は唐突に授業を打ち切った。終了の時間が来たのだから仕方がないのかもしれないが、本当にこんな終わり方でいいのだろうか。いや、さすがにこれはあんまりだと思う。が——他の生徒たちは、さっさと片づけを始めて、欠伸《あくび》まじりに次々と教室から出て行ってしまった。今の先生の話を聞いても何とも思わない人が大半だったようだ。でも、僕は——奇妙な虚脱感に襲われ、しばらく席から立ちあがることができなかった。

◆◆◆

最後の授業を終えたばかりの風祭先生を、僕は走って追いかけた。

そして、廊下で呼び止める。

「先生、質問があります」

「正義《まさよし》くん、どうしたんだい？」

「僕たちがパノプティコンから抜け出すにはどうすればいいのでしょうか？　それについてフーコーは何と言っているのでしょうか？」

息を整える間も置かず、僕は単刀直入に聞いた。しかし、先生は残念そうに首を振る。

「いや、フーコーは、それについて何も言及していない」

そうですか、とため息をつく僕。

先生は、うなだれる僕の肩に手を起きながら、とはいえ、と続けた。

「フーコーは監獄以外にもさまざまな研究を行っている。そして、それらの研究テーマは一貫して、人間を支配する『目に見えない何か』についてなのだが……、なぜフーコーはそんなものばかり研究していたのだろう？　それはやはり、彼自身が、その『目に見えない何か』から逃れたかったからではないだろうか。だから——これは私の想像だが——彼が人生の最後に行った研究の中に、その答えの鍵があるように思う。もっとも、残念ながら、その研究が哲学体系としてきちんとまとまる前に、彼は病気で亡くなってしまったのだがね」

「フーコーは最後にどんな研究をしていたのですか？」

「倫理学だ」

それは意外な答えだった。

「倫理学ということは……フーコーは、人生の最後に、正義や道徳について研究していたってことでしょうか？」

「そうだ。彼は晩年になって、突然、倫理学——それも古代ギリシアの道徳観について研究を始めている。なぜ、急に研究テーマをそこに定めたのか。それは謎とされているが、一説には、古代ギリシアでは同性愛が平然と行われていたから、その興味からではないかともいわれている」

「同性愛に興味……？」

「ああ、授業では言ってなかったな。フーコーは同性愛者、つまり、ゲイだったんだ」

ゲイ……男同士で愛し合うってことか。

「ちなみに、フーコーが同性愛であることを自覚したのは大学に入る頃、ちょうど正義《まさよし》くんぐらいの年齢の頃だったらしい。もともとフランスはカトリックの国で同性愛は宗教的に禁止されていたし、また当時は今と違って性に寛容な時代ではなかったから、同性愛者は迫害と言ってもいいほど、ものすごい差別を受けていた。だから、思春期の彼はとても悩んだのだろう……。事実、彼は何度となく自殺未遂を繰り返している。つまり、フーコーは当時の社会にとって『正常』な人間ではなかったのだ」

「正常」という目に見えない何か、社会が押しつけてくる常識、他者の視線。それらに苦しめられていたのは、ほかならぬフーコー自身だったのか。

「最終的にフランス哲学界のトップに立った彼は、同性愛者であることが公に知られることになるのだが、インタビューの中でこんなことを言っている。

『同性の結婚が認められないうちは文明は存在しない』

『人間は、積極的にゲイになるべきだ』」

なかなかに攻めた発言だ。今ならともかく、当時はかなり衝撃的な発言だったんじゃないだろうか。

「ただし、ここでフーコーが言っている同性愛は、いわゆる私たちが認識している同性愛のことではない。それだったら単純にフーコーが『自分が同性愛者だから同性愛を擁護している』だけの話になってしまう。そうではなく、彼が言いたかったのは、社会から押しつけられた『正常』とされる生き方だけではなく、『今の社会に存在しない新しい生き方、他者の愛し方』を自分で積極的に創造して生きていくべきだということ……そういう想いを伝えたくて彼はこの言葉を述べたと捉えるべきだろう」

「その新しい生き方が、古代ギリシアにあったということですか？　でも、その時代ってソクラテスやプラトンがいた時代ですよね。さすがに古すぎないでしょうか？」

「いやいや、正義《まさよし》くん、古代ギリシアの知恵を甘くみてはいけないよ。デモクリトスが、顕微鏡もない時代に思索だけで原子論にたどり着けたように、あの時代は、本当に奇跡のような洞察がいくつも生まれている。また、場所は違うが、仏教の開祖の釈迦も同じ時代の人間だ。ちなみに、正義《まさよし》くん、もしキミが仏教――悟りの本質を知りたいと思ったとして、誰の話を一番聞きたいと思うかな？」

「それは……やっぱり、仏教を作った釈迦ですかね」

「そうだ。紀元前の人とはいえ、釈迦の話を聞くのが一番適切だと思うだろう。では、哲学や倫理学、人がどのように生きるべきかを知りたいと思ったら？」

「あ、そうか。ソクラテス」

僕は、『善く生きる』というソクラテスの言葉を思い出した。

「そう、ソクラテス。もしくは、ソクラテスの直接の弟子で、彼の言葉を残したプラトン。この2人が倫理学の開祖なのだから、彼らの洞察にこそまず耳を傾けるべきではないだろうか。たとえば、ソクラテスの、『人間は、善や正義をこういうものだと知ったかぶるのではなく、知らないという立場から始めなければならない』という『無知の知』。そして、『善や正義は固定された書き言葉で表してはならない、対話の中で本人がその瞬間に見つけるものだ』とした対話術。これらのソクラテスの洞察には、最新の倫理学であろうと決して見逃せないものが含まれているのではないだろうか。また、プラトンも興味深いことを言っている。正義《まさよし》くんは、イデア論を覚えているかな?」

イデア論。イデアとは、アイデア——つまり概念のことで、イデア論とはその概念が人間が生まれる前から世界に存在していたとする理論のこと。

僕はこくりと頷いた。

「プラトンは、『最上のイデア』『イデアの中のイデア』——つまり、『概念(イデア)そのものを成立させているもっとも根本的な概念(イデア)は何か』——という問いに対して、それが『善』だと答えている」

「善ですか?」

「そうだ。考えてみれば不思議ではないだろうか。愛とか、神とか、いくらでも他に答え方はあっただろうに」

「そうですね。たしかに当時なら『神』とか言いそうですよね。もしくは、最上のイデアは『愛』だ、というのもイメージ的には良さそうに思います」

「そう。だが、プラトンは、そこを神でも愛でもなく、『善』だと言い切った。でも、よく考えてみればその通りではないだろうか。実際、我々が何かを概念化するとき、その概念化を『善い』と思うからこそ、それを概念として認めるのではないだろうか」

…………??

一瞬、頭がはてなで埋め尽くされる。

が、そこで僕は、倫理の最初の授業で先生が言っていた言葉を思い出した。それは——結局、何をどう思おうと、その考えを「正しい」と思うからそう思っているのだ、ということ。

「先生が、最初の授業で言っていたことですよね」

ほう、と先生は顔をほころばせた。

「そうだ。仮に全然考え方が異なる人間がいたとしても、それこそ宇宙人であったとしても、知的に『考える』生命体であるならば、そこには必ず『真である』『正しい』という概念の基盤が存在する。なぜなら、考える、思考するとは、つまるところ、何らかの理論を『真である』『正しい』と主張することであり、そういう形でしか起こり得ないからだ。たとえば、数学だって、論理学だってそうだろう? 『真』という概念が前提としてなければ、どんな数式も、どんな命題も成立しようがない」

たしかにそうかもしれない。というか、『真』という概念がないなら、学問自体、やる意味がなくなってしまう気もする。

「つまり、あらゆる知的な活動は、『真である』『正しい』という概念の上に成り立っていると言えるわけだが、では、この『正しい』という概念を『正しい』とさせている上位の概念は何だろうか？　私は、その概念こそが『善い』だと思う」

「『善い』の方が『正しい』よりも上位なんですか？」

あまりピンとこなかった。

「じゃあ、正義《まさよし》くん、キミにとって正しいとはどういうことかな？」

「それはまあ……『現実と一致すること』とか……『矛盾してないこと』とかですかね。もし、これらの条件を満たしている数式や理論があったら、僕は『正しい』と判断すると思います」

「なるほど。では、なぜ、その条件を選んだのかな？」

「それは、えっと……あ」

「『現実と一致すること』『矛盾してないこと』が善いことだと思ったからではないかな？」

「そうです、そうです」

図星だったので、僕は思わず何度も頷いた。

言われてみれば、その通りだ。それらを正しさの条件に持ってきたのは、それらが『善い』と思ったからだ。

「そう。だから、『正しい』という概念は、実は『善い』という概念が基盤になっているのだ。

だとすると、あらゆる人間の思考は、『善い』を前提として成り立っているということになる。

すなわち、『我思う、故に、善あり』。

何をどう思おうと——たとえその内容が疑いであったとしても——その思いを『善い』と価値判断しているという事実自体は決して疑うことはできない。つまり、我々が、何かを考え、何かを疑い、何かを悩んでいるとき、そこには『善』、そして『善を目指す意志』が必ず存在しているのだ。その原理を信じて出発点としない限り、どんな倫理学も、どんな文明も、始まらないのではないだろうか」

と、そこでまた再びチャイム——次の授業の予鈴が鳴り響いた。

「私が言いたいことは、こんなところかな……。質問に答えられなくてすまなかったね」

そう言って先生は残念そうな顔をしたが、僕は満足感に包まれていた。直接的な回答はもらえなかったかもしれないが、それでも先生の話は、僕の中である決意をさせるのに十分なものであったからだ。

「いえ！　ありがとうございました！」

僕は大きな声で頭を下げ、その場をあとにする。

こうして、僕の人生に大きな影響を与えた「倫理の授業」は本当に終わったのだった。

◆◆◆

そして、約束の日はやってきた。

全校集会で体育館に集められた全学年の生徒たち。彼らの好奇の視線を受けながら、僕は壇上へとあがった。生徒会の代表として、いや、ここにいる生徒全員の代表として、僕はこれから「見守り君」の是非についてその見解を語らなくてはならない。

事の経緯はちょうど1年前、当時の生徒会長が、全校集会を突然ジャック。壇上にあがってマイクを奪い取り、「見守り君」の撤廃を要求したことから始まる。

それは、生徒会主導の革命運動であり、一般生徒からの強い要望に応える形で行われたことであったのだが——結果は惨敗。生徒会長の主張は、その場で学校側にことごとく論破されてしまう。

結局、この革命は「学校側の反論を検証して、もう一度結論を出し直します」と生徒会長が述べて壇上から撤退することで、あっけなく終わるわけであるが、問題はその後だ。

きっと本物の革命でもそうなのだろう。革命前夜までは英雄扱いされていた革命家でも、ひとたび失敗すれば民衆はあっさりと手のひらを返す。生徒たちも同様だった。

それは、もしかしたら監視されていることからくるストレスのはけ口として、スケープゴートを求める群集心理のような行動だったのかもしれない。皮肉にも見守り君がいたおかげで、物理的な暴力行為はなかったものの、生徒会長は精神的な暴力——目に見えない陰湿な嫌がらせを受けるようになり、ついには不登校。生徒会の機能が停止するという前代未聞の事態にまで発展する。

こうなれば当然、例の「見守り君の是非を再検討する」という約束は宙に浮き、翌年、僕の代の生徒会にまで引き継がれることになるわけであるが……、僕としては就任前の出来事だし（もっと言えば不本意に生徒会長になったのだし）、知らぬ存ぜぬで押し通したかった。が、例によって生真面目な副会長がそれを許すはずもなく、また、周囲からの無言の圧力もあり、革命からちょうど1年後の今日、現生徒会長である僕が、みんなの前で再検討の結果を発表するという運びになったわけである。

ちょっと前までは、この日のことを思い浮かべるだけで吐き気をもよおすほど、僕にとって憂鬱なイベントであったのだが、今は不思議とそうでもない。むしろ、みんなに向かってはっきりと言いたいことがあった。

僕は、全校生徒の前で深々と一礼をする。そして、大きく息を吸い込み、口を開いた。

「全校生徒のみなさん、生徒会長の山下正義《まさよし》です。これから生徒会の定例報告を行います。本日、みなさんにお話しする内容はかねてから議題にあがっていた、見守り君の是非についてです。僕たち生徒会では、みなさん生徒の代表として、長く議論を重ねてきましたが……、その結果、『見守り君システムの存続を承認する』という結論に至ったことをここに報告いたします」

僕の発言に、みんながあからさまにがっかりとした顔をして「えー!?」と大げさな声をあげた。そして、館内はざわつき始め、どこからともなくヤジが飛び始める。それは次第に数を増していき、最終的には、僕の能力や人格を否定する怒号となり、僕の眼前を埋め尽くした。

「みなさん、静かにしてください！」

と、一応注意してみたものの、もちろん止まるはずもない。

僕はゆっくりと天井を指差し、そして言った。

「みなさん、気をつけてください。今、その顔がネット上で配信されています。全校集会という公の場で口汚く罵っているみなさんの顔の動画が切り取られ、将来、進学先や就職先に送りつけられるかもしれません」

ヤジがぴたりとやむ。代わりに今度は、どこだどこだと小さくざわつきながら、みんなが天井を見あげていた。

そもそも今の見守り君のシステムであれば自動的に顔にモザイクがかかるため簡単に顔バレすることはないのだが、それでも効果は絶大であった。

静かになったところで、僕は話を続ける。

「みなさんは前生徒会長のことを覚えていますか？　1年生は知らないかもしれませんが、2年生以上の方は覚えていると思います。ちょうど1年前、先輩はみなさんの期待に応えるため、見守り君の撤廃を目指してできる限りのことをしました。結果は残念ながら撤廃にはいたりませんでしたが……、でも、それは誰が生徒会長であっても同じ結果だったと思います。だって、学校側に対抗できるもっと良い反論があるのなら、とっくの昔に生徒会の目安箱にその反論が入れられているからです。しかし、それは今現在においてもありません。目安箱に有効な反論が入っていたことは一度もないのです。このことは、すなわち、本学校の生徒の誰ひとりとして、この状況をひっくり返せるだけのアイデアを持ち合わせていないということになります。にもかかわらずです。みなさんは、自分たちのことを棚にあげておきながら、前生徒会長を無能だと批判し、さらには人格までも否定し、学校に来られなくなるまで精神的に追い詰めました。今、あなたたちが、僕に向けてヤジを飛ばしたのと同じようにです。

でも……。今、『監視カメラでみなさんの顔が撮られている』と言ったら、それだけでその行動がぴたりと止まりました。調子に乗って口汚く罵りながら笑っていた人、ここぞとばかりに苛立ちをぶつけていた人、そういう人たちがネットの第三者に顔を見られていると思った瞬間、態度を変えたのです。

これはどういうことでしょうか？

それはもちろん、みなさんが――『マスクをかぶって自分の顔がバレなければ、平気で人に石をぶつけるが、バレるとなれば急にやらなくなる、そういう人間』――だということですよね。みなさんは、今、自分たちがそういう卑劣な人間であることを自ら証明したのです。そんなあなたたちを正常な人間に矯正するためには、見守り君という監視システムはやはり必要なのではないでしょうか？」

この発言に、さすがに反論が起きる。「そんなことありません」「決めつけないでください」――といった、配信されても問題ない口調で異議を叫ぶ者たちが現れた。しかし、その目には、敵意と憎しみの色が宿っていた。

「では、次はどうしますか!?」

僕は、その憎悪に怯むことなく、マイクの載った演台をバンと叩き、さらに強く挑発的な態度で言った。

「裏掲示板、裏サイト。みなさん、やってる人いますよね？　特にうちの学校は利用者が多いのではないでしょうか？　生徒会室に設置されている目安箱には見守り君の件以外にも、かなりの割合で裏サイトに関する悩み相談が入っています。つまり、現実の世界が監視されているからネットの世界で憂さ晴らしをする、仲間外れの口裏合わせをする……そういう人たちがみなさんの中に多くいるということです。もちろん、その気持ちもわからなくはありません。学校生活は監視され、誰がどこで何を見てるかわかったものじゃない。そして会話だってもしかしたら録音されているかもしれない。だから裏へ行く。監視されている場所から、監視されていない場所へと移動する。至極当然の発想だと思います。

でも残念ながら、その隠れ家にも、遅かれ早かれ、監視の目が行くでしょう。学校の裏サイトや閉鎖的なコミュニケーションツール。これらはすでに、目に見えない新しい種類のいじめを生み出す場として社会から認知されています。だから、近い将来、そこにも見守り君と同じような監視システムが組み込まれる可能性はとても高いでしょう。

あ、もしかして、プライバシーの侵害だから、そこに監視が入るわけがないと思っていますか？　第三者が自分たちの個人的な会話を盗み読むなんてありえないと……。でも、ＡＩなどの知的な機械であればどうでしょう？　たとえば、トイレやエアコンには、人がそこにいるかどうかを検知する機械がついていたりしますよね。それについてプライバシーの侵害だと怒る人はいません。他にも、メールの文章を機械が勝手に分析して、送信者の興味のある広告を表示するといったことも今では当たり前のように行われています。つまり、機械が判定するのであれば、プライバシーの問題は回避できるわけです。

人間よりも客観的で知的な判断力を持つＡＩ。そうした機械が、未成年者である僕たちの発言を逐一チェックし、犯罪やいじめにつながるものを見つけたら、それを学校や公的な機関にすみやかに通報する。もしプライバシーの問題を回避して、こういったシステムが導入されたとしたら――いつも裏サイトで誰かの悪口を書いて笑いものにしている人たち、あなたたちは、同じような発言を書き込むでしょうか？ いいえ、きっとしないでしょう。さっき僕へのヤジをやめたように、第三者に監視されているかもしれないとなれば、あなたたちは、そういう行為をやらなくなるのです。

もちろん、今のＡＩの話はあくまでも想像ですし、そんなシステムがすぐにできるとは思っていません。でも、僕が言いたいことは実現性の話ではなく、『いずれにせよ、僕たちが監視される場はこれからどんどん増えていくだろう』ということです。なぜなら、僕たちが暮らす社会は、『監視によって人間を調教すること』を最初から意図して設計された社会であるからです。

見守り君のシステム、その正式名称は『パノプティコン・システム』と言いますが、このパノプティコンという名称は、実は『刑務所』の名前であることをみなさんは知っているでしょうか？ つまり、本来、見守り君の監視システムとは、刑務所のために作られたものだったのです。18世紀後半の哲学者ベンサムは、『自分の日常が見られているかもしれない』と囚人たちに思い込ませることで、ルールを守る人間に彼らを調教する――そういう監視システムを持つ刑務所を設計しました。これは他者の視線を意識させることで人間の生き方を矯正しようというアイデアで、まさに見守り君と同じ仕組みです。

そしてベンサムは、この仕組みを工場や病院や学校など、社会のあらゆる場所に持ち込むべきだと提案したわけですが……、みなさんどうでしょうか？　みなさんは、見守り君の存在によって生き方は変わったでしょうか？　社会的なルールを守るようになったでしょうか？　もし、変わったのだとしたら、ベンサムの提案は正しかったことになります」

さっきまで不満を漏らしていた生徒たちが、みな一様に静まり返っていた。きっと身に覚えがあるのだろう。多くの生徒が居心地の悪そうな顔をしていた。

「もし、みなさんが、他者の視線によって生き方を変えるのだとしたら、社会は今後も監視を強化していくでしょう。なぜなら、その方が社会にとって都合の良い人間、『ルールを守り、常識から外れることを恐れる従順な人間たち』をたくさん作り出すことができるからです。そして、きっと僕たちが大人になる頃には、ネットを含むすべての場所に監視の光が照らされ……、いじめも、不倫も、セクハラも、パワハラも撲滅した、ベンサムの設計通りの、理想の社会が完成していることでしょう。でも……」

僕は目を閉じて、一呼吸を置く。

やっとここまできた。ここから僕は本当に言いたいことを言う。

「でも、そうした社会で生きることは……、本当に僕たちにとって幸せなことなのでしょうか？　たしかにその社会では、誰もがルールを守って常識的に行儀よく生きています。見た目上、何の問題もありません。でも、それでも、なお僕は――そんな社会で生きることは、不自由なことであり、不幸なことであると思います。だって、そうじゃないですか？　自宅から出て、監視の目に晒された瞬間――急にスイッチの入ったロボットのように行儀のよい人間を演じて生きる……そんな調教された人生が、自由でも幸福でもあるわけがありません。他者の視線という『目に見えない何か』に操られて過ごす日常が、本来、僕たちが生きたかった人生であるわけがないのです。

だから僕たちはこのベンサムが設計した刑務所――監視社会から抜け出さなくてはなりません。

では、どうすればいいのか？

どうすれば僕たちは、他者の視線に操られることなく、自由で幸福な人生を送ることができるのでしょうか？

それは考えてみれば当たり前のことで、『善く生きること』――つまり、自分が『善い』と思った通りに生きることです。もちろん、ここで言う『善い』とは、『社会的に善い』ということではなく、『自分的に善い』ということです。『自分的』な価値基準で行動するわけですから、そこに他者の視線、他者の評価は関係ありません。いや、むしろ他者の視線や評価にかかわらず、自分がすべきだと思ったことこそが、『善いの定義』だとしてもいいでしょう。すなわち、このことはこう定式化できます。

『万人に見られていなかったとしても、もしくは見られていたとしても、それに関わりなく自分がやるべきだと思ったことが、自分にとっての善いことである』

だから、みなさん、自分自身に問いかけてみてください。

自分が何を善いと思う人間なのか？

何を正しいと思う人間なのか？　他者の視線がないときに、どう生きるべきだと思う人間なのか？

もちろん人間は完璧ではありません。そうした『善い』と思った行動が、期待する結果を生み出さないこともあるでしょう。あとから間違っていたと思い直すこともあるかもしれません。でも、そうだとしても、やっぱり僕たちは、今この瞬間に『善い』『正しい』と思ったことをして生きていくしかないのです。なぜなら、自分が『善い』と思う生き方をしない限り、僕たちにとって、自由で幸福な人生は起こり得ないからです。

そして、そう生きるなら——見守り君なんて関係ない。

関係ないんです！

監視があろうと、見守り君がいようと、誰に見られていようとかまわない！　他者の視線に関わりなく、正しくありたいと願い、迷いながらも自分なりの『善い』を、『正義』を目指して生きていく！　そうやって生きることこそが、監視社会というこの巨大な刑務所から抜け出す方法であり——『僕たちが自由に幸福に生きていく唯一の方法』なのではないでしょうか！」

僕は息を吸い込み、最後の言葉を述べた。

「以上が、見守り君の問題について生徒会が導き出した結論です」

全校生徒の前で一礼をする。

拍手や賛同の声は起きなかった。が、それでも僕は、自分が善いと思える行動をしたのだから、この後どんな仕打ちが待っていようと納得ができるように思えた。

倫理、千幸、ミユウさん。その顔を大勢の中から見つける。僕がずっと目を背けていた正義への想いを取り戻すことができたのは、すべて彼女たちのおかげである。僕は心の中で感謝の言葉を述べた。

それからもうひとり――風祭先生。職員席の方にいる先生をじっと見つめる。僕は先生に向けて深々と頭を下げた。そして、清々しい気持ちで壇を降りるのだった。

エピローグ　正義の決断

全校集会が終わって数日後のこと。朝、いつも通りに登校し、下駄箱を開けるとその奥に——ピンク色の手紙が入っていた。

下駄箱の中にピンクの手紙……？

思春期の僕としては、もちろんラブレターという短絡的な連想が思い浮かぶわけだが、すぐに思い直して悪戯《いたずら》の可能性を疑う。先日の全校集会で煽るような演説をしたばかりだったからだ。

僕は恐る恐る手を伸ばし、取り出した手紙を開く。するとそこには時間と場所、そして「伝えたいことがあります」という用件だけが短く書き添えられていた。

一方、差出人の名前はなかった。念のため裏返してみたが、やはりどこにも書かれていない。が、それでも手紙の主が誰なのか、僕にはなんとなく見当がついてしまった。まあ、とりあえずは匿名の誰かによる嫌がらせのたぐいではないらしい。僕はホッとして、その手紙を鞄へとしまい込む。

結局——あの全校集会以降、僕たち生徒会の日常に何も変化は起こらなかった。

校内には相変わらず見守り君が設置され続けており、いつ生徒から責任を問われてもおかしくないのだが、不思議なことに嫌がらせを受けたという報告は今のところ上がってきていない。つまり、最大のミッションである「見守り君問題」への回答をしたあとも、僕たち生徒会は万事順調に学校生活を送れているわけである。

だったらあとは、このまま任期までつつがなく仕事をこなしていけばいいわけなのだが……、僕としては、もうひとつ解決しなくてはならない問題、変化を起こさなければならない問題が残っていた。

それは、あの廊下での出来事のこと。なんとなく、うやむやにしていた僕自身の気持ち。そろそろ、はっきりさせないといけないだろう。だから、この手紙は、その決着をつけるよいきっかけなのかもしれない。僕は手紙が入っている鞄を見つめながら決意を固めた。

そして、放課後。僕は指定された場所――体育館裏へと向かった。そこに待っていたのは、予想通り――千幸だった。

「ずっと前から好きでした！　あたしとつき合ってください！」

顔を合わせるなり、告白をする千幸。

「…………！」

覚悟はしていたが、いきなりとは思っていなかったため、戸惑って一瞬固まってしまう。が、

「ごめん！」と前もって用意していた言葉を述べて、僕はすぐに頭を下げた。

本当であれば、「ありがとう、千幸は僕にとって一番気の合う大切な友達なんだ」とポジティブなことを先に言ってから「でも」と断るべきなのかもしれない。が、気を持たせては悪い。そう思った僕は結論を即答した。そして続ける。

「千幸、実はその、僕は他に好きな人がいて――」

「あー、いい、いい！　そんなのわかってるから！」

「へ？」

顔をあげると、千幸は意外にも笑顔だった。さっぱりとした反応に、絶交すら覚悟していた僕は拍子抜けする。

「え、わかってるの?」

「何年幼なじみやってると思ってるのよ。バレバレよ。あ、今のあたしの告白は過去の清算みたいなものだから気にしないで」

千幸はそう言って、結い上げていたツインテールのゴムを外す。次の瞬間、まとまりのないクセッ毛が解放され、アホ毛だらけの、見たこともない奇妙な髪型が目の前に現れた。

「もう過去に縛られるのはやめます。あ、もちろん、今まで通り幼なじみとしてつき合ってもらえると嬉しいです」

千幸は、珍妙な頭のまま、晴れやかな顔で言う。

「それで、どうするんですか? その気になる人に告白はしないんですか?」

「あー、実はその、今日これから告白するつもりで」

「え! そうなんですね! わたしみたいに2秒でフラれないといいですね!」

丁寧な言葉でチクりと刺してくる笑顔の千幸。そういえば、こんなやつだったな。

「でも、ホントちょうどよかったですね。これで彼女も私に気兼ねなく、正義《まさよし》くんの想いに応えられると思います」

「どういうことだ?」

「いいえ、女同士の心の機微の話ですから、気にしないでください。どうして私たちがよく口喧嘩してたかも、全然わかっていなかったようですし。ともかく……はい！　じゃあ、これで話は終わりです！　もう行ってください！」

千幸は両手で僕の肩をつかみ、強引に後ろを向かせたあと、思いきり背中を突き飛ばした。僕はよろけながら前に進み、千幸と距離が離れる。

「告白がんばってくださいね！」

千幸なりに背中を押してくれたのだろう。振り返ってお礼を言おうと思ったが、そのとき急に、前から千幸に言いたかったことを思い出す。

「ベンサムってさ」

「はい？」

「あ、いや、ちょっとベンサムについて、自分なりに調べたんだけどさ。昔の人って、動物の権利みたいなものは、誰も考えてなくて……それこそ、アリストテレスとか、デカルトとか、偉い哲学者の人たちですらも、『動物は理性がないから残酷に扱ってもよい』とか平気で書いてたりしてて、昔はそういう考え方が常識だったんだけど……でも、ベンサムは、当時の常識に反してこう言ったんだ。『毛の密度や尻尾の有無は関係ないし、知的な能力も関係ない。もし知的な能力を基準にするなら、生後1か月の赤ん坊は、犬や馬より賢くないという理由で残酷に扱ってもよいことになる。そんなのは違うだろう。大切なのは、そこに苦しみがあるかどうかだ。法律は、人間だけではなく、苦しみを感じるものすべてを対象とするべきではないだろうか。いつかきっと、人類は、すべての生き物を守るため、その庇護の翼を広げるときが来ると私は思う』って」

「…………」

「僕は、ずっとベンサムって怪物みたいな人だと思ってた。でも、調べてみたら、実は誰よりも先駆けて動物の権利を訴えた人でもあったんだ。それってつまり、誰であろうと、肌の色が違っていようと、生まれつき能力にハンデを背負っていようと、人間以外の動物であろうと、『苦しみを与えることを絶対に善しとしない』ということ。たしかにベンサムは行き過ぎた人だったかもしれないけど、本当はやっぱり善い人で、ただ誰よりも優しすぎただけなんじゃないかな、きっとおまえみたいにさ。だから、そのなんていうか……千幸、いつもありがとうな」

「………!」

僕は言いたいことを言い終えて満足する。が、もうひとつ言いたいことが、ついさっきできたことを思い出す。

「あと、おまえ、ツインテールの方が似合ってるぞ」

「ば、ばっかね！　あんたそんなフォローはいいから、さっさと行きなさいよ！」

千幸に背を向けて走り去り、角を曲がったところにミユウさんがいた。

「あーあ、せっかく踏ん切りがついて送り出したのに、惚れ直させるようなこと言ってどうするのよ」

ニヤニヤしながらミユウさんは言う。明らかに今までの会話を全部聞いていたような態度だった。

「で、告白はするの？」

「はい」

「そっか。決断したわけね。卒業前に決着が見られてよかったわ」

ミユウさんは感慨深そうに言った。

「右か、左か、あなたはどちらの道を選ぶのか。一応、これでも先輩として、あなたの選択を温かく見守ってきたつもりだったけど、ふーん、なるほどねえ」

「？　それなら僕は真っ直ぐの道を選びますけど」

よく意味がわからなかったので、正直に思ったことを言う。

「あはは、なるほどね、そういう選択もありか。うん、正義《まさよし》くんらしいかも」

そう言って笑いながら、ミユウさんは、さあほら、と僕を送り出す。話がちゃんと通じたのかよくわからなかったけど、ともかくお礼を言って僕は再び走り出した。

そして、生徒会室の前の廊下。

急いでいた僕は、生徒会室から出てきた、何か大きな箱を抱えた女の子とぶつかる。僕はその子と、もつれるように一緒に廊下へと倒れ込み、彼女が抱えていた木の箱がどすんと床に落ちた。

「痛たたたっ、ごめん、だいじょ――」

言い終わる前に、異常事態に気がつき言葉が止まる。僕の目の前、10センチもない距離のところに倫理の顔があった。しかも、マズいのは、僕と倫理の体勢――仰向けの彼女の上に僕が覆いかぶさっており、どう考えても僕が倫理を押し倒して襲ってるような体勢であった。しかも、その上さらにヤバいのが、僕の両手――もちろん、わざとではないのだが、その両手がちょうど倫理の胸のところにあり、何というか、思いきり、両方とも、ぎゅうと握りしめていた。

僕は血の気が引くのを感じた。これは間違いなくビンタをされて、小1時間ほどのお説教コース。僕は告白前に何をやっているのだろう。

「ご、ごめんなさい！」

僕は恐怖からか、さっさと飛び退けばよいものを、まず謝罪の言葉を口に出すことを優先してしまう。一方、倫理の方はと言えば、この状況をちゃんと把握してるらしく、真っ赤な恥ずかしそうな顔で僕をじっと見ていた。そして、謝罪の言葉を聞いた彼女は、

「大丈夫です。倫理的に問題ありません」

と、潤んだ瞳で言った。

え!?　いやいやいや！　傍から見たら生徒会長が白昼堂々、副会長を押し倒して胸を揉んでる絵にしか見えないわけで、どう考えても倫理的に問題あるだろ！

ってあれ？　この場合の倫理はどっちの倫理だ？

「あの、ちちと」

「ちちと?」

「はい、父と会ってきました。久しぶりに、いっぱい話をしました」

ありがとうございます、となぜか倫理はこの状況で感謝の言葉を述べた。

倫理が怒っていないことがわかり、ようやく落ち着いた僕は、両手を離し、彼女の上からよける。と、ここで、手のひらぐらいの小さな紙が、床にたくさん散らばっていることに気づいた。転ぶ前に倫理が抱えていた木の箱、それは生徒からの意見を受けつける目安箱だったようだ。僕は箱から飛び出して散らばった紙を1枚、手に取る。

そこには名前もなく、ただ「ありがとう」という短いひと言だけがあった。

「びっくりしました。いつの間にか、目安箱が満杯になっていて」

そう言って、倫理も散らばった紙を手に取る。僕らは、落ち葉のように床に広がった紙を手分けして拾い集めた。拾いながら中身を確認すると「もやもやが消えた」「気が晴れた」「なんかありがとう」といった、気分のようなひと言がそれぞれに書かれていた。

「正義《まさよし》くんの演説、みんなにちゃんと伝わっていたんですね」

「…………」

いや、僕の方こそ、ありがとうだ。告白前に勇気をもらえた。告白――そう、僕は、これから告白をしなくてはならないのだった。

「正義《まさよし》くん!」

そのとき、突然、倫理が大きな声で名前を呼ぶ。そして、今まで見たこともないほど頬を朱に染め、震える声で言った。

「わ、私の父と会ってもらえないでしょうか⁉」

断る理由はなかった。僕は首を縦に振る。そして言った。

「倫理」

「はい」

「実は今からどうしても行かないといけないところがあって、ごめん！」

そう言って、僕は駆け出す。遠く後ろで倫理が何かを叫んだような気がしたが、今の僕にはかまってられる心の余裕はなかった。

◆◆◆

僕は、息を切らせながらドアを開けて教室へと駆け込む。そこは、かつて倫理の授業をやっていた教室だった。

「やあ、正義《まさよし》くん」

目の前には、呼び出していた相手が待っていた。

スキンヘッドに、タートルネック、そして少し色の入った眼鏡。

「風祭先生！」

僕は震える声でその名前を呼ぶ。そして言った。

「好きです！　僕とつき合ってください！」

あの廊下での出来事——最後の倫理学の授業。そのときに気づいた僕の本当の気持ち。その想いを僕は率直に伝えた。先生は驚いたように目を見開き、しばらく時が止まったように固まったあと突然ぶるぶると身を震わせた。

「正義《まさよし》くん、そうか、そうだったのか。私が授業中に送り続けてきた視線は無駄ではなかったようだね。ああ……。待っていたよ、正義《まさよし》くん」

先生は、まるで熱病にかかったかのように息を荒げたが、それでもなんとか落ち着こうと、深く息を吸い込みながら自分の頭を何度も撫でまわした。

「初めて見たときから、なんて可愛い子なんだと思っていた。こんな胸の高鳴りはミユウくんの父親とつき合って以来だ。だが、あのときの私は周囲の反対に負け、身を引いてしまった。そして、その結果が、アレだ！　私は、恋人の彼が一番つらいときにそばにいてあげることができなかった！　だから、私はもう——」

抑えきれないとばかりに、先生はネクタイを外し、カチャカチャとズボンのベルトを緩め始めた。

僕は、静かにその光景を見守る。と、そのとき、僕は自分の背中に、ぬるっとした悪意のある視線——何万という「他者の視線」を感じた。僕は振り向く。するとそこにはやはり——間抜けな口を開けて、こっちをじっと見ている「見守り君」がいた。

これから僕はどうなるのだろう。

いや、違う。どうなるかはわかっている。僕が感じている不安はただひとつ。

他者からどう思われるのか——だ。

でも少なくとも僕は思う。

もし先生の倫理の授業を受けていて、この結末を受け入れない人がいたら、そいつは結局、先生の授業を、倫理を、正義を、何も理解していなかったということだ。

僕が考えている間にも、先生はすでに全裸になっていた。

僕は、先生の目を見て頷き、そして同じように服を脱ぎ始める。

正義とは何か?

善いとは何か?

やはり僕にはわからない。

でも、それは固定化された、いつでも、どこでも、誰にでも通じる、普遍的な善や正義が僕にはわからないという話であって、「今この瞬間、僕が正しいと思うもの、善いと思うもの」は確実に存在する。

もちろん、その「善い」は、神さまの視点では間違っているのかもしれない。多くの人にとっては、生理的に、文化的に、吐き気をもよおす「悪い」ことなのかもしれない。でも、それでも、僕は「正しくありたい」と願って、迷いながらも自分が「善い」と思うことをして生きていくしかない。

なぜなら、そうすることでしか——「善く生きる」ことでしか——僕たちは、生まれてきた意味をこの世界に見出すことができないからだ。もし僕が「正しい」「善い」「美しい」と自分で思うものを、他人の顔色を気にして目指さないのだとしたら……僕はいったい何のために生まれてきたというのだろう。

「さあ、おいで正義《まさよし》くん。2人で新しい文明を始めよう」

生まれたままの姿の僕に、先生は手を差し伸べる。

果たして僕は本当に正義の道に沿っているのか。もしかして大勢の人の見ている前で、とんでもない間違いを起こそうとしているのではないか。そんな恐怖に身を震わせながら、それでも、僕は――

衆人環視の中、正義の一歩を真っ直ぐに踏み出した。

■著者プロフィール

飲茶（やむちゃ）

東北大学大学院修了。会社経営者。哲学や科学などハードルの高いジャンルの知識を、楽しくわかりやすく解説したブログを立ち上げ人気となる。日常生活に哲学的思考を取り入れてほしいという思いから、哲学サロン「この哲学がスゴい！」を主宰。

著書に『史上最強の哲学入門』『史上最強の哲学入門　東洋の哲人たち』『14歳からの哲学入門――「今」を生きるためのテキスト』（すべて河出文庫）などがある。

正義の教室——善く生きるための哲学入門

2019年6月19日　第1刷発行
2023年6月1日　第7刷発行

著　者————飲茶
発行所————ダイヤモンド社
〒150-8409　東京都渋谷区神宮前6-12-17
https://www.diamond.co.jp/
電話／03·5778·7233（編集）　03·5778·7240（販売）
装丁————芦田慎太郎
装画————藤堂裕
本文デザイン・DTP——吉村朋子
本文イラスト——田渕正敏
校正————鷗来堂、加藤義廣（小柳商店）
製作進行————ダイヤモンド・グラフィック社
印刷————八光印刷（本文）・加藤文明社（カバー）
製本————ブックアート
編集担当————中村明博

ISBN 978-4-478-10257-2